WANNEER DIE
ONMOONTLIKE
MOONTLIK
WORD

WILLEM NEL

FAITH *Story*
PUBLISHING
Making God Famous by Telling His story

WANNEER DIE ONMOONTLIKE MOONTLIK WORD

Eerste uitgawe 2015

ISBN 978-0-620-61441-2

Gepubliseer deur:

FAITH Story
P U B L I S H I N G

Making God Famous by Telling His Story

Flaminkstraat 3, Mooivalleipark, Potchefstroom, 2531
Posbus 20288, Noordbrug, 2522

Versoeke vir inligting moet gerig word aan:
Faith Story Publishing
Posbus 20288, Noordbrug, 2522

Tensy anders aangedui is alle skrifversaanhalings geneem uit:
NLV uit die NUWE LEWENDE VERTALING ©2006; LB uit DIE LEWENDE BYBEL © 1982; Die Boodskap uit DIE BOODSKAP © 2002; The Message is geneem uit THE MESSAGE © 1993, 194, 1996, 2000, 2001, 2002; NKJV uit NEW KING JAMES VERSION © 1982 by Thomas Nelson, Inc.;The Amplified uit THE AMPLIFIED © 1954, 1958, 1962, 1964, 1965, 1987 by the Lockman Foundation; 1953 AV uit DIE BYBEL IN AFRIKAANS © 1933/1953: met toestemming van die Bybelgenootskap van Suid-Afrika; 1983 AV uit DIE BYBEL IN AFRIKAANS © 1983: met toestemming van die Bybelgenootskap van Suid-Afrika; Wuest Translation © Kenneth Samuel Wuest (1893 – 1962); 1956-1959, William B. Eerdman; Phillips Translation © B. Phillips, "The New Testament in Modern English", 1962 edition, published by Harper Collins. Contemporary English Version (CEV) Copyright © 1995 American Bible Society; New Living Translation (NLT): Holy Bible, New Living Translation © 1996, 2004, 2007 deur Tyndale HouseFoundation; BVA uit Die Bybel Vir Almal © 2007 Bybelgenootskap van Suid-Afrika. Gebruik met toestemming; The Mirror from THE MIRROR © 2012, gebruik met toestemming; Die Spieël Vertaling vanaf DIE SPIEËL © 2012, gebruik met toestemming

Ek dra hierdie boek op aan my ouers, André en Christine Nel en skoonouers, Pieter en Bettie de Vries. Hulle belegging van die woord in my lewe het my laat glo dat God net goed is. Hulle is hedendaagse geloofshelde.

Vrywaring

Hierdie getuienis word vertel vanuit my en ander se belewenis oor die transformasie van Potchefstroom wat ons van 1992-2014 beleef het. Dit is nie bedoel om die feitlike geskiedenis weer te gee van wat alles in Potchefstroom gebeur het nie, maar dit is vanuit my en ander se perspektief – dit is ons verhaal. Daar was baie rolspelers, mense wat voor ons vir die draai en transformasie van Potchefstroom gebid het. Ons eer hulle bydrae. Daar is ongelukkig baie wat nou nog nie wil sien dat Potchefstroom 'n stad raak wat transformasie in Afrika modelleer nie.

Verder weet ons dat satan 'n eienaam is wat gewoonlik in die Afrikaanse taal met hoofletters geskryf word. Ons weier egter om enige eer aan die vyand te gee en daarom word satan met 'n kleinletter gespel.

WAT ANDER SÊ

SOOS WAT JY TEREG IN HIERDIE BOEK SAL AGTERKOM is geloof die teenoorgestelde van vrees. In die huidige atmosfeer waarin Suid Afrika is, is 'n boek soos hierdie baie toepaslik en baie nodig. Wanneer jy die verskillende getuienisse lees sal jy beslis bemoedig wees. Die geloofsbeginsels wat noukeurig, tog eenvoudig deurgegee is, word suiwer uit die Woord van God gemotiveer. Kry hierdie beginsels in jou gees en beleef God se absolute goedheid – selfs in uitdagende tye.

Willem Nel het voor my grootgeword. Hy is een van my geestelike seuns en dit is vir my 'n voorreg om die voorwoord van hierdie boek vir hom te skryf. Wanneer jarelange inbou van geestelike beginsels deel vorm van die ontplooiing van 'n insiggewende boek oor geloof, is 'n mens dankbaar. Hierdie boek is ook geloofwaardig omdat Willem self, verskeie kere in sy lewe, hierdie beginsels suksesvol toegepas het. Dit is dus nie slegs kopkennis nie, maar werklike lewenservaring van God se goedheid en getrouheid. Ek weet hierdie boek gaan 'n groot seën wees vir elkeen wat dit lees.

Past. Ronnie Barnard
Senior pastoor Woord en Lewe Gemeente, Apostoliese Leier van Woord en Lewe Netwerk, Skrywer

WANNEER DIE ONMOONTLIKE MOONTLIK WORD is 'n onbe-skroomde verklaring van ons erfenis van die Nuwe Testament. Elke getuienis dra die klank van God se genade en goedheid wat Hy kom verklaar het in Christus Jesus.

Willem Nel skryf nie hier 'n teoretiese verhandeling oor geloof nie, maar as iemand wat self deur hierdie beginsels geworstel het, kom hy as 'n medegetuie om dit vir ons makliker te maak om die proses te verstaan. Hierdie boek gaan jou help om die afgehandelde werk van Christus binne die konteks van elke uitdaging in jou eie lewe beter te verstaan.

Alan Platt
Leier: Doxa Deo Bediening

HIERDIE IS 'N INSPIRERENDE BOEK wat handel oor mense wat hulle geloof in die onfeilbare goedheid en getrouheid van God geplaas het en daardeur die deur vir wonderwerke in hulle leefwêreld oopgemaak het. Willem Nel gee 'n besonderse insig in hulle verskeie uitdagings en hoe hulle dit op 'n praktiese wyse oorkom het, wat tot die transformasie van 'n stad gelei het. Hy gee ook vir die leser 'n Bybelse perspektief op wat geloof is en hoe dit prakties uitgeleef kan word. Hierdie boek is een van die boeke wat elke gelowige moet lees om hulle geloof uit te daag en te groei om die werklikheid van God se voorsiening te ervaar.

Dr. Ernrich F Basson
Senior Leier Collage Gemeente Pretoria, Buitengewone Senior Dosent Noordwes Universiteit (NWU)

IN WILLEM NEL SE TWEEDE BOEK, *Wanneer die onmoontlike moontlik word*, word die mosterdsaadjie vir ons oopgebreek. In 'n era waar postmodernisme en skeptisisme soveel mense se geloof in God skud, bring hierdie boek soveel duidelikheid en hoop. Vanuit sy eie lewe en ook die roerende verhale van ander, verweef Nel die waarheid van die Skrif in praktiese wyse deur. Dit is 'n toepaslike, vars uitkyk op 'n lewe wat van geloof nie 'n goedkoop byvoeging maak nie, maar dit as die sentrale hartklop van die gelowige voorhou. Ek ken Willem Nel persoonlik as 'n man van diep geloof en wat 'n onverskrokke vertroue op die Here het. Sy lewe is 'n voorbeeld van praktiese geloof en selflose opoffering om te sien hoe God se koninkryk gebou word. Wanneer hy in hoofstuk 8 die geloofsdiewe kom ontbloot sal die leser vinnig identifiseer hoe ons deur die leuens van die vyand so dikwels verstik word. Hy breek die Woord in eenvoudige wyse oop dat die leser nie slegs kennis win nie, maar ook dit kan gaan toepas om te groei in die geloof. Ek sien uit om in geloof te sien watter vrug hierdie skrywe in ons land se geskiedenis gaan lewer!

Retief Burger
Sanger, Skrywer en Gemeenteleier

DIE BOEK WAT DEUR PASTOOR WILLEM NEL geïnspireerd en tot 'n werklikheid gebring is, se titel is heel gepas *Wanneer die onmoontlike moontlik word*. Die woorde van die titel is moontlik die beste opsomming van die kwaliteite wat hy in sy bediening inbring en daarom ook in die boek wat sterk gegrond is in dit wat hy glo en elke dag ook in elke faset van sy lewe uitleef. Hy leef en word deur geloof gedryf, 'n geloof wat in die diepste sin van die woord as aktief beskryf kan word, 'n geloof wat uitgaan om te doen wat gedoen moet word om die Koninkryk van God uit te bou, om mense te oortuig om hierdie geloof te omhels en in liefde, deernis en nederigheid betrokke te raak by die werk van God hier op aarde. Sy geloof is soos staal in die smeltkoers van aardse lyding en terugslae getoets, maar dit het hom nie van koers af gebring nie. Sy boodskap bly net om te luister na God se Woord, om aktief te bly en te bou – te bou aan die stad waarheen God hom gelei het en om ander te betrek in dieselfde visie en om hulle te inspireer om saam met hom aan die groter heerlikheid van die Here, sy Leidsman, sy Bemoediger en sy Ligbaken, te bou. *Wanneer die onmoontlike moontlik word* neem die leser op 'n reis van wonderlike wonderwerke, moontlikhede en insigte. Ek beveel dit vir enigiemand aan wat in die teenwoordigheid van God wil groei.

Prof. Annette Combrink
Voormalige rektor van die Potchefstroom Kampus van die Noordwes Universiteit asook voormalige Burgermeester Tlokwe Stadsraad

WILLEM NEL SLAAG REGTIG BAIE GOED DAARIN om die verhale van gewone mense wat elke dag tussen ons leef en werk te laat aanklank vind by ons as lesers, en sodoende vind ons dat ons, ons eie stories daarin kan raaklees en "raakleef". Deur tydlose Bybelse en Christelike temas op unieke en kraakvars wyses aan die orde te stel, beleef jy iets van God se groot omgee vir Sy maaksels, ja, ook hulle wat baie maal die randfigure van ons samelewing is en ook maar net droom weer eendag iets van "God se guns en genade" te kan smaak. Mens kry daardie gevoel wat jy dikwels in andere se geloofstories ervaar, naamlik "Laat dit eers met jou gebeur, dan praat ons weer!". Dis veral heerlik om die evangeliese waarhede onverfynd en eerlik te hoor asof mens dit die eerste maal hoor. Dit maak dat jy opnuut in verwondering staan voor God se liefde, genesing en troos. Dis duidelik dat Willem , onder leiding van die Gees van God, sensitief is vir die stad en haar mense waarheen God hom geroep het, en dit maak dat hierdie boek soveel te meer help om aan mense hoop te gee. Jy sal begin lees en vinnig ontdek jy dat die boek jou nader wink tot 'n gesprek met God. Of moontlik eerder 'n "op pad wees saam met God".

Ds. Johan Raubenheimer
NG Gemeente Potchefstroom-Noord

WILLEM NEL SE LEWE DRA DIE (MERK) TEKENS van 'n man wat uit ervaring en met gesag oor geloof kan skryf. Sy bonatuurlike herstel van siekte het hom geleer om die "onsienlike te sien" (Hebr.11:1). Hy skryf passievol oor sy geloofservarings wat Phillip Yancey beskryf as: "I have learned that faith means trusting in advance what will only make sense in reverse". Gebeure wat meeste mense as normaal en gewoon beskryf, sien Willem met oortuiging dat God met iets groot besig is. Hierdie boek gaan jou leer om met God se bril die beste in die lewe te verwag en van vooraf te leer om te waag. Willem se passie vir geloof en sy interpretasie van God se beloftes in Sy Woord, gaan jou uitdaag tot 'n lewensveranderende reis op die pad van geloof!

Dr. Paul Smit
Verhoudingspesialis, Lewensafrigter, Organisatoriese Gesondheidskonsultant

DIT IS 'N VREUGDEVOLLE VOORREG om Willem Nel se nuwe boek: *Wanneer die onmoontlike moontlik word* heelhartig aan te beveel. Vir diegene wat God soek en Hom gevind het, sal die boek verdere kragpunte ontbloot wat kan meewerk om die daaglikse laste van menswees te kan hanteer. Dit skep die moontlikhede om in die Vryheid van God se Genade en Waarheid te kan funksioneer. Hierdie kragtige, praktiese en noodsaaklike Skrifopenbarings lei die leser om die Woord vlees te laat word in hul alledaagse lewe. Willem herinner ons aan die onbeperkte krag waarmee ons geseën word om God se Woord in dade te omskep. Ek bid dat die krag van die *Goeie Boodskap* in die harte en lewens van baie sal ontplof. Dat daar 'n nuwe besef sal posvat dat God 'n God van Geloof, Genade en Wonderwerke is. Dat elkeen wat die boek lees se geestelike welstand sal groei tot volle wysheid.

Prof. Deon de Klerk
Professor Emeritus en voormalige Dekaan van die Fakulteit Ekonomie en Bestuurswetenskappe, Potchefstroom Kampus van die Noordwes Universiteit

WILLEM NEL IS LIEF OM PASTORE EN LEIERS aan te moedig om God vir die onmoontlike te glo. Baie Sondagoggende - maak nie saak waar ek in die wêreld is nie – kry ek 'n sms boodskap van hom wat my geloof strek en my hart bemoedig. Dit is waarom ek nie aan 'n beter persoon kan dink om *Wanneer die Onmoontlike Moontlik word*, te skryf nie. Mag hierdie boek jou aanmoedig om God die hele dag, elke dag, en in elke situasie wat jou in die gesig mag staar, ten volle te vertrou.

Past. Steve Murrell
President van Every Nation Ministries, Skrywer & Toevallige Sendeling

DIT IS MY VOORREG OM HIERDIE BOEK vir die man van God, Pastoor Willem Nel, te onderskryf. As daar iemand in hierdie wêreld is wat 'n boek oor onmoontlike situasies kan skryf, is dit sekerlik Pastoor Willem, want hy was daar gewees, het dit gesien en het dit oorleef.

Sy storie en getuienis alleen is genoeg om geloof in iemand, wat deur 'n moeilike tyd gaan, te inspireer. Ek raai hierdie boek vir enigeen aan wat deur enige moeilike situasie gaan. In elk geval, moeilike tye kom een of ander tyd in ons almal se lewens voor – almal sal dus baat vind by hierdie boek.

Past. Sunday Adelaja
Stigter en senior pastoor van die Embassy of God, Skrywer

EK HET DIE VOORREG OM WILLEM NEL persoonlik en professioneel reeds vir baie jare te ken. Deur al die baie seisoene wat ek reeds saam met hom gestap het, het ek insig gekry oor wie hy is en hoe hy leef. Sy nuwe boek, *Wanneer die Onmoontlike Moontlik word*, is meer as net 'n goeie leesstuk – dit is dit sy lewensboodskap. Hy is 'n man van outentieke geloof. Die woorde op elke bladsy is wat hy reeds vir jare glo en hoe hy handel en hy dra dit ook oor na ander. Sy persoon, gesin en bediening is met bewyse van die hemel se geldeenheid, geloof, gelaai en dit lei tot 'n kragtige uitruiling tussen 'n goeie God en 'n gevalle wêreld. Ek raai sy boek vir almal aan wat 'n groter openbaring, aktivering en toepassing van die God-soort geloof benodig.

Dr. Bill Bennot
Senior Pastoor Journey of Grace, Skrywer van
Unstoppable Kingdom

WILLEM NEL IS VIR BYNA 'N DEKADE REEDS 'n baie goeie vriend van my. As ek een woord kan gebruik om sy lewe te beskryf, is dit 'n lewe wat in "geloof" gelewe word. Sy boek, *Wanneer die Onmoontlike Moontlik word*, is nie net 'n intellektuele teologiese stuk nie, maar dit gaan eerder oor gewone mense wat die stap van geloof neem om die onmoontlike te sien en dit dan wel te sien gebeur!

Vanaf die oorwinning van 'n byna ongeneeslike siekte, tot om te glo vir fondse om sy seuns se lewenslange droom om ORU by te woon te vervul, is Willem 'n persoonlike getuie van die wonderbaarlike. Deur geloof is dit moontlik om God te behaag en geloof is vir almal moontlik. Willem is werklik 'n man wat God behaag en hy kan wonderbaarlik van Sy getrouheid getuig! Dit is sy storie asook die verhale van baie ander wat self die magtige krag van God beleef het.

Past. Bubba Mccann
Senior pastoor, Our Savior's Church

WILLEM NEL WEET EERSTEHANDS dat jy die onsigbare kan sien en dat jy die onmoontlike kan doen. In hierdie boek, *Wanneer die Onmoontlike Moontlik word*, leer hy jou hoe om die beloftes van God in jou hand vas te gryp veral wanneer jy 'n onmoontlike situasie in die gesig staar. Lees hierdie boek en leef met nuwe ywer en geloof!

Ron & Lynette Lewis

WANNEER DIE ONMOONTLIKE MOONTLIK WORD is 'n boek wat 'n uiteensetting gee van wat geloof is en waarom dit nodig is. Willem het 'n wonderlike werk in die kerk vir baie jare gedoen om mense oor geloof te leer en hierdie boek bevat Skrifgedeeltes, stories en getuienisse van mense wat deur hierdie wese van ons Christelike geloof in God, geraak is. Iemand het eenkeer gesê: "Stories gee ons gereedskap om die lewe te verstaan." Hierdie boek gee ons gereedskap om God, Sy wil en Sy beloftes vir ons lewens te verstaan.

Past. Simon Lerefolo
His People Joburg, Heartlines Voorsitter, Direkteur by AGES (Africa Geo-Environmental & Engineering Science) en Direkteur van Engage Entertainment

EK KEN WILLEM REEDS VIR MEER AS 'N DEKADE en het baie kere hom al hoor preek oor geloof en ook gesien hoe hy dit uitleef. Willem het verskeie 'groot' boodskappe, maar die boodskap oor geloof is sonder twyfel die motto van sy lewe en ek is persoonlik baie daardeur geraak. Ek het gesien hoe hy die werklikheid van die hemel af na die natuurlike omstandighede van die lewe bring - of dit nou met finansiële uitdagings, genesing of onmoontlike situasies is. Ek weet dat jy geïnspireer sal word en uitgedaag sal word om geestelik te groei soos wat jy deur die getuienisse en die toepassing van die beginsels in hierdie boek lees.

Past. Gilian Davids
Senior Pastoor: His People Kerk – Kaapstad

DEUR DIE JARE HET EK WILLEM AS 'N MAN van geloof leer ken. Sy lewe en bediening is getuienisse van die egtheid van 'n lewe wat in geloof geleef word. In, *Wanneer die Onmoontlike Moontlik word*, vat my vriend Willem Nel die boodskap van geloof in 'n eenvoudige en maklik toepasbare wyse vas. Hierdie boek sal jou tot groter dinge vir God inspireer en 'n aptyt vir die geloof wat die onmoontlike moontlik maak aktiveer.

Past. Eric Bapetel
Senior pastoor, Every Nation Midrand, Skrywer van
Supernatural Immunity

VIR MY IS WILLEM NEL EN DIE STORIE VAN SY LEWE 'n bewys van die verklaring wat hy in hierdie boek doen, naamlik "wanneer jy God se Woord hoor en dit begin in jou lewe, is dit wanneer dit 'n werklikheid vir jou word." Ten spyte van en binne-in omstandighede wat God se beloftes wou weerspreek, het hy aanhou preek en die Woord naby aan hom gehou net soos wat Jesus gedoen het. Hy gee waarde aan die onderwerp "maak die onmoontlike moontlik" deur sy stories met ons in hierdie boek te deel. Ek was die afgelope jare baie naby aan hom en ek kan getuig dat hy 'n man van geloof is, dat hy die gawe van genade begryp en dat hy op gemotiveerde wyse geloof in ander aktiveer. Mag die woorde in hierdie boek 'n instrument wees om Woord in die lewens van baie te aktiveer!

Dr. Stephan Pretorius

Senior Geo-Omgewingswetenskaplike, Geoloog & Projekbestuurder

WILLEM NEL IS DIE EEN MAN wat ek op planeet aarde ken wat 'n lewende voorbeeld van 'n wonderwerk is. Soos diamante wat onder druk gevorm word, kom sy insigte uit 'n diep en kosbare plek. Jou geloof sal nie weer dieselfde wees nadat jy die stories, getuienisse en werke van God in, *Wanneer die Onmoontlike Moontlik word*, gelees het nie.

Kenny Luck

Skrywer van *Sleeping Giant*, President Every Man Ministries

EK KEN PASTOOR WILLEM NEL VIR MEER AS 10 JAAR en gedurende hierdie tyd het ek hom leer ken as 'n man van geloof. Hy skryf en preek nie net geloof nie, maar sy lewe is 'n voorbeeld van dat dit die werklikheid is. In die bladsye van hierdie boek sal jy die beginsels van 'n lewe van geloof leer ken wat deur iemand geskryf is wat die onmoontlike in die gesig gestaar het en die God ervaar het wat alle dinge moontlik maak. Berei jouself vir 'n geloofinspuiting voor!

Dr. Serge Solomons

MD (Wits), Geordende pastoor (Every Nation), Uitvoerende Leierskapkonsultant (TLI)

ONS LEEF IN UITDAGENDE TYE! As pastore en leiers van die heersende kerke en wat bedieninge in die 21ste eeu suksesvol wil stuur en bou, is die tydlose boodskap van geloof 'n onontbeerlike hulpmiddel in elke leier se gereedskapskas. In die tyd postmodernisme en pre-Christenskap ... ja ... dit is wat ek gesê het, moet geloof die kern van passie en aan die voorpunt van die visie wees. *Wanneer die Onmoontlike Moontlik word*, is 'n moet-lees as jy meer oor die wonderwerk en transformerende aard van die geloof wil leer. Willem Nel is 'n man van geloof! Sy lewe en bediening in Potchefstroom, Suid-Afrika, is 'n lewende bewys dat 'n geloof-vervulde man 'n verskil kan maak.

Past. Randy Craighead
Uitvoerende Pastoor Church of the King, Mandeville, Louisiana

PASTOOR WILLEM NEL LEEF die Woord van Geloof uit soos min ander mense. Ek is bevoorreg om hom reeds vir baie jare as 'n vriend te hê en het ek gesien hoe hy dit wat hy in hierdie boek verkondig en leer ook uitleef. Hierdie boek breek die Woord kragtig oop en maak dat deurbrake deur geloof kom! Dankie Willem vir alles wat jy na die liggaam van Christus in hierdie sleutelopenbaring bring.

Past. Roger Pearce
Senior Pastoor His People Joburg, Spanleier van Every Nation
Suidelike Afrika

WANNEER DIE ONMOONTLIKE MOONTLIK WORD is 'n vars herinnering aan ons almal dat ons geroep is om "die onmoontlike te doen." Willem herinner ons aan God wat die dinge wat nie in die lewe bestaan nie tot lewe roep. Gebaseer op die Woord van God en omgord met dinamiese, werklike lewensgetuies inspireer elke hoofstuk die leser om hulle geloof te ontwikkel en die skynbaar onmoontlike te doen. Een ding word duidelik wanneer jy hierdie boek lees ... Willem is 'n man waaruit die boodskap van geloof sypel. Hy leef dit en doen dit elke dag. Lees hierdie boek en word geseën.

Past. Russ Austin
Senior Pastoor Southpoint Community Church, Jacksonville,
Florida, US

EK SÊ DANKIE

DANKIE IS DIE BASIS VAN 'N GELOOFSLEWE. Want 'n dankie herinner jou van onmoontlike situasies waar iemand anders 'n klip uit jou pad gerol het. Daarom begin my dankie sê by my Here Jesus vir wie ek so lief is, dankie dat Hy my eerste liefgehad het, my gekies het voor ek Hom gekies het. Dankie vir lewe en dankie dat Hy 'n God van verhouding is en my aan ander mense, vir wie HY lief is, voorgestel het.

Dankie vir my liefling in my lewe, Celeste, wat gekies het om saam my die onmoontlike aan te pak in Jesus naam. Dankie vir my kinders wat elkeen geloofshelde is – Guilliam, Charmore, Annwaniq en D'ianrew

Dankie vir my ouers by wie ek geleer het JY VERTROU GOD vir ALLES. My ma Christine wat 'n onverskrokke geloof in my aangewakker het. My skoonouers Pieter en Bettie De Vries wat die Woord van God as lewend, waar en kragtig voor ons gehou het en geleef het.

Dankie vir my gemeente, His People Geloofstad (Potchefstroom, Parys, Klerksdorp en Kampus). Hierdie is julle storie wat van God se goedheid en grootheid vertel. My geestelike familie, Every Nation Suid Afrika, het my bly aanmoedig in tye waar ek nie kans gesien het vir die volgende reus of onmoontlike situasie nie. Roger Pearce, Gilian Davids en Simon Lerefolo, ek kan myself nie indink hoe 'n mens 'n geloofslewe kan lewe sonder 'n geestelike familie nie.

Dan ons groter Every Nation Familie wêreldwyd wat ons die platform gegee het om die nasies as ons huis te sien. Spesifiek Pastoor Steve Murrell, Rice Broocks, Ron Lewis, Russ Austin en Jim Laffoon wat deur die jare 'n belegging van God se Woord in ons lewens gemaak het.

Dankie vir die Godsmanne en vroue wat 'n woord van geloof in my gebou het. My geestelike pa, Pastoor Ronne Barnard van Woord en Lewe. Profeet Kobus van Rensburg, Frans du Plessis en Ron Kushmael is 'n paar name wat ek ook moet uitsonder. Hulle het op verskillende fases geloof in ons lewens uitgeroep.

Dankie aan ons Faith Story Publishing Span. Die direkteure Louise Buys, wat ook gehelp met die basis hoofstukke van die boek, Morne Voster wat as Finansiële direkteur geld belê het in die projek en die aandeelhouers wat elkeen in die droom glo om God beroemd te maak.

Baie dankie aan Prof. Franci Jordaan wat my skaduskrywer was. Sy het die vermoë om my preke en inhoud te verwerk sodat die lesers geboei sal wees. Wat 'n voorreg om saam te kon werk aan hierdie boek. Vir die Engelse weergawe wil ek dankie se aan Louise-Marie Combrink en Prof. Anette Combrink wat die boek vertaal het. Dankie aan my eie seun Guilliam wat 'n groot gedeelte van die boek geredigeer het en dit internasionaal vriendelik gemaak het. Mag ons nog saam boeke skryf. Baie dankie vir Fiona Matier wat die Engelse redigeerder was en gesorg het dat 'n kwaliteit Engelse boek gedruk kon word. Fi soos altyd kry jy dit reg om "gewone" materiaal in wonderlike materiaal te verander.

'n Besondere dankie ook aan elke persoon wat sy of haar getuienis met my, en uiteindelik met die leser, gedeel het. Ek weet dit was nie altyd maklik nie en tog het julle dit steeds gedoen – dit word opreg waardeer.

Dankie vir die Heilige Gees wat jou as leser gaan lei om self te ontdek dat God absoluut net goed is.

'N WOORD VAN DIE OUTEUR

WANNEER DIE ONMOONTLIK MOONTLIK WORD, is geskryf vir elkeen wat voor 'n berg staan. Gestel jy staan voor 'n stuk onmoontlikheid, 'n situasie wat ander vir jou sê nie gedoen kan word nie of waarvoor daar nie 'n oplossing is nie. Dit is gewoonlik dan dat jy wens iemand anders kan net hierdie probleem vir jou oplos of die reus uit jou pad verwyder of nog beter, vir jou 'n maklike uitweg gee. Dit is egter juis in die onmoontlikheid wat God sy spiere bult en vir jou wys dat Hy kragtig is en dat Sy Woord jou in staat gaan stel om vir hierdie berg – wat 'n siekte, finansiële krisis, 'n stuk onregverdigheid wat voor jou soos 'n Goliat staan en wil sê niemand kan hom oorwin nie – te sê om hom in die see te werp.

Ek glo dat wanneer jy voor so situasie te staan kom, jy juis dankie moet sê dat JY van alle mense op aarde die geleentheid kry om vir hierdie onmoontlike te sê, "SKUIF, VERWYDER JOUSELF!"

Elkeen van ons kom êrens in ons lewens voor die onmoontlike te staan. In daardie oomblik het ons 'n keuse – gaan ons die "risiko" neem om God se Woord te vertrou of gaan ons op dieselfde plek bly en hoop dat dit wat onmoontlik is net sal weggaan?

In hierdie boek gaan jy as leser met 'n absolute goeie God gekonfronteer word. Daar is geen geloof wat sonder risiko is nie. Geloof beteken om in die onbekende uit te stap – 'n onbekende waarvan jy niks weet nie. Daar staan in 2 Korintiërs 5:7 die volgende:

... want ons lewe deur geloof, nie deur sien nie.
(2 Korintiërs 5:7, 1983 AV)

Dit beteken ons wandel en kyk met geestelike oë, nie met fisiese oë nie. Ons kyk na die wêreld uit God se oogpunt en nie vanuit 'n menslike oogpunt nie.

Wanneer ons verder in hierdie boek oor geloof gesels, is dit uitsluitlik oor 'n geloof wat uit die onfeilbare goedheid en getrouheid van God – in sy karakter en eindelose vermoëns – gebore en geanker is.

Jy gaan my storie lees van hoe ons as gesin God moes vertrou vir 'n dorp om 'n stad te word. Jy gaan die getuienisse van Louise en Fiona lees wat voor gewapende boewe gestaan het en God se Woord bely het. Jy gaan Anita ontmoet en jy sal agterkom dat toe sy voor die onmoontlike gestaan het, dit haar vir altyd in 'n moderne geloofskryger verander het. Soveel lewensveranderde onmoontlike stories, geweef met die openbarende krag van God se onfeilbare woord, gaan maak dat jy die boek weer en weer wil lees. My gebed is dat jy sal opstaan en jou staanplek sal inneem en vir die onmoontlike berg voor jou sê, "Skuif en werp jou in die see in Jesus Christus se naam."

In die boek sal jy lees dat mense in ons land in 'n verskriklike greep van vrees vasgevang was. Mense wou nie meer kinders hê nie, maar ons het besluit om juis eerder die Woord te neem – daarom sal jy later in die boek getuienisse soos die van Anton en Tania asook die Abdalla familie lees vir wie ons gebid het om juis kinders te kry. Vandag skerts ons daaroor, maar ek kry nog steeds "tags" op Facebook waar paartjies regoor die wêreld dankie sê vir die Woord van Geloof wat ons oor hulle gespreek en gebid het.

Lees wat God in Jeremia 29:7 en 11 sê:

> *"Make yourselves at home there and work for the country's welfare. "Pray for Babylon's well-being. If things go well for Babylon, things will go well for you." ...I know what I'm doing. I have it all planned out—plans to take care of you, not abandon you, plans to give you the future you hope for.*

Geniet die boek!
Willem Nel

INHOUDSOPGAWE

"Wat vir die mense onmoontlik is, is vir God moontlik" (Lukas 18:27).

1

WAT IS GELOOF?

SONDER GELOOF IS DIT ONMOONTLIK om God te dien. Hierdie geloof is nie 'n Facebook status of 'n sportster wat, nadat hy suksesvol was, sy vinger in die lug druk of 'n gebedsgebaar maak en dit is ook nie 'n filmster of aanbieder wat na 'n praatjie met die woorde 'God seën jou' eindig nie. Nee as jy ernstig oor die lewe is, is geloof hoe jy leef. Moontlik lees jy hierdie boek uit nuuskierigheid – dalk het iemand jou aanbeveel om dit te lees – die basis hiervan is dat jy nie deur 'n gebaar, of soos ek sou stel 'n mik en druk na die regte rigting, God se aandag kan trek nie. Die boek gaan oor GELOOF. Jy gaan met stories van mense gekonfronteer word waar hulle voor die onmoontlike gestaan het en met 'n woord van God het hulle geweet dat die onmoontlike moontlik gaan word.

In die eerste hoofstuk beskryf ek vir jou wat geloof is. Erika en haar man Bernard is vir my twee geloofshelde. Dit was egter nie altyd so nie – hulle ingrypende verhaal met hulle seuntjie Retief het 'n onverskrokke geloof in hulle as gesin in 'n absolute goeie God wakker gemaak. Hier is Erika se storie:

My baba het net drie dae geleef... Êrens tussen gesond word en rou oor die grootste verlies in my lewe, moes ek vir myself begin sin maak oor WAT presies hier gebeur het! Waar is ek? Waar is God? En wat nou? Hier is my, Erika, se storie – volgens my belewenis.

Op 34 weke tree daar komplikasies in met my swangerskap en ek moet 'n noodkeisersnee kry. Ek WIL NIE 'n keiser gehad het nie. Ek voel soos 'n vasgekeerde dier in 'n hok wat nie die uitgang kry nie. Met die geboorte van Retief ontbreek die "bekende-eerste-huil-van-'n-baba" en die stilswye van almal om die bed dryf my teen die mure uit! Hoekom huil hy nie? Ek het so gewens iemand wil tog net iets sê. Bernard, my man, stap toe maar nader om hom af te neem, maar word dadelik teruggestuur. Wat gaan aan? Hulle vat hom weg en nadat my steke ingesit is, wag ons 2 ure vir die pediater.

Ag, dit is 'n lang lys, maar die grootste bedreiging is sy hart wat nie suurstofryke bloed kry nie. Ons is lam. My kop voel of dit wil ontplof – dit is net te veel – te vinnig – te erg! Ek wens ek kon net my oë knip en ek is nog swanger – soos dit moes wees. Maar ek voel SO magteloos. Die dokter wil hom so gou as moontlik per helikopter na Pretoria oorplaas, maar hulle moet hom eers stabiliseer. Ek en Bernard is te bang om na hom te gaan kyk, want ons verwag die ergste. En toe gaan kyk ons – hy is pragtig. Die mooiste, volmaakste seuntjie. Ons laaitie. Hy lyk so vreedsaam, stil en rustig. Hy het sulke sagte, donsie haartjies gehad en die mooiste mondjie en 'n ronde koppie. Hy was volgens my perfek.

Maar my hart wou breek. Die een ding wat ek as sy mamma moes doen, is om hom te versorg, vertroetel en beskerm... en ek kon nie. Ek wou hom asseblief net so graag vashou en vir hom sê dat ek daar by hom is en so jammer oor alles is... maar ek kon nie!

Toe het ons net begin wag. Elke keer as ons na sy bed

toe is, het ons gebid: "Here, laat U wil geskied." As ons by hom was, het ek gebid: "Vat hom as U weet dit is die beste." En as ons weg is van sy bed: "Genees hom asseblief."

Hulle het ons kom roep en gesê dat dit al hoe slegter met hom gaan. Wil ons by wees? Ek kon net nie... Hoe graag ek by hom wou wees en sy hand vashou, kon ek net nie staan en kyk hoe lewe uit hom vloei nie – lewe wat ek net 'n dag terug in my gevoel skop het.

Hy is Sondagoggend oorlede. Hulle het hom vir ons gebring en ek kon my baba vir die eerste keer vashou – net vir 'n rukkie. Tot hier toe daardie deel van die pad – die grootste IN my sou nog volg.

Ek moet hierdie getuienis van Erika vinnig hier onderbreek. Ek en my vrou Celeste het hulle in daardie tyd in die hospitaal besoek en ons het voor hierdie gesin gestaan, magteloos in onsself en kragteloos in ons geloof om God vir 'n skeppingswonderwerk te vertrou. Hierdie besoeke het eers in Celeste en later in my 'n keerpunt gebring om siekte en die werk van die vyand nie net gelate te aanvaar nie. Kom ons keer terug na Erika en haar verhaal:

Maar hierdie een was te groot vir my en Bernard om net "oor en verby" te kry. Ons het begin vrae vra – wat ons al lankal moes, maar eers as iets aan jou lyf vat, raak mens mos ernstig.

Ons het darem al geweet God het hom nie so gemaak nie. Johannes 10:10 sê dit is die vyand wat net kom om te steel, slag en uit te roei. God gee lewe en dit in oorvloed. Oorvloed is nie 'n "stukkende" baba nie.

Die res van die insigte wat ons rondom Retief ervaar het, deel ek nou ses jaar later en hoewel dit my "godsdiens" geruk het, leef ons nou vir die heel eerste keer in oorwinning – soos die Woord belowe.

Ek het besef my woorde was net lippetaal: God is groot. God is goed. God genees. God beskerm, ens., maar dit het nie my DENKE of optrede verander nie. Jakobus se dat geloof moet oorgaan in dade. Byvoorbeeld: As ek sê ek glo God beskerm en sal Sy engele opdrag gee om my te dra (Ps. 91) en ek is daarna bang vir WAT OOKAL soos geweld/die toekoms/sake in verband met my kinders – dan is dit net lippetaal! As ek sê God is groot, maar my probleem of my siekte (kanker) oorweldig my – lippetaal!

God se wil is een van die grootste leuens waarmee ek in die kerk grootgeword het. Die Woord leer my presies wat Sy wil vir my is. Hoe kan ek langs Retief se bed bid: Laat U wil geskied? Sy wil is LEWE! En daarom moet ek lewe praat oor my kind en nie wonder of hy moet gaan of bly nie. Eina!

Jakobus 1:6-8 sê as ek soos 'n golf is wat heen en weer gedryf word en twyfel, kan ek niks van God ontvang nie. Let wel, nie WIL Hy niks gee nie, EK het 'n keuse. Deuteronomium 30 sê God vir die volk:

I set before you life and death. Therefore CHOOSE LIFE.

Ek het nooit gesnap (mens dink jy doen) dat ek ook 'n aandeel het om te reageer op wat Jesus REEDS aan die kruis gedoen het nie. Die leuen het my laat berus in wat "God besluit" en my nie laat baklei nie! Jesus het aan die kruis gesê: "Dit is volbring [It is finished]." Hy het alles reeds gedoen en voorsien. Toe Hy opvaar, laat Hy Sy

*Gees in ons en nou kan ons op dieselfde manier as Jesus
optree. 1 Johannes 4:17 sê:*

As Jesus is, so are we in THIS world.

*Halleluja! Dit is nie arrogansie nie – dit is die Waarheid.
Met my eie krag? Nee, Syne, maar in my. Efesiërs 3:20 sê
met die krag wat in MY werk.*

*God het gekies om op aarde deur mense te werk, dit
is ook hoekom Jesus as mens (en God) moes kom. Ons is
Sy verteenwoordigers (almal ken daai cliché), maar dan
reageer ons magteloos en kragteloos in situasies (soos ons
met Retief). Ek met God se Gees in my moet my outoriteit
besef en daarop reageer. Jakobus 4:7 sê dat ONS die
vyand moet teenstaan en Markus sê dat ONS vir die berg
moet sê om hom op te lig.*

*Was dit God se wil dat Retief net drie dae leef? 2 Petrus
3:9 sê dit is God se wil dat almal hulle moet bekeer. Gebeur
dit altyd? En vers 13 sê dat ons 'n verwagting het van 'n
nuwe aarde waar God se wil sal heers. Op aarde gebeur
God se wil nie outomaties nie, maar God is aan ons kant
(Romeine 8:31). Ons vergeet dat God gesê het ons stryd is
nie teen vlees en bloed nie, maar in die Gees. Ons besef nie
daar is 'n stryd om ons lewens in die Gees nie en ons HET
die mag om die vyand te verslaan.*

*Omdat ons nie in ons outoriteit leef nie, mors die vyand
met ons en ons berus "in God se wil". Hy kom pluk mos die
mooiste blomme vir Sy koninkryk... Dit is nie God se wil
om jou 'n baba te gee en drie dae later te vat nie. PUNT. As
iets aan die sin pla, is dit ek wat my denke moet vernuwe
(Romeine 12:2) en godsdiens uit my moet kry.*

Watter liefdevolle God het ons nie! Hy het ons nie

kragteloos gelos op hierdie aarde nie en nou, vir die eerste keer in my pad met God, begin ek die Woord SIEN – ons bid vir siekes, pyne, lammes, blindes en dowe mense en hul genees. Ons reageer op die Woord en dit is waar!

Geloof is om God se Woord in jou hart te plant (mediteer), glo dat dit so is en dan daarop te reageer. Dit laat jou sien. Byvoorbeeld: As die skelm is die nag in my huis inkom en my wil seermaak, gaan ek NIE agter die bank wegkruip en by hul pleit om te vat wat hul wil nie, maar my asseblief net nie seer te maak nie. NEE! Ek gaan my skrif onthou waarop ek mediteer soos 1 Johannes 4:4 wat sê Hy wat in my is, is groter as die vyand wat in die wêreld is, of Deuteronomium 28 wat sê hul sal my in een rigting aanval, maar in vele rigtings vlug – en dan gaan HULLE spyt wees hulle het my huis gekies. Hulle sal agter my banke wegkruip en smeek vir hulle lewe!

Kan ek so iets sê? Ja, die Woord sê soos wat jy glo, so sal dit vir jou wees.
Dawid het net 5 klippies gehad.
Daniël net die sleutel vir die Leeus se bekke.
Joshua kon net vir meters dik mure skree, toe verkrummel die mure.
Moses moes net sy staf lig, toe kloof die see.
Abraham was 100 toe begin sy beloofde nageslag.
En ek? Ek sal nie weer my baba laat sterf asof ek nie ook 'n klip, 'n sleutel, 'n stem, 'n staf of 'n belofte het nie...

Hierdie is die getuienis van Erika, 'n fenomenale vrou. Almal van ons word met goeie en slegte dinge in ons lewe gekonfronteer. In hierdie boek wil ek jou graag help om met behulp van God se Woord te leer hoe om God te vertrou – dit noem ons geloof. Na die traumatiese gebeure met Retief se dood kon Bernard en Erika so maklik hulleself verwyt, of hulle geloof in God verloor het en die wêreld om hulle vir alles blameer het. Die teendeel het egter gebeur – hulle het opgestaan en die pad in geloof saam met die Here gestap en die resultate wat hulle in hul lewens, as gevolg van hierdie besluit sien, kan net as verstommend beskryf word. As ons realisties oor hierdie gebeure dink, lyk dit asof Bernard en Erika in 'n onmoontlike situasie was – hoe staan mens in traumatiese gebeure op?

God het egter die onmoontlike moontlik gemaak en hulle aktief in Sy koninkryk begin gebruik. Dit bring my dus dadelik by die volgende vraag:

Wat is Geloof?

Wanneer die woord *geloof* gebruik word, word dit dikwels met ander woorde soos kerk, moskee, katedraal en godsdiens geassosieer, maar dit is eintlik 'n woordjie wat net so maklik en goed by ander sfere van die samelewing inpas. Die Verklarende Handwoordeboek van die Afrikaanse Taal (HAT) gee die volgende vier definisies vir die woord *geloof*:

1. Vaste vertroue op God en sy Woord.
2. Vaste oortuiging van die waarheid wat deur God geopenbaar is en deur die kerk geleer word.
3. Vertroue in die waarheid van iemand se bewerings.
4. Vaste vertroue in die vermoë van wie of dit wat in die bepaling genoem word.

As mens hierdie definisies kortliks sou moes opsom beteken geloof eenvoudig net "om te vertrou" of "om te reken op". Die skrywer van Hebreërs beskryf geloof soos volg:

Die geloof dan is 'n vaste vertroue op die dinge

wat ons hoop, 'n bewys van die dinge wat ons nie sien nie. (Hebreërs 11:1; 1953 AV)

Geloof is dus om seker te wees dat jy 'n persoon of 'n voorwerp kan vertrou. Geloof is 'n vertroue op iets waarop ek nog hoop, iets wat ek nog nie kan sien nie. Die wêreld se denke oor geloof is gewoonlik iets soos die volgende, "As ek dit nie kan sien en voel nie, glo ek nie dit het gebeur nie". God sê egter, "As jy glo voordat jy dit sien of voel, sal jy jou wonderwerk openbaar sien". Kom ek verduidelik dit op 'n ander manier: Wanneer iemand my vir iets betaal wat ek aan hom verkoop het, hoef ek hom nie meer te glo (vertrou) dat hy die geld vir my gaan bring nie, want dit het reeds gebeur – ek kan dit in my hand sien. Geloof is egter wanneer ek iets aan iemand verkoop en die persoon dan moet vertrou as hy belowe om die geld die volgende dag in te betaal – daar is niks in my hand wat ek kan sien of voel nie.

Geloof is nie die gevolg van my ywerige bestudering daarvan of die getroue beoefening van die geestelike nie. Geloof is 'n geskenk wat God ons gegee het – in Efesiërs 2:8-9 word dit duidelik dat geloof 'n gawe van God is:

Julle is inderdaad uit genade gered, deur geloof. Hierdie redding kom nie uit julleself nie; **dit is 'n gawe van God.** *Dit kom nie deur julle eie verdienste nie, en daarom het niemand enige rede om op homself trots te wees nie.* (Efesiërs 2:8-9, 1983 AV)

Ons het nie geloof ontvang omdat ons dit verdien of waardig is om dit te hê nie. Dit is nie uit onsself nie, dit is van God. Dit is nie deur ons eie krag of ons vrye wil verkry nie. Dit is eenvoudig net aan ons deur God gegee, saam met Sy genade, volgens Sy heilige plan en doel, en as gevolg van dit, kry Hy al die eer. Staan vir 'n oomblik saam met my stil by die vraag, "Wat is Geloof?" Ek wil dit in hierdie hoofstuk aan die hand van twee geloofstellings vir jou verduidelik:

* Geloof rek (strek) my verbeelding.
* Geloof is om inisiatief te neem.

Geloof REK (STREK) my verbeelding

In Efesiërs 3:20 staan die volgende:

> *... aan Hom [God] wat mag het om te doen ver bo alles wat ons bid of dink, volgens die krag wat in ons werk.* (Efesiërs 3:20, 1953 AV)

Wat is die grootste ding waaraan jy kan dink of wat jy graag sal wil hê in jou lewe moet gebeur? In die vers hierbo sê God vir jou, "Ek kan dit waaraan jy dink oortref! Jy het nog niks gesien nie! Maak nie saak hoe groot dit is waaraan jy dink nie – Ek kan en sal dit oortref!"

Genesis 15 is 'n voorbeeld van hierdie eerste beginsel dat geloof begin waar jou verbeelding gerek word. Geloof begin altyd met 'n idee, 'n konsep, 'n visie, 'n droom, 'n geestelike beeld of 'n prentjie. God het eendag aan Abraham gesê, "Abraham, Ek gaan jou die vader van 'n groot nasie maak. Jy gaan baie kinders hê." Vir Abraham was die woorde in daardie stadium baie moeilik om te glo. Hy was reeds in sy 90's en reg om sy honderdste verjaarsdagpartytjie te begin beplan. Hy het in daardie stadium nie eens 'n kind gehad nie en tog sê God vir hom, "Jy gaan die vader van 'n groot nasie wees." Ek is seker Abraham moes in daardie stadium gedink het, "Here ek weet nie so mooi of daardie voorspelling reg is nie, maar as U dit sê sal ek dit glo!" Die Here het sekerlik die twyfel in Abraham se gesig gesien en daarom het Hy besluit om 'n prentjie vir hom te wys. Ons lees in Genesis 15 vanaf vers 1 die volgende:

Hierna het die woord van die Here in 'n gesig tot Abram gekom... Maar die woord van die Here het tot Abram gekom: "Daardie een sal nie jou erfgenaam wees nie. Een wat jou eie nasaat is, hy sal jou erfgenaam wees. Toe het die Here vir Abram buitentoe laat gaan en vir hom gesê: "Kyk op na die hemel en tel die sterre as jy kan." Verder sê die Here vir hom: "So baie sal jou nageslag wees."

Abram het toe in die Here geglo, en die Here het dit goedgevind dat Abram so volgens die wil van die Here gehandel het. (Genesis 15:1-6, 1983 AV)

God begin deur my en jou verbeelding te rek – deur vir ons 'n droom, 'n visie te gee.

Die Here sê dus vir Abraham, "Ek wil hê jy moet jou verbeelding gebruik – jy moet jou verbeelding rek. Kyk na die sterre. Kyk of jy dit kan tel – dit is so baie nasate jy sal hê." Soos ek reeds gesê het geloof begin altyd met 'n idee, 'n konsep, 'n visie, 'n droom, 'n geestelike beeld of 'n prentjie. Dit is om hierdie rede dat die Here vir Abraham iets gee wat hy kan visualiseer. Elke aand wanneer hy buite geloop het, het hy na die hemel opgekyk en gesê, "Hulle gaan almal my familie wees!" Dit is presies wat gebeur het, want die hele Joodse nasie is afstammelinge van Abraham.

God begin deur my en jou verbeelding te rek – deur vir ons 'n droom, 'n visie te gee. Wat jy kan glo, kan jy bereik. Geloof is dus om die toekoms in die hede te visualiseer. Dit is presies wat ons met die asgate in Potchefstroom gedoen het – ons het 'n toekoms gesien waar kinders nie op onveilige asgate sou speel nie. Lees gerus my getuienis hieroor:

Die droom om iets groots vir God te doen het lank terug in my lewe plaasgevind – ek dink dit was reeds in Graad 9 toe ek geglo het ek dat ek eendag die president van die land sou word. God het egter ander planne en 'n ander pad vir my ingedagte gehad. Hy wou begin om my eie hart na dit te draai wat vir Hom belangrik was.

In die Ou Afrikaanse vertaling en The Message staan die volgende in Mattheus 6:33:

Maar soek eers die koninkryk van God en sy geregtigheid, en al hierdie dinge sal vir julle bygevoeg word.

Steep your life in God-reality, God-initiative, God-provisions. Don't worry about missing out. You'll find all your everyday human concerns will be met.

God is lief vir stede en dorpe. *Hy wil hê dat ons sulke gebiede as Lewende offers voor Hom stel. Toe Hy my en Celeste, my vrou, Potchefstroom toe geroep het, was ons baie onwillig om te kom – veral ek was glad nie daarvoor te vinde nie. Ek het 'n musiekbesigheid in Johannesburg gehad en het altyd gevoel ek was vir die stad geroep – die platteland was net eenvoudig veels te stadig vir my. Celeste het egter altyd geweet dat sy deur die Here geroep was. Die Here het egter 'n baie duidelike Woord vir ons gegee dat Hy ons geroep het om brûe tussen mense van alle rasse, tussen generasies en tussen gemeentes te bou. Ons het ook duidelik ervaar dat ons 'n woord van geregtigheid in 'n baie stoere en konserwatiewe geloofsgemeenskap moes bedien. God is genadig en Hy het baie mense en* *konferensies gebruik om ons in Sy woord te skool en voor te berei. Ons het die volgende probleme in die dorp waarin God ons geplaas het, beleef:*

- *Armoede onder veral die swart gemeenskap.*
- *Ekstreme rassisme met veral die Pampoenboere (Landboukollege studente) wat in die aande op bakkies die dorp ingejaag het en swart mense geslaan het met sambokke, sonder dat die polisie iets teenoor hulle gedoen het.*
- *Die dorp was tussen politiek en godsdiens verdeel.*
- *Daar was baie min ekonomiese ontwikkeling. Die gedagte van die stadsvaders was dat hulle die kwaliteit en rustigheid van die dorp wou behou. Dit het gemaak dat 'n paar mense verryk was maar die res van die gemeenskap swaar gekry het. In 'n stadium was die Universiteitsdosente van die dorp van die swakste betaalde dosente in Suid Afrika.*

Een van die groot gebeurtenisse was toe Annette Venter, wat in daardie stadium 'n maatskaplike werker was, my en 'n paar ander predikante na die asgate van die dorp geneem en gewys het wat die toestand van daardie plek was.

Dit het my oorweldig. Soos baie plekke in die wêreld het mense hier gewoon en hier van die afval kos geëet. Ek het net geweet ons moes iets aan die situasie doen.

Ons het met 'n kosgee projek van een dag 'n week begin wat later na meer dae per week uitgebrei het. Ons het agtergekom dat die gemeenskap wat op die asgate bly eintlik van 'n plek met die naam Sonderwater af kom. Dit was 'n gemeenskap wat bo-op 'n dolomietgebied gebly het. Omdat hulle eintlik so siek was, het hulle die res van die gemeenskap en ook die omliggende dorpe met hulle siektes aangesteek.

Ons het besef dat ons nie kan voortgaan om kos op daardie plek te gee nie en ons het ons kosprojek verskuif, maar nou was die paaie weer feitlik onbegaanbaar. Die nuwe plek waar die kinders en ouer mense kos gegee is, was by 'n watertoring.

Die Here het met ons uit Jesaja 58:9-12 gepraat. Ek haal dit uit The Message aan:

> **You'll be known as those who can fix anything, restore old ruins, rebuild and renovate, make the community livable again.**

If you get rid of unfair practices, quit blaming victims, quit gossiping about other people's sins, if you are generous with the hungry and start giving yourselves to the down-and-out,

Your lives will begin to glow in the darkness, your shadowed lives will be bathed in sunlight.

I will always show you where to go.

I'll give you a full life in the emptiest of places - firm muscles, strong bones.

You'll be like a well-watered garden, a gurgling spring that never runs dry.

You'll use the old rubble of past lives to build a new, rebuild the foundations from out of your past.

You'll be known as those who can fix anything, restore old ruins, rebuild and renovate, make the community livable again.

Hierdie Skrifteks het vir ons 'n kernspreuk geraak!
Daar was soveel wonderwerke wat ons beleef het. Ons het soveel kere gesien hoe kos vermeerder het. Ons het skole en kerke in die omgewing help bou en verskeie groentetuine is ook aangelê.

Ek het ook gedurende daardie tyd by 'n Burgermeesterskomitee betrokke geraak wat uit geestelike leiers van al die gemeenskappe in Potchefstroom bestaan het. Ons het gereelde ontmoetings met die uitvoerende burgermeester, Mnr. Satish Roopa, gehad. Hy was egter in sy eie geloof 'n agnostiese Hindoe, maar dit het my nie gekeer om verskeie kere vir hom te bid nie. Ek het hom en sy familie kerk toe genooi en veral na een van ons konferensies wat ons Hope Again genoem het. Die tema van hierdie konferensie was Hope Again met die onderskrif en plakkate in die dorp "God has not pulled the plug on South Africa – Where there is a climate of Hope people will believe again."

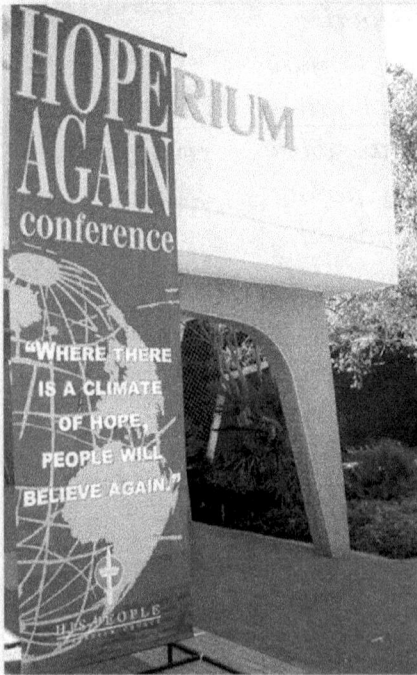

Hierdie konferensie het afgespeel in 'n tyd toe die wêreld en baie van die Christene hoop vir Suid Afrika opgegee het. Om 'n gemeente in 'n primêre studentegemeenskap, met die konstante onmoontlike, te groei het my en ander om ons gedetermineerd

gemaak om ons omgewing weer op te bou en te maak wat
God se bedoeling daarmee was.

Op een van die komiteevergaderings het ek met Mnr.
Roopa gepraat oor die probleme wat die asgate veroorsaak
het. Hy was dit met my eens, maar het ook gesê dat sy hande
afgekap is weens die administrasie van die grond. Dit was
blykbaar nie onder die stadsraad se beheer nie en het deel
van 'n ander regeringsafdeling uitgemaak. Hulle kon dus
nie die asgate verskuif nie. Ek onthou asof dit gister was
dat ek vir Mnr. Roopa gesê het, "Kom ons bid dan saam
daaroor." Hy het so half teësinnig my toegelaat om te bid.
My gebed was iets van "Here Jesus in u naam vra ek dat U
die asgate sal skuif. Help die burgermeester en gee hulle slim
planne." Jy sien ek het geglo dat geloof soos 'n mosterdsaad
berge kan verskuif. Twee jaar later sit ek by 'n konferensie
wat deur die stadsraad en Mnr. Roopa aangebied word.
Die konferensie is gehou omdat Potchefstroom 'n groen stad
(Omgewingsvriendelike stad) verklaar is. Die volgende
foto's het ek van Mnr. Roopa gekry:

V.l.n.r. Satish Roopa, Willem Nel, Bill Bennot en Japie Fransman

Die asgate voor die transformasie

Die asgate na die transformasie

Die asgate het soos die berg waarvan Jesus praat FISIES verskuif – 5 kilometer verder waar mense slegs met beheerde toegang kon ingaan en ons stad het skielik ook 'n geregistreerde asgat gehad. Die plek waar die mense in Sonderwater van geleef het en vele kinders in die onbeskermde omgewing met afval, wat totaal onveilig was, gespeel het, was gerehabiliteer. Dit het hoop by vele mense geskep en hierdie storie het mense van regoor die wêreld aangeraak. Leiers het ook na die getuienis geluister en hulleself voorgeneem om hulle stede te sien transformeer. Ons gaan verder in die boek die effek van die onmoontlike vertel en hoe om 'n stad te groei.

Geloof het dus ons verbeelding gerek en dit het daartoe gelei dat ons die toekoms in die hede KON sien!

Geloof is om INISIATIEF te neem

In Markus 5 lees ons die verhaal van die vrou wat hemofilis was en wat twaalf jaar lank aan bloedvloeiing gely het.

> **Daar was ook 'n vrou wat al twaalf jaar lank aan bloedvloeiing gely het. Sy het baie gely onder die behandeling van talle dokters en het alles wat sy gehad het, daaraan bestee. Sy het egter geen baat daarby gevind nie; haar toestand het eerder vererger.** (Markus 5:26-26, 1983 AV)

Sy kon die bloeding glad nie in haar lewe stop nie. Dit het haar natuurlik onrein in die Joodse kultuur gemaak. Sy mag volgens hul kultuur glad nie in die openbaar verskyn waar sy tussen mense sou wees nie – sy het dus geen sosiale lewe gehad nie. Sy het eendag egter gehoor dat Jesus Christus na die dorp sou kom. Sy het vir haarself gesê, "As ek maar net aan sy klere kan raak, sal ek gesond word." Sy het die gewaagde en brawe stap geneem om in die openbaar te verskyn – sy was dus bereid om inisiatief te neem. Sy het haar pad deur die magdom mense oopgebeur totdat sy agter Jesus gekom het en waar sy weer eens die inisiatief geneem het om aan Sy kleed te raak – sy is onmiddellik genees.

Jesus het ook dadelik die aanraking in geloof erken en daarom vra Hy, "Wie het aan My klere geraak?" Daar was omtrent 'n skare mense om Hom wat almal gedruk, getrek en gebeur het om naby Hom te kom. Die vrou self moes haar pad deur die skare oopstoot – sy moes omtrent deur hul wriemel om by Hom uit te kom. Petrus wat nogal 'n uitgesproke dissipel was sê vir Jesus, "U sien tog dat die mense van alle kante af teen U druk, en dan vra U nog: Wie het aan My geraak?" Jesus het egter die verskil in die aanraking geken. Die vrou het aanvanklik geskrik toe sy besef dat Jesus die verskil agtergekom het, daarom het sy op haar knieë voor Hom geval en haar storie vertel. Jesus se woorde aan haar was, "Dogter, jou geloof het jou gered. Gaan in vrede. Wees vir goed van jou kwaal genees!"

Sy het die inisiatief geneem. Sy het die reëls verbreek. Sy het buite die grense wat deur haar kultuur gestel word gegaan. Sy het deur die skare voortgebeur en sy het die inisiatief geneem – dit was hierdie geloofsdaad wat haar genees het. Geloof is dus om te besluit om te begin. Dit is om jouself tot aksie te verbind. Geloof is dus die teenmiddel vir uitstel.

As ek kan terug gaan na my getuienis oor die asgate – ek moes ook die inisiatief neem om die saak aan te roer, selfs onder omstandighede waar 'n oplossing net nie moontlik gelyk het nie. Die twee foto's hieronder wys duidelik hoe die onmoontlike van die asgate in die moontlike verander het.

2

GOD SE GESKENK VAN GENADE

ONS HET IN HOOFSTUK 1 die ingrypende getuienisse van Erika gelees. God is net goed en my doel is dat jy deur Sy goedheid oorweldig gaan word. Sy goedheid bring mense tot bekering. Sy goedheid bring jou tot ander insigte of manier van dink. Sy goedheid wil eintlik sê dat Hy so lief vir jou is en Sy liefde haal die straf en vrees uit.

In hierdie hoofstuk gaan jy Anita se storie lees. Haar storie is so ingrypend dat jy sal dink dat sy nooit dit moes gemaak het nie, maar sy het. Wat haar lewe verander het, was God se geskenk van genade. Wanneer jy voor die onmoontlike staan, help dit nie om aan alles wat jy verkeerd gedoen het te dink nie. Jy moet iets goeds beleef – jy moet God se geskenk van genade beleef.

Die verhaal van Jona is baie bekend in die Bybel. Dit is egter so 'n aangrypende verhaal waarin God se medelye, goedheid en liefde vir die mens na vore kom dat ek dit kortliks weer wil aanraak. God het soveel medelye teenoor die mense in Ninevé gehad dat Hy geen moeite ontsien het om Sy boodskapper, Jona na die stad te stuur nie.

Dit is aanvanklik nie heeltemal duidelik waarom Jona juis drie dae in die vis se maag moes wees nie. Ek wonder somtyds of God nie die vis vroeër na die land sou gestuur het as Jona net so gou moontlik sy sonde wou bely het nie. Ek dink ek sou al met die inslukslag God begin smeek het om my vry te laat. Kan jy jou die stank indink? Die oorweldigende duisternis en kosversameling waarvan jy skielik deel geraak het? God kon daardie vis sekerlik vroeër strand toe gestuur het, maar toe Jona na drie dae uit die vis se maag gekom het en 'n lewensredder vir die mense in Ninevé geword het, het hy in een oomblik 'n heenwysing na Christus geword. Christus het na drie dae in die graf vir elke mens Redding gebring.

Want soos Jona 'n teken was vir die Nineviete, so sal die Seun van die mens ook wees vir hierdie geslag. (Lukas 11:30, 1953 AV)

Ninevé se mense het hulle sonde bely en God, in Sy liefde en goedheid, kon nie teen Homself gaan nie en het in 'n oomblik genade en medelye aan elke persoon bewys en die stad van verwoesting gespaar.

Die dag toe Christus vir ons aan die kruis sterf en na drie dae uit die graf opgestaan het, het God se goedheid nie net vir die mense van die Bybel nie, maar ook hier vandag vir my en jou 'n tasbare realiteit geword. God het soveel medelye met ons gehad. As gevolg van die sondeval was ons nie net in dieselfde posisie waar die mense van Ninevé hulself bevind het nie, maar het ons totaal op die oorspronklike posisie, plan en verhouding uitgemis wat God vir ons ingedagte gehad het.

En God het die mens geskape na sy beeld; na die beeld van God het Hy hom geskape; man en vrou het Hy hulle geskape. En God het hulle geseën, en God het vir hulle gesê: Wees vrugbaar en vermeerder en vul die aarde, onderwerp dit en heers oor die visse van die see en die voëls van die hemel en oor al die diere wat op die aarde kruip. (Genesis 1:27-28; 1953 AV)

God het elkeen van ons, anders as met die res van die skepping, na sy gelykenis gemaak, sodat wanneer God na die mens kyk, Hy Homself soos in 'n spieël sien. Ons is nou 'n nuwe skepping, ons is van die God-soort. Die Woord leer ons dat God die mens geskape het om Sy beeld hier op aarde te reflekteer.

Hy het ons met die vermoë geskape om te kan regeer en ons as konings aangestel om oor die skepping te heers. Ons is as die kroon, die heel beste deel, van Sy skepping geskape. Adam en Eva het sonder sonde of skaamte saam met God in die aandwind gewandel en ten volle beleef wat God met elkeen van ons in gedagte gehad het, die totaliteit van 'n heel en intieme verhouding met God en met mekaar.

> **Ons is nou 'n nuwe skepping, ons is van die God-soort.**

Hulle het 'n vlak van intimiteit beleef wat ek begeer jy as leser en ek sal beleef. Dit is moontlik en God wil dit hê. Hulle het perfekte gesondheid, voorsiening en regeringskap geniet en presies beleef wat dit is om in 'n ononderbroke verhouding met hulle Skepper en Vader te leef. Hulle het die volmaaktheid van God se koninkryk en manier van regeer geken.

Op 'n dag het satan egter deur die slang met Eva gepraat. Satan het 'n slinkse plan gehad om Adam en Eva te mislei en om die plan volmaak te laat slaag, het hy sy gesprek begin deur vir Eva in haar identiteit en of sy God werklik kan glo, te laat twyfel.

Toe sê die slang vir die vrou: Julle sal gewis nie sterwe nie; maar God weet dat as julle daarvan eet, julle oë sal oopgaan, sodat julle soos God sal wees deur goed en kwaad te ken. (Genesis 3:4-5; 1953 AV)

"Eva, is jy seker God hou nie die goeie van julle af weg nie? Is jy seker God het die beste vir julle in gedagte? Hoe seker is jy dat jy God kan vertrou, of is dit dalk dat Hy julle vir sekere goed wil blind hou? Besef jy dat jy soos God kan wees?" Ek kan my voorstel hoe sy fluisterwoorde van agterdog gedrup het. So leuenaar! Eva was reeds na die beeld van God geskape. Haar identiteit as beelddraer van God en koninklike heerser op aarde was reeds onwankelbaar vas. Tog slaag die vyand daarin om haar daarin te laat twyfel. Verder het God dit reeds vasgemaak dat Sy plan vir die mens sonder enige voorbehoud net goed was – om vrugbaar te wees, te vermeerder en te heers. Weer eens slaag die vyand daarin om Eva in God se Woord te laat twyfel en of sy Hom werklik kan glo. Kyk na die implikasie van hierdie en hoe dit vandag in ons lewens uitspeel met leuens en verwoestende gevolge van 'n stukkende wêreld om ons. Hierdie verdagtheid en agterdog het die vyand gebruik om as vader van leuens ons en ander mense se lewens te verwoes. Anita was in hierdie stukkend wêreld gebore – hier is haar storie:

Verwerping was die goue draad wat van voor geboorte af deur my lewe gevleg is. Ek was 'n buite-egtelike baba, is op een jaar opgegee vir aanneming en is aangeneem deur ouers oud genoeg om my grootouers te wees. Ek moes gereeld hoor my ma wou nooit 'n dogter aanneem nie, sy het my pa net 'n guns gedoen. Ek het eensaam opgegroei, is vanaf 6 jaar tot 11 jaar gereeld deur bekende ouer seuns gemolesteer en ek was altyd skaam vir my "ou" ouers. As tiener het ek reeds een ouer aan die dood afgestaan en agtergebly by die ander ouer wat toe reeds lankal verslaaf aan alkohol was. Slegte huislike omstandighede het my van die huis laat wegvlug, in 'n rebelse tiener laat ontaard en toe ek in matriek swanger raak, was dit die "beste" ding wat met my kon gebeur het. Met 'n geskiedenis van verwerping, 'n gebrek aan identiteit en 'n verhouding met God, het my lewe en huwelik uitmekaar geval. Twee stukkende lewensmaats doen nóg groter skade aan mekaar, want geen mens op aarde kan jou vervul nie.

Toe ek op my laagste was, het ek God gegryp en my lewe het radikaal begin verander. Egskeiding en depressie het hulleself jare later op my lysie bygevoeg maar deur die vuur en die diep waters het God my hand nooit gelos nie. Ek het bly groei, naby Hom gebly, beter keuses gemaak en IN Hom het ek stadigaan van slagoffer na oorwinnaar begin verrys.

Anita se lewe was deur slegte dinge omring wat alles daarop gedui het dat sy net nog 'n slagoffer van die vyand se planne sou bly. Dankie tog dat sy met die oorweldigende krag van God se liefde te doen gekry het en Sy goedheid het haar bevry. Lees verder wat sy skryf:

Wat wil ek hiermee sê? Spog ek oor my moeilike tye om joune nietig te laat lyk? Nee, glad nie! Ek wil jou bemoedig deur te sê, die oomblik toe ek God kies, het Hy alles ten goede laat meewerk, nuutgemaak (Romeine 8:28). Dan vernietig die stryd en versoeking van die vyand jou nie, inteendeel dit bou jou vir veel groter dinge op! Wat bedoel was om jou mond toe te stop, gee jou 'n preekstoel!

Ingrypend! Ons laat Anita later verder vertel maar nou eers terug by Eva en die slang. Wanneer die vyand dit kan regkry om ons te laat twyfel in wie God ons gemaak het en as hy daarin kan slaag dat ons wantrouig teenoor God staan, is die skeiding en die breuk in verhouding baie naby. Die resultaat sal wees dat ons, ons doel en effektiwiteit op aarde misloop. Ons geloof of ongeloof in God bepaal in watter kant van die sondeval ons gaan leef – of ons in die volmaaktheid van Sy koninkryk gaan leef en of ons permanent in die vlees en sy tekortkominge vasgevang gaan wees.

Aan die ander kant van die vrug het niks belowends gewag nie, slegs die skaamte, skuld en vrees wat met die sondeval gepaard gegaan het, het vir Adam en Eva soos 'n donker wolk bedek. Adam het sy reg om op aarde te regeer aan satan verloor. Soos God belowe het, het die mens geestelik gesterwe – die ewige dood asook 'n ewigheid sonder God in die gesig gestaar. Satan was nog nooit in die vrug geïnteresseerd nie en hy was ook nie daarin geïnteresseerd dat Eva die vrug moes eet nie. Hy was net in die sondeval geïnteresseerd! Hy het geweet dat die sondeval nie net vir Adam en Eva sou raak nie, maar vir elke mens wat na hulle gebore sou word – ja ook vir my en jou. Hy was doelbewus daarop uit om die intimiteit, kragtige vennootskap en vertrouensverhouding tussen God en die mens te verbreek.

In 'n verdoemende en finale oomblik soos hierdie in die geskiedenis, was dit egter nie die einde nie. God het selfs hierin lank voor die grondlegging van die aarde reeds 'n plan beraam. Daar sou net een manier wees hoe die mag van sonde verbreek sou kon word en dit sou wees wanneer 'n sondelose mens se bloed onskuldig vloei. God het besluit om Sy Seun, Jesus Christus, na die aarde in die liggaam van 'n mens te stuur. Op hierdie manier kon Jesus, wat die enigste mens was wat ooit sonder sonde was, namens die mensdom sterf, die ewige dood oorwin en die brug word wat God weer met Sy kinders kon herenig. Dit is amper asof God so opgewonde oor Sy reddingsplan was dat Hy nie anders kon as om, soos op die kaart na 'n duursame skat, kort-kort in die Ou

Testament leidrade te gee en hierna te verwys nie.

Adam en Eva het self 'n poging aangewend om hulle naaktheid en skaamte te verberg deur vyeblare aanmekaar te werk en hulself daarmee te bedek. God het in teenstelling 'n bokkie geslag en die vel daarvan gebruik om klere vir Adam en Eva te maak. God se orde het vir hulle 'n bedekking deur 'n offer voorsien. Die onskuldige bloed van die bokkie was 'n leidraad, 'n heenwysing na Christus wie se bloed onskuldig sou vloei om vir elke mens wat skuldig van sonde was, versoening te bring.

… sonder bloedvergieting vind daar geen vergifnis plaas nie. (Hebreërs 9:22b; 1953 AV)

Baie jare later is vir Abraham en Sarah 'n seun gebore. Isak was die seun wat God vir jare aan hulle belowe het en uiteindelik word hy gebore. Kan jy jou die vreugde indink? Abraham en Sarah was vêr verby hulle vrugbare jare en dit sou 'n wonderwerk kos vir 'n seun om gebore te word. Vir my en jou wat vandag heelwat meer mediese insig in die saak het as wat daardie twee ou mense gehad het, weet dat dit regtig 'n groot wonderwerk was. Ek kan my voorstel hoe Abraham elke keer na sy seun gekyk het en homself aan die getrouheid van God herinner het. Deur die jare het hierdie verhaal van Abraham my aangegryp. As 'n gemeenteleier het ek voor goeie vriende en personeel gestaan wat nie kinders kon kry nie. Ek glo nie Abraham se verhaal was verniet in die Bybel nie. Hy word ook die vader van geloof genoem. Anton en Tania was deel van ons span in Potchefstroom en hulle het God vir 'n kind vertrou. Ek moet hulle storie met jou deel:

Op die 1ste van die 9de maand waar 9 'fullness' en 'completion' simboliseer het God sy belofte vervul en 'n wonderwerk gedoen en het ons gehoor dat ek swanger is!

*Ons wil julle egter terugneem op die pad van geloof wat ons moes stap voordat ons hierdie wonderlike nuus gehoor het. God het sewe jaar gelede vir ons 'n belofte gegee, 'n **woord** met die name van ons kinders. Hoe langer mens egter wag, hoe moeiliker is dit om geloof te hê, maar hoe groter is mens se getuienis, of eintlik God se storie. Aangesien ons gesukkel het om swanger te raak, het ons 'n hele paar duur mediese roetes, behandelings en prosedures probeer, terwyl ons teen ons onvrugbaarheidsreus geveg het. God het weer met my gepraat na ons laaste onsuksesvolle in-vitro behandeling om die prosedure **oor 8 maande** te herhaal wat Augustus sou wees. In daardie stadium het ons nie geweet Anton se opleidingstyd in Amerika lê voor nie. Ons was glad ook nie gereed om iets so traumaties in daardie stadium te herhaal nie. Ek het uit boeke van Beth Moore geleer: God gee nie vandag vir jou **more of volgende maand** se genade nie, of iemand anders se genade nie. Wanneer die tyd reg is, sal Sy genade genoeg wees.*

*Ons het aanvanklik versigtig geglo – as mens dit so kan noem – veral na ons vorige teleurstellings, maar ons het besef geloof moet in ons aangewakker word. Ons het geleer dat dit nie genoeg is om net aan jou **belydenisse** te dink nie, maar dat iets bonatuurliks gebeur wanneer ons dit hardop uitspreek, en dit het 'n daaglikse gewoonte vir ses maande geword. In geloof het ons die belydenis van spreek teen onvrugbaarheid na swanger wees verander. God het ook met ons oor ons **eetgewoontes** gepraat, veral met my endometriose, en nadat ons 'n paar lewenstyl veranderinge gemaak het, was ons in staat om die Here se stem duideliker te hoor.*

Ons het so bietjie met die Here begin onderhandel, want

ons het gedink dit is makliker as die Here my natuurlik swanger maak, maar God het 'n ander plan gehad. Soos Pastoor Bill Bennot sê: **As jou berg nie skuif nie, dan moet jy hom uitklim.** Eers was Anton onseker, en toe hy vrede het, toe is dit my beurt vir onseker wees. Toe erken ons soos Pastoor Ronnie Barnard altyd sê: "Here, help ons in ons ongeloof." In die middel van die sesde maand wat ons in die VSA was, het ons, ons visie neerskryf. Ek het besef Augustus was naby en ek het skrikkerig begin word – ek het van al die negatiewe uitslae onthou en dit het my bang gemaak, maar God het my denkpatroon verander…

Ek het na 'n preek van Pastoor Russ Austin in die VSA gesit en luister waar hy oor die definisie van 'insanity' gepraat het. Hy het gesê dit is om dieselfde ding oor en oor te doen en verskillende resultate te verwag. Pastoor Russ het egter gesê dat hy hierdie stelling wil uitdaag: **Mens kan dieselfde doen en ander resultate verwag**, wanneer jy die nette aan die ander kant op God se bevel uitgooi. Die Heilige Gees het my asem weggeslaan, en ek het persoonlik ervaar dat Hy vir my sê dat die volgende in- vitro behandeling ander resultate sal hê, al gaan ek na dieselfde dokter, al kry ek dieselfde hormonale inspuitings en al wag ek vir dieselfde 10 lang dae om te hoor of die prosedure suksesvol was.

Daar is **geen formule** of glorie in die dokter of prosedure nie, die Here bly die Skepper van Lewe, wat 'n wonderwerk in my gedoen het. Ons glo die beginsel is: **Wees net gehoorsaam aan God**.

Ons het ook in die tyd geleer dat dit belangrik is om dagboek van jou tyd met God te hou. Toe ek vrees in die middel van die wagperiode, waar ek verkeerdelik na wat ek kan sien gekyk het, het Anton my net bemoedig, en ek *het teruggegaan na God se Woord en na geloofspreke geluister (soos Pastoor Willem wat gepreek het om Dawid se gees te hê, en nie Saul se gees van vrees nie). Die keer was die druk op God en nie op ons nie. Ons het met my eerste doktersbesoek van hierdie rondte vir die Here gesê: "Here, dit is nie 'n lekker paadjie nie, maar ons is net gehoorsaam, ons doen dit vir U." Dit wat soos 'n opoffering gevoel het, het 'n groot seëning* **vrygestel***!*

Een van ons **geloofstappe** *was om, terwyl ons vir my bloedtoetsuitslae gewag het, die babakamer linne oor te trek en gordyne te hang, of eintlik soos Pastoor Willem met die wonderwerkreeks gepreek het, nie net te wag nie, maar iets goeds te verwag. God het ook ons vrede herstel. 1 Samuel 1: 15 sê: "Hannah poured out her soul to the Lord." Dan gaan die stukkie aan om te sê dat sy weggestap het met 'n gesig wat nie langer hartseer was nie (waar sy voorheen platgeslaan was, omdat sy vir jare en jare nie kon kinders kry nie). Hanna het weggestap van God se tempel met* **VREDE** *– nie vrede omdat haar omstandighede verander het nie, maar as gevolg van haar siel wat sy voor God uitgestort het. Ons is ook geleer om* **saad te saai** *en vanuit mens se pyn* **te bedien***.*

Uit **ons vlees** *sou ons nooit weer hierdie pad gekies het nie, maar as ons met geestelike oë daarna kyk, sal ons dit tog weer kies, want die Here het ons kosbare lewenslesse geleer, terwyl Hy ons deurgedra het. Ons* **'test'** *het in 'n* **'testimony'** *verander wat ons deesdae saam met ons dogter, Abigail, aan ander kan vertel!*

Kragtig! Sewe jaar gewag en gebid en die goedheid van God het Sy plan aan hulle geopenbaar. Dit het hulle oortuig dat God in 'n goeie bui is en nie kwaad vir hulle is nie – dat Hy nie besig is om hulle te straf nie. Hy wou hulle seën net soos Hy Abraham wou seën. Soos Anton sê die "test" het 'n "testimony" geraak.

Op 'n dag vra dieselfde God dat Abraham vir Isak gaan offer. Dit was 'n toets! Ek sou heel waarskynlik die gedagte bestraf het en as 'n aanval van die vyand afgemaak het, maar Abraham staan vroeg die oggend op en vat sy seun, die hout, vuurmaakgoed en begin stap. Halfpad laat hy die diensknegte agter en verseker hulle dat hy en sy seun gaan terugkom. In 'n stadium, vra Isak soos enige mens wat 'n paar somme kan maak, 'hier is die vuur en die hout maar waar is die offer?' Abraham se antwoord aan hom was, 'die Here sal vir Homself 'n lam vir die brandoffer voorsien'. Toe hy vir Isak op die hout vasgemaak het en gereed gemaak het om hom dood te maak, het die Here met hom gepraat en gesê, 'nou weet ek dat jy My vrees want jy het jou enigste seun nie van my weerhou nie'. Abraham het opgekyk en 'n ram in 'n doringbos sien vassit. Die ram het onskuldig die plaasvervanger vir Isak geword. Abraham het die plek 'die Here sal voorsien' genoem. Hier sien ons nog 'n leidraad of heenwysing na God se soewereine verlossingsplan. Net soos God 'n onskuldige ram vir die brandoffer voorsien het, het God 'n Plaasvervanger, Jesus Christus, vir ons voorsien.

Met Israel, God se volk wat in slawerny in Egipte was, wys God sy spiere aan Farao. Hy wys wie is regtig baas, maar in een finale en kragtige daad word die rebellie en hardkoppigheid van Farao die nek ingeslaan. Ons lees in die Skrif byvoorbeeld dat God vir die Farao, die koning van Egipte, gesê het:

Ek het jou koning gemaak omdat Ek wou wys hoe groot my mag is. Ek wou hê dat mense oor die hele wêreld van My sou hoor. (Romeine 9:17; LB)

Die aand voordat Israel uit Egipte vlug, gee God nog 'n leidraad. Ons lees daarvan in Eksodus 12. Dit was tyd vir Israel om in

Egipte op te pak en na die land wat God aan Abraham belowe het te vertrek. Israel was onder geweldige slawerny en ten spyte van nege uitmergelende plae, was Farao se hart steeds so hard dat hy onder geen omstandighede wou toelaat dat Israel trek nie. God het toe vir Moses baie spesifieke riglyne vir die Paasfees gegee. Elke familie moes 'n jaar oue manlike skaap- of boklam in hulle kuddes kies. Hierdie lam moes sonder enige gebrek wees en hulle moes vir 'n paar dae baie mooi na hom omsien. Die lam moes dan geslag word en die bloed aan die deurkosyne aangesmeer word.

Dit is moontlik dat die hoof van die huis gedurende hierdie tyd baie mooi moes seker maak dat die lam geen gebrek het nie en goed versorg was en ek kan myself net voorstel hoe die hele familie en veral die kleuters in die huis, in hierdie tyd baie geheg aan die lammetjie geraak het.

Vier dae nadat elke familie 'n lam uitgesoek het, het die hele Israel die lammers geslag en die bloed aan die deurkosyne gesmeer net soos God beveel het. Daardie nag het die doodsengel oor die hele Egipte gekom. Waar daar nie bloed aan die kosyne was nie, is die oudste kind in elke familie oorlede. In Egipte het daar 'n oudste kind in elke huis daardie nag gesterf, maar in Israel het nie eers 'n hond geblaf nie, sê die Skrif. Die bloed was die teken vir die dood om verby te beweeg of soos dit in die Engels gestel word "to pass over".

Vandat Adam en Eva in die versmoorgreep van sonde beland het, het God nooit opgehou om deur die eeue heen die mens in die hoop op Sy verlossingsplan gereeld aan te moedig nie.

Jesus was God se keuse vir 'n vlekkelose Lam vir Sy familie. Vir twee dae lank was Jesus voor Kajafas die hoëpriester, die skrifgeleerdes, die ouderlinge en Pontius Pilatus die goewerneur om ondervra te word. Niemand kon een enkele fout met Hom vind nie. 'n Lam, sonder gebrek, geskik om as Offer te dien.

Jesus is gekruisig en wat op die oog af as net nog 'n

teregstelling gelyk het, het in een oomblik die grootste gebeurtenis in die totale geskiedenis van die wêreld geword en het rimpelings in die geestesrealm veroorsaak wat tot in ewigheid sal eggo. Die bloed wat uit elke pynlike wond daardie dag gesyfer en gevloei het, het redding vir elke mens gebring. Die bloed van die Lam het die mens van die ewige dood gered, ons sonde weggewas en ons 'n splinternuwe staanplek van geregtigheid gegee.

Anita vertel haar getuienis verder wat sy My storie in God se storie noem. Hierdie getuienis kom uit haar boek *Die Groter Prentjie*.

Ons kyk dikwels na mense as hulle praat en dink "maar jy kan maklik praat, jy was nog nie in my skoene nie". As mens egter kies om nie 'n slagoffer te wees nie, maar 'n oorwinnaar te word, staan jy op 'n dag in die geestelike gimnasium en kyk na jou spiere. Nie omdat jy so oulik is nie, maar omdat jy God gekies het. As jy gekies het om 'n oorwinnaar te wees, is die stryd wat ons het net die weerstandsoefeninge wat ons nodig het om sterk te word.

Mag jy regtig deur die liefde van God, wat sedert die skepping die wêreld laat draai, begeester wees. Mag jy Hom toelaat om ook jou wêreld te laat draai.

*Is ek heilig? Ja, **want God sê** in Sy Woord deur Jesus is ek! Is ek volmaak? Ja, **want God sê** Jesus het my volmaak! Maak ek nog foute? Verseker! Alhoewel ons nie van hierdie wêreld is nie, is ek steeds IN hierdie stukkende wêreld.*

*Een ding weet ek, ek stap vorentoe, ek leef in MY **geregtigheid IN Christus**, ek los die dinge wat agter is en strek my uit na wat voor is, my oog op Hom, die* *voleinder van my geloof!*

Die oomblik toe ek besef dit gaan in hierdie lewe nie oor MY nie, maar oor God, het my bootjie se rigting verander. Ek het besef ek is 'n geleentheid gegun om deel van God se storie te wees, 'n rol op die verhoog te speel om te help om die hoofkarakter, Jesus Christus, in Sy Vader se plan met die mens uit te beeld.

***Sy storie is waardig** om in gesprekke **te vertel**, in boeke **te skryf**, op die verhoog **uit te speel**, in 'n lied **te sing**! Hy is die Lam van God, die Koning van die konings en waardig om vir ewig en ewig besing te word!*

Dit is weer eens uit Anita se getuienis duidelik dat God net goed is. Hy neem ons stukkende lewens, red ons van die ewige dood en gee aan ons 'n splinternuwe geregtigheid. Sy Seun maak ons regverdig en vanuit hierdie regverdigheid kry ons 'n staanplek vanwaar ons God se Naam kan prys en vereer!

'n Tyd gelede hoor ek die verhaal van 'n hoërskooldogter wat 'n baie goeie atleet was. Haar droom was om eendag die 200m op die Suid-Afrikaanse junior atletiekkampioenskappe (SA's) te kon wen. Sy het hard aan haar droom gewerk, maar om aan hierdie byeenkoms te kon deelneem, moes sy vooraf die afstand binne 'n spesifieke tyd op 'n amptelike byeenkoms aflê. Dit was breukdele van 'n sekonde wat tussen haar en die voorreg om in provinsiale kleure deel te neem, gestaan het.

'n Seisoen of twee later, het die dag aangebreek waarin sy die 200m in 22 sekondes afgelê het en dus vir die SA's gekwalifiseer het. Skielik het alles verander! Haar naam het op 'n deelnemerslys verskyn, sy was toegelaat om provinsiale kleure aan te skaf en 'n nommer wat spesiaal vir haar deur die rekenaar geskep is, op haar klere aan te bring.

Sy het 'n plek op die bus gekry en baan ses is vir haar gereserveer. Die kwalifiserende tyd het haar 'n reg of staanplek gegee om aan die wedloop te kon deelneem.

Met die uitblaas van Sy laaste asem, het die voorhangsel geskeur en simbolies die afstand wat in die tuin van Eden onstaan het, eensklaps tussen God en mens laat verdwyn. God het ons in Christus regverdig verklaar en daarom het ek en jy nou weer 'n staanplek voor God.

Met ander woorde, in Christus het ons gekwalifiseer om weer voor God te mag staan en omdat Christus die straf vir ons sonde gedra het, kwalifiseer ons nie langer vir straf nie. Ons kan weer in 'n groeiende intieme verhouding en vennootskap met God, saam met Hom in die spreekwoordelike aandwind wandel. Niks kan ons meer van God skei nie. Geen sonde of verdoemende oordeel kan ons langer van Sy liefde weghou nie en ons van geregtigheid ontneem nie.

> **God het ons in Christus regverdig verklaar en daarom het ek en jy nou weer 'n staanplek voor God.**

...en die Vader mag dank wat ons bekwaam gemaak het om deel te hê aan die erfdeel van die heiliges in die lig Hy wat ons verlos het uit die mag van die duisternis en oorgebring het in die koninkryk van die Seun van sy liefde, in wie ons die verlossing het deur sy bloed, naamlik die vergifnis van die sondes.
(Kolossense 1:12-14, 1953 AV)

Ek wil aan jou die geloofsproses bekendstel. Hierdie proses gaan in baie hoofstukke van die boek opduik sodat dit later natuurlik vir jou gaan kom wanneer jy die woord 'geloofsproses' hoor.

Jy laat Sy Woord naby jou kom
⬇
Sy Woord is 'n lig of openbaring vir jou
⬇
Die lig bring 'n helderheid of verstaan (jou verstand begryp die openbaring)
⬇
Wanneer jy verstaan begin jy vertrou
⬇
Vertroue gee vir jou 'n staanplek
⬇
'n Staanplek gee vir jou 'n platform
⬇

Jy moet besluit of jy gaan optree of passief gaan bly? Jou gehoorsaamheid aan die Woord wat lig bring gaan tot aksie [optrede] oor. Dit is 'n berekende risiko wat jy neem, want jou vertroue is in 'n goeie en getroue God. Passiwiteit maak dat jy uitstel en uiteindelik opgee.

"Dit is volbring!" Dit was Sy laaste uitroep voordat Hy Sy asem uitgeblaas het. Alles was klaar en afgehandel. God het Sy belofte wat kort-kort deur die Ou Testament vars bevestig is, nagekom. Hy het Sy Woord gehou. Die sirkel is voltooi vanaf die eerste twee mense wat in sonde geval het, tot by 'n totale mensdom in sonde gebore, wat in een oomblik die geleentheid kry om met hulle Vader herenig te word. Selfs die wet is vervul! Vir jare en jare nadat Adam en Eva in 'n eie poging vyeblare aanmekaar gewerk het om hulle skaamte te bedek, het mense steeds in eie krag probeer om hulle sonde te verbloem en weer voor God aanvaarbaar te wees, deur die wet te probeer onderhou. Selfs ek en jy kan vandag steeds deur ons goeie dade probeer om aanvaarbaar voor God te wees.

Die doel van die wet was uitsluitlik net om vir die mens te wys dat dit onmoontlik is om God se standaarde te ontmoet en dit was nooit bedoel om 'n weg tot God te wees nie.

Wat sal ons dan sê? Is die wet sonde? Nee, stellig nie! Inteendeel, ek sou die sonde nie anders as deur die wet geken het nie; want ek sou ook die begeerlikheid nie geken het nie as die wet nie gesê het: Jy mag nie begeer nie. En sonder die wet het ek vroeër gelewe, maar toe die gebod kom, het die sonde weer opgelewe en ek het gesterwe. (Romeine 7:7,9; 1953 AV)

"Dit is volbring!" Dit was Sy laaste uitroep voordat Hy Sy asem uitgeblaas het. Alles was klaar en afgehandel.

Net vir diegene wat tog gevoel het dat hulle nie te sleg doen deur die wet te onderhou nie, het Jesus die standaard nog so bietjie hoër gelig:

Julle het gehoor dat aan die mense van die ou tyd gesê is: Jy mag nie doodslaan nie, maar elkeen wat doodslaan, moet verantwoording doen voor die gereg. Maar Ek sê vir julle dat elkeen wat vir sy broeder sonder rede kwaad is, verantwoording moet doen voor die gereg; en elkeen wat vir sy broeder sê: Raka! moet verantwoording doen voor die Groot Raad; en elkeen wat sê: Jou dwaas! moet verantwoording doen in die helse vuur. (Mattheus 5:21-22; 1953 AV)

Jesus het dit duidelik gemaak dat daar op hierdie aarde geen manier is dat enige van ons deur die regte ding te doen, aanvaarbaar voor God kan wees en die ewige lewe op daardie manier beërwe nie. Jesus het ook in hierdie selfde gesprek vir die mense gesê dat Hy nie gekom het om met die wet weg te doen nie, maar om dit te vervul. Jesus het namens ons God se standaarde ontmoet en die wet vervul.

Na drie dae het Jesus die grootste vyand, die dood oorwin en uit die graf opgestaan. Hy het na die hemel opgevaar waar Hy aan die regterhand van God die Vader sit.

In hierdie posisie van gesag en outoriteit het Hy as hoof van die liggaam, die Kerk, vir my en jou die oorwinning behaal om nie net vir ewig met God versoen te wees nie, maar ook om in ons tyd hier op aarde, as konings te regeer.

Maar God is ryk in barmhartigheid en het ons innig lief. Deur sy groot liefde het Hy ons wat dood was as gevolg van ons oortredings, saam met Christus lewend gemaak. Uit genade is julle gered! Ja, in Christus Jesus het Hy ons saam met Hom opgewek uit die dood en ons saam met Hom 'n plek in die hemel gegee, sodat God ook in die tye wat kom, sou laat sien hoe geweldig groot sy genade is deur die goedheid wat Hy in Christus Jesus aan ons bewys het. (Efesiërs 2:4-7, 1983 AV)

God het Sy oorspronklike roeping vir ons hier op aarde ook in Sy Seun Jesus Christus herstel. As die liggaam van Christus sit ons saam met Hom in hemelse plekke vanwaar ons regeer. Ons is dus nie langer meer aan die mag van sonde onderwerp nie, maar vry en bemagtig om saam met Jesus aktief en sonder enige onsekerheid of vrees, God se koninkryk groter op aarde te maak.

Deur Sy kruisdood en opstanding het Jesus Sy Testament, die Nuwe Testament aan ons bemaak. Die enigste vereiste vir 'n testament om in werking te tree is wanneer die persoon wat die testament onderteken het en aan wie die boedel behoort tot sterwe kom. God se testament, die totaliteit van Sy eiendom en beloftes het aan ons, sy begunstigdes gegaan, die oomblik toe Jesus uitroep, "Dit is volbring!" Elke belofte daarin is van toepassing op ons en daar is absoluut niks wat ons kan doen om dit te verdien nie. Die inhoud van 'n testament gaan goedgunstig aan die erfgenaam – Onverdiend!

Dit wat God vir ons deur Jesus Christus bewerkstellig het, is uit suiwer genade. God het in genade vir ons Sy Versoeningsplan en alles wat dit insluit ontplooi. God se genade is Sy onverdiende guns teenoor ons. God se genade is 'n onverdiende geskenk aan ons.

Ek wil vir 'n oomblik by die konsep van 'n geskenk stilstaan. Ek is baie lief vir tegnologie. Een van die tegnologiese wonders waarvan ek baie hou, is Apple se tablet, die iPad om presies te wees. As pa van 'n huisgesin van ses is ek daaraan gewoond om te werk, te spaar en 'n begroting te bestuur om so goed moontlik vir my gesin te sorg. In die geval van die Apple tablet was dit dus nie anders nie, ek kon dit nie in daardie stadium bekostig nie en dus pryse dopgehou en vergelyk en gespaar om te kon sien hoe ek dit vir myself kon koop.

Op 'n dag het ek met 'n vriend gesels en sonder dat hy enigsins bewus was van hierdie begeerte in my hart, sê hy vir my dat hy al 'n geruime tyd voel om vir my 'n geskenk te gee en hoe sal ek oor 'n iPad voel? Jy kan dink hoe ek daaroor gevoel het! In my ekstase en blydskap het ek in daardie oomblik weer besef hoe spesiaal dit is om 'n geskenk te ontvang, veral as dit iets is wat jy baie graag wil hê. Jy hoef nie te werk of te begroot vir 'n geskenk nie en jy hoef dit nie te verdien nie.

'n Geskenk is presies wat dit sê – dit is 'n geskenk. Dit is iets wat iemand anders in liefde vir jou uitsoek en dan ten volle daarvoor betaal, voordat hulle dit vir jou gee sonder dat jy dit verdien of iets daarvoor hoef te betaal. Al wat ek moet doen, is om dit in besit te neem.

Wanneer ons voor God kom, gebeur dit in meeste gevalle dat ons ook die verantwoordelikheid op onsself wil neem om hard te werk en punte op te bou sodat ons God se seëninge kan verdien.

Want uit genade is julle gered, deur die geloof, en dit nie uit julleself nie: dit is die gawe van God. (Efesiërs 2:8, 1983 AV)

God het vir ons die geskenk van genade gegee. Daar is niks wat ons kan doen om dit te verdien nie. Die enigste vereiste wat God vir ons gestel het om ons erfporsie in besit te neem, is om te GLO [geloof te hê].

As jy met jou mond bely dat Jesus die Here is, en met jou hart glo dat God Hom uit die dood opgewek het, sal jy gered word. Met die hart glo ons, en ons word vrygespreek; en met die mond bely ons, en ons word gered. Die Skrif sê tog: "Niemand wat in Hom glo, sal teleurgestel word nie." (Romeine 10:9-11; 1983 AV)

Ons betree die koninkryk van God deur **geloof**. Dit is geloof wat ons oor die brug neem wat Jesus Christus vir ons geword het – terug in die arms van die Vader in. God het dit in genade aan ons beskikbaar gestel, maar ons betree die volheid van God soos Adam en Eva dit in die tuin beleef het, deur ons geloof. Ons geloof in die volmaakte werk van Jesus Christus word die fondasie vir ons geloof elke dag in ons lewe:

> *Hy het sy eie Seun nie gespaar nie, maar Hom oorgelewer om ons almal te red. Sal Hy ons dan nie al die ander dinge saam met Hom uit genade skenk nie?* (Romeine 8:32, 1983 AV)

Nie eers die dood, die mees vernederende manier van teregstelling, soos wat die geval in daardie tyd was, was te veel van God gevra om die verhouding met ons te herstel nie. Dit is waarom Paulus die vraag vra "Sal Hy ons dan nie al die ander dinge saam met Hom uit genade skenk nie?" God het opnuut vir ons op die mees openbare en selfopofferende manier kom bewys dat ons Hom werklik kan vertrou.

Deur Sy geloofwaardigheid onherroeplik te bevestig en ons identiteit in Hom vas en seker te herstel, plaas dit ons net soos Eva van ouds voor die keuse of ons gaan toelaat dat die vyand met sy misleidende vrae en stellings ons (verder) van ons Vader wegdrywe en of ons Hom onvoorwaardelik gaan vertrou en aktief in ons geloof elke dag die rykdomme van Sy koninkryk gaan ontgin.

Wanneer daar in die oorblywende hoofstukke na geloof verwys word, word dit gedoen vanuit die betekenis van die kruis as vertrekpunt. Ons geloof begin by 'n vertroue in God die Vader wat nie eens Sy eie Seun gespaar het nie en alles wat goed is in genade aan ons skenk. In die volgende hoofstuk skryf ek oor hoe jy geloof kry. Abraham, wat die vader van geloof genoem word, se geloof word in The New Living Translation in Romeine soos volg beskryf:

> *Abraham never wavered in believing God's promise. In fact, his faith grew stronger, and in*

this he brought glory to God. He was absolutely convinced that God is able to do anything he promised. And because of Abraham's faith, God counted him as righteous. (Romans 4:20-22, NLT)

Hy was absoluut oortuig dat God in staat is om te doen wat Hy belowe het. In Hoofstuk 3 wil ek vir jou wys hoe jy ook geloof soos Abraham kan kry en behou sonder om in 'n absolute goeie God te twyfel wat vir jou 'n geskenk van genade gegee het om die onmoontlike moontlik te maak.

3
WAAROM GELOOF?

Ek wil hierdie hoofstuk met 'n getuienis uit my eie lewe begin – ek was in 'n situasie waar alles fisies rondom my gesê het dit sou nie werk nie, tog het ek steeds besluit om die Woord van God te glo en daarop te reageer...

"Dominee ek weet nie waar jy jou soort mense sal kry nie..."
Ek onthou hierdie woorde asof dit gister aan my gesê is. Ek was 'n jong studenteleraar wat baie onseker was wanneer ons kampuspredikante die rektor en kampusdireksie een keer per jaar ontmoet het. Ek was nie deel van die regte 'kerkgroep' nie, want ons was nie een van die susterskerke nie – ons was 'n Charismatiese kampuskerk wat nie regtig staanplek op kampus moes hê nie – of so het party mense in elk geval gedink.

Die lidmaattal van elke kerk was maklik bepaalbaar aangesien daar op die Universiteit se aansoekvorm 'n blokkie vir elke denominasie was – kerke het dan ook sekere regte gehad op grond van hierdie lidmaattal. Vir ons kerk was daar egter nie 'n blokkie nie. Op die lys was daar 'n blokkie wat alle klein kerke en gemeentes, wat nie offisiële verteenwoordiging gehad het nie, ingesluit het.

Hierdie blokkie het betrekking gehad vanaf die AGS tot Baptiste tot 'ek gaan nie eintlik kerk toe nie'. Dit was die lys wat ek en Celeste van die Universiteit se administrasie gekry het. Ons kon die studente op die lys individueel besoek het en hulle dan na 'n diens uitnooi. Die name van studente wat ons kon besoek was nooit meer as 10% van die totale inname van eerstejaarstudente nie. As ons ooit iemand anders (wat op die ander blokkies aangedui is) besoek het, was ons beskuldig dat ons proseliete gemaak het.

By een van die vergaderings wat ek was, het die rektor spesifiek oor die rigting wat die universiteit gaan inslaan gepraat. Hy het gepraat van 'n "Kwaliteit universiteit waar getalle beperk word tot gehalte studente." In daardie stadium was die eerstejaarstudente tal ongeveer 1 100 en volgens die rektor sou dit verminder. Dit was juis in daardie stadium dat die rektor opgekyk het en vir my gesê het, **"So dominee ek weet nie waar jy jou soort mense sal kry nie."** *"My soort mense." Dit beteken die tekkiespanlys wat ek gekry het gaan nog minder word, want hulle word nie as kwaliteit gesien nie. (Na hierdie insident het mense met invloed nog twee keer sulke woorde aan my geopper). Hierdie insident het ongeveer in 1997/98 plaasgevind. Ek kan nie presies onthou wat ek daardie dag vir die rektor gesê het nie. Ek het net skielik begin wonder hoekom ek ooit na Potchefstroom geroep is om 'n gemeente te begin − 'n gemeente wat beslis geroep was om stede te transformeer. Ek was eenvoudig deur die feite en getalle oorweldig.*

Ek onthou dat ek met Celeste en later ook met een van ons ouderlinge oor hierdie saak gepraat het. Die ouderling het ook uit een van "daardie kerke gekom" wat goed op die lys verteenwoordig was. Hy was egter nie afgesit deur die negatiewe woorde nie en sy reaksie daarop aan my was,

"Man dan roep ons studente in van die noorde, ooste, weste en suide." Ek het nie eens presies geweet waar noord is nie, maar ons het elke oggend saamgebid en Sondae het 'n handjievol studente en gemeenskapslede saam deur die aksie gegaan waar ons mense en dan veral studente in Potchefstroom ingeroep het. Gees roep gees. God het ons geloof geëer en die studentegetalle wat moes afneem, het die volgende tendens getoon:

- Daardie jaar was daar 1 100 eerstejaarstudente en 'n totaal van 4 500 voltydse studente.
- Die volgende jaar was daar 1 300 eerstejaar-studente.
- Daarna 1 800 eerstejaarstudente
- Dit het gegroei na 2 500 eerstejaarstudente
- 3 500 Eerstejaarstudente het daarna gevolg en in die daaropvolgende jare het dit tussen 3 500 – 5 500 eerstejaarstudente gewissel.
- Die Potchefstroom Kampus van die Noordwes Universiteit het tans meer as 20 000 voltydse studente, en tussen die drie kampusse, Mafikeng (waar ons intussen 'n gemeente met Pastoor Josephine Llale geplant het en Vaaldriehoek (waar ons 'n gemeente gaan plant) is daar meer as 60 000 studente.

Die rektor wat hierdie woorde aan my gesê het, het intussen die Universiteit verlaat. Ons 'soort mense' het blykbaar duidelik in die gees gehoor en hulle het gekom en gekom en hulle kom nog steeds...

Syfers en feite het duidelik uitgeroep – julle is met die ONMOONTLIKE besig! Geloof sê egter niks is vir God onmoontlik nie – hou net aan GLO! Wat ook al jou stuk onmoontlikheid op hierdie oomblik is – hou net aan

GLO, want NIKS is voor God onmoontlik nie. ROEP JOU OPLOSSING IN!

Ek wil hê dat jy in hierdie hoofstuk saam met my moet delf in die waarhede waarom ons geloof in ons lewens nodig het. Ek en my gesin is mense wat ook baie van reis hou. Ek hou daarvan om aan ander wêrelddele en kulture blootgestel te word – daar is so baie om van ander kulture te leer. Ek is dus altyd baie opgewonde wanneer ek my tasse begin pak en al my reisreëlings vir 'n oorsese reis agtermekaar is, veral ook nog as ek my gesin saam met my kan neem.

Geloof sê egter niks is vir God onmoontlik nie – hou net aan GLO!

Ons gemeente is deel van 'n wonderlike geestelike familie in die VSA en dit is elke keer 'n spesiale ervaring en groot voorreg om van tyd tot tyd by die verskillende gemeentes in die VSA te gaan kuier.

Gewoonlik hou ek 'n paar dollers in die kluis by my huis sodat daar genoeg kontant is om ons tot in die VSA te bring. Wanneer ek vir my reis gereed maak, haal ek hierdie note uit die kluis en begin om intussen die wisselkoers op die internet dop te hou. Hoeveel kontant moet ek ruil en hoeveel geld moet ek op my kredietkaart saamneem? Dit is gewoonlik vrae wat in sulke tye deur my kop begin maal. Wanneer ek die Suid-Afrikaanse bodem verlaat en myself in die VSA met 'n ander geldeenheid en waarde bevind, help my rande my niks nie. Selfs die R200 noot met die trotse luiperd daarop, beteken vir my in daardie tydstip nie veel nie. As daar nie 'n president op die noot is wat jy vir die kassier oorhandig nie, aanvaar hulle dit nie, al is ons geldnote kleurvol met pragtige uitbeeldings van die groot vyf. Met 'n gryserige president op die geldnoot, kan ek egter heelwat wonderlike dinge bekom, mits ek natuurlik genoeg daarvan het. Wanneer ek in Amerika land, moet ek eers die rande wat ek het na dollers omruil omdat dit die geldeenheid is waarin hul handel dryf. Ek kan met tasse vol rande daar aankom, maar as ek dit nie na dollers omruil nie, kan ek niks daarmee doen nie, want die VSA gaan nie in 'n ander land se geldeenheid handel dryf nie.

God se koninkryk het ook 'n 'geldeenheid' – GELOOF. Vir my om God se koninkryk te betree of die ewige lewe te verkry, moet ek slegs glo.

> *Want so lief het God die wêreld gehad, dat Hy sy eniggebore Seun gegee het, sodat elkeen wat in Hom glo, nie verlore mag gaan nie, maar die ewige lewe kan hê.* (Johannes 3:16; 1953 AV)

Die eerste stap in God se rigting is 'n stap van geloof. Jesus het deur Sy dood en opstanding vir ons die brug na God toe geword. Ons geloof in Hom stel ons in staat om tot aksie oor te gaan en oor die brug, binne in Sy Koninkryk in te stap. Paulus bevestig dit in Romeine 10.

God se koninkryk het ook 'n 'geldeenheid' – GELOOF.

> *Nee, die verlossing wat joune word deur dat jy glo – en dit is juis hierdie boodskap wat ons verkondig – is sommer hier by jou. Om die waarheid te sê, die Skrifwoord lui:* 'Die boodskap is hier by jou, op jou lippe en in jou hart.' *Want as jy met jou mond bely dat Jesus die Here is en met jou hart glo dat God Hom uit die dood opgewek het, sal jy gered word. 10Want as ons glo met ons hart, word ons*

vrygespreek en as ons met ons mond bely, word ons gered. (Romeine 10:8-10; NLV)

Jesus het Sy heel eerste preek ook met geloof as die deur tot die koninkryk van God begin:

Hy het gesê: "Die tyd het aangebreek, en die koninkryk van God het naby gekom. Bekeer julle en glo die evangelie." (Markus 1:15; 1983 AV)

Die woord "bekeer" word van die Griekse woord *'metanoia'* afgelei wat beteken "om anders te dink." Die Jode het in daardie stadium op 'n fisiese koning, wat hulle uit die mag van die Romeinse regering sou verlos, gewag. Jesus begin preek en sê dat hulle nou anders moet begin dink – dat die Koninkryk van hierdie Koning nie 'n fisiese en tydelike koninkryk is nie, maar 'n koninkryk wat volgens geestelike beginsels funksioneer. God se koninkryk is nie die van 'n koning wat binne 'n vasgestelde tyd in die geskiedenis regeer en oorwinning vir een mensegroep bewerkstellig nie. Die koninkryk van God is vir altyd, daar sal niemand weer na Hom regeer nie. Dit is 'n koninkryk vir alle mense wat deur hulle geloof hierin begin deel.

Goeie werke bring ons nie in hierdie koninkryk van God nie, so ook nie geld of geleerdheid, status, agtergrond of bloedlyn nie. Dit wat die koninkryk van God en die volheid daarvan in ons lewens aktiveer en vir ons 'n realiteit maak, is wanneer ons anders oor die evangelie begin dink en glo!

Die krag van geloof kom vir my so mooi na vore wanneer ek 'n paartjie trou. 'n Huwelik gebeur nie sommer op die ingewing van die oomblik nie – wel die meeste in elke geval nie (dalk as jy in Las Vegas is, kan so iets wel gebeur). Alles begin gewoonlik wanneer 'n jong man sy liefde aan 'n meisie verklaar en 'n hele klomp beloftes aan haar maak. Om te bewys dat hulle ernstig is, raak hulle verloof en die verlowing het gewoonlik 'n klomp aksies tot gevolg – 'n kerk of saal word gehuur, 'n rok word gemaak, blomme word gekoop, spyskaarte word opgestel en gaste word genooi. 'n Mosie van geloof lei dus uiteindelik tot 'n huwelik en 'n leeftyd saam as egpaar.

Wanneer ons in ons harte glo en met ons monde hierdie vertroue in God uitspreek (soos wat die jong man sy vertroue in die meisie as huweliksmaat uitspreek), het dit gewoonlik net so groot effek. Ons reageer op die huweliksaansoek van die Bruidegom, ons raak deel van God se Koninkryk en ons begin WAARLIK LEEF. Paulus skryf 'n brief aan die gemeente in Romeine en sê dat hy nie kan wag om die evangelie in Rome te verkondig nie en gaan dan soos volg voort:

> **Want ek skaam my nie oor die evangelie van Christus nie, want dit is 'n krag van God tot redding *vir elkeen wat glo, eerste vir die Jood en ook vir die Griek.*** (Romeine 1:16; 1953 AV)

Hierdie is een van die sterkste stellings wat Paulus in die Bybel maak waarin hy die onbetwyfelbare krag van die evangelie verduidelik. God het genade aan ons in Sy Seun Jesus Christus bewys sodat ons nie langer onder die slawerny van sonde gebuk moes gaan en vir altyd sonder God moes lewe en die ewige dood in die gesig moes staar nie. Christus het ons van die sonde en die dood losgekoop en ons vir altyd in 'n koninklike posisie saam met Christus in hemelse plekke laat sit. Dit is die evangelie, die goeie nuus. Dit is wat die krag tot redding vir elkeen wat glo is. Hierdie goeie nuus is ook vir jou bedoel, alles wat daarin opgesluit is, is vir jou ook beskore, maar jy moet glo.

Paulus gaan voort deur uit die boek van die profeet, Habakuk aan te haal as hy die volgende skryf:

Want die geregtigheid van God word daarin geopenbaar uit geloof tot geloof, soos geskrywe is: Maar die regverdige sal uit die geloof lewe. (Romeine 1:17; 1953 AV)

Wat maak ons regverdig as ons eintlik onregverdige mense is? Die antwoord is relatief eenvoudig – ons geloof.

Die regverdige sal deur die geloof lewe. In hoofstuk 2 het Anita ook in haar getuienis daarna verwys dat God ons regverdig maak, maar wat beteken dit nou eintlik? Wat maak ons regverdig as ons eintlik onregverdige mense is? Die antwoord is relatief eenvoudig – ons geloof. My geloof is dus 'n bewys van my vertroue in 'n ander Party, dat sover dit my geregtigheid aangaan, ek myself met iemand anders assosieer. Vir my geregtigheid beroep ek myself op Jesus Christus vir my redding en kan ek nie langer op myself roem nie.

Om God te vertrou is om REGTIG te leef. 'n Lewe sonder Jesus as middelpunt is soos om die beste selfoon sonder 'n battery by jou te dra of om 'n duur sportmotor sonder 'n enjin te besit.

Elke keer wanneer iemand op die goeie nuus van God reageer en Jesus die middelpunt van sy of haar bestaan maak, is dit asof daardie persoon die eerste asemteug van die lewe van God inasem. Dit is daarom dat daar na so 'n gebeurtenis as wedergeboorte verwys word. Dit is ook waarom Paulus skryf dat die regverdige, die persoon wat sy geloof in Christus bely het, uit geloof lewe.

Abraham het hierdie beginsel, lank voordat Jesus gekom en vir ons die Ewige lewe moontlik gemaak het, verstaan.

Abraham se geloof het hom na 'n land laat trek wat hy nie geken het nie. As jy 'n vrou is of met een getroud is, sal jy verstaan dat Abraham die situasie heel waarskynlik baie mooi vir Sarai moes verduidelik het om haar samewerking in hierdie verband te kry.

Al die tente moet afgeslaan word en ek dink nie dit was vandag se maklike inglip en inhaak tente nie. Moontlik was daar al 'n permanente vuurmaakplek en krale vir die diere gebou. Skielik moet alles opgepak word, die bekende word agtergelaat en 'n trek na die onbekende begin. "Waarheen my man?" hoor ek al Sarai se vraag en

> **Om God te vertrou is om REGTIG te leef**

dan Abraham se rustige antwoord, "Ek weet nie, God het nog nie gewys nie." Dit is genoeg om enige mens (veral vroue) te ontstel en onseker te laat, maar nie Abraham nie. Hy vertou God. Abraham se geloof in God het gemaak dat hy bereid was om sy enigste en langverwagte seun, Isak, te offer. Abraham se geloof het hom die Vader van baie kinders, kleinkinders en agterkleinkinders gemaak. Abraham se geloof het sy nageslag toegang tot die beloofde land gegee, want die Skrif sê:

> **Abraham het in God geglo, en dit is hom tot geregtigheid gereken.** (Romeine 4:3; 1953 AV)

Abraham het 'n Woord by God gekry en hy het die Woord geglo. Dit was uitsluitlik sy geloof teenoor God wat gemaak het dat God hom regverdig en aanvaarbaar verklaar het. Geregtigheid het hom dus in staat gestel om voor God te kan staan en daarom kon hy praat.

Geloof het vir Abraham geregtigheid gebring, geregtigheid het vir hom 'n staanplek voor God gegee asook die reg om te praat. Ons kan dit soos volg voorstel:

Abraham het Sy Woord naby hom laat kom
⬇
Sy Woord was 'n lig of openbaring vir Abraham gewees
⬇
Die lig bring 'n helderheid of begrip (Abraham kon met sy verstand die openbaring begryp)
⬇
Die oomblik toe Abraham verstaan het hy begin vertrou
⬇
Vertroue het aan Abraham 'n staanplek gegee
⬇
'n Staanplek het vir Abraham 'n platform gegee
⬇
Abraham moes besluit of hy gaan optree of passief gaan bly? Abraham se gehoorsaamheid aan die Woord wat lig bring het gemaak dat hy tot aksie [optrede] oorgegaan het. Dit was 'n berekende risiko wat hy geneem het, want sy vertroue was in 'n goeie en getroue God. Passiwiteit sou gemaak het dat Abraham uitgestel het en uiteindelik op God se beloftes vir hom opgegee het.

Abraham het as die vader van geloof bekend geraak en ons sien dat sy naam gereeld in die Nuwe Testament opduik. In Hebreërs 11 maak die skrywer melding van hom wanneer hy die ererol van geloofshelde aan ons voorhou. Paulus gebruik Abraham as 'n voorbeeld wanneer hy in sy brief aan die Romeine verduidelik dat dit geloof is, en nie ons werke nie, wat ons vry van sonde maak. Ek wil 'n getuienis van Renaldo (skuilnaam), wat in geloof geglo het dat sy salaris sy tiende sal word, met jou deel. Net soos wat Paulus dit aan die Romeine verduidelik het, was dit nie Renaldo se werke wat hom daartoe in staat gestel het nie, maar sy GELOOF in 'n goeie God. Renaldo se getuienis is een van daardie getuienisse wat duisende mense al geïnspireer het. Hy en sy vrou was slegs 'n paar jaar getroud toe ons mekaar ontmoet het. Hy het in daardie stadium vir 'n Internasionale Mynmaatskappy as ingenieur gewerk. Wat Renaldo se storie betekenisvol en belangrik maak is die feit dat hy op die Woord van geloof wat ons geleer het, gereageer het. Hier volg die eerste gedeelte van sy getuienis:

Willem het eendag die volgende vraag tydens die erediens gevra, "Wie glo in geloof dat sy salaris sy tiende kan word?" Ek het dadelik my hand opgesteek. Ek het dadelik gesê ek glo dit is moontlik – ek het egter terselfdertyd besef dat my salaris in daardie stadium slegs R 3 500.00 was. Ek was nog altyd goed met wiskunde en daarom kon ek dadelik bereken dat dit nogal moeilik gaan wees – my vrou het in daardie stadium steeds studeer, ek het 'n beurs gehad om terug te betaal en ons moes darem nog leef ook. Ten spyte van my berekeninge het ek dadelik my hand opgesteek, want as my huidige salaris my tiende sou word, het dit beteken dat ek tien keer meer sou verdien. Om R 3 500.00 as tiende te gee sou ek R35 000.00 moes verdien – dit het haalbaar geklink want ingenieurs verdien dit mos.

Ek het vir myself gesê, "Jy kan glo dat dit sal gebeur." Dit is maklik om te sê jy kan glo, maar daar volg 'n klomp ander vrae wanneer jy so besluit neem. Vrae soos: Wat is geloof?; Hoekom geloof?; Hoe kry ek geloof?; Hoe hou ek my geloof? Die laaste wat deur my kop gemaal het, was, "Here ek verstaan nie!" As jong getroude paartjie het ons in daardie stadium regtig gesukkel. Daar was studieskuld, ou motors wat herstelwerk dringend nodig gehad het en skuld wat ons wou oorweldig het. Daar het soveel onmoontlikhede voor my gestaan en ek het skuldig gevoel omdat ek nie vir my vrou kon sorg soos ek moes nie. Ek wou so graag glo en die Here onvoorwaardelik vertrou het. Die Here het egter die volgende skrifgedeelte oor my pad gestuur – in Spreuke 3:5-6 staan daar,

Vertrou volkome op die Here en moenie op jou eie insigte staat maak nie. Ken Hom in alles wat jy doen en Hy sal jou die regte pad laat loop.

Ek het die Geloofreeks wat gepreek is oor en oor geluister. Ek was desperaat en het vir die Here gesê, "Vader, U weet dat U Woord al hierdie dinge sê, maar Here bewys U-self asseblief." Ek het voor 'n groot uitdaging gestaan – ek moes my vrou se finale eksamenfooie betaal en dit moes in Amerikaanse dollers wees. In daardie stadium was die rand-doller wisselkoers R10 vir $US1. Haar eksamenfooie moes voor Woensdag 12:00 betaal word. Ons het niks gehad nie, maar die Here het na my gekom en gevra, "Glo jy My?" Ek het daar gestaan en vir die Here gesê, "Here U Woord sê U is ons voorsiener want U bring dit wat ons nog nie kan sien nie tot stand – U praat en dit gebeur." Ons het begin om SY WOORD te bely. Ons het bely dat 'sien nie glo' is nie, want as ons net dit glo wat ons sien, lê groot moeilikheid vir ons voor. Wanneer ons God se Woord glo, begin ons Sy beloftes sien en begin ons ook praat om dit tot stand te bring. Ons het begin bely dat ons anonieme tjeks in die pos gaan kry, anonieme inbetalings in ons bankrekening en dat engele vir ons geld in koeverte gaan bring. Ons het selfs gesê dat ons geld vanaf bome sal kom, want Pastoor Willem het gesê, "Wie sê geld kom nie van bome nie?" Geld is tog net papier en papier word van hout *gemaak en hout kom van bome! Ons het dus regtig bely dat geld uit die bome sal val. Ons het regtig groot gegaan – ek het in die aande op my gras gaan staan en geskree, "Geld! Ek roep jou van die suide en noorde, ooste en weste. Kom en vul ons rekeninge. Ons gaan ons nuwe huis met splinternuwe meubels vul en ons gaan dit kontant koop. Ons gaan nie meer skuld hê nie, want die Here gaan ons uit skuld kry." Ons het bely, geglo en vertrou.*

Terug by die eksamenfooie – die sperdatum was daar – dit was Woensdag en ons het steeds niks gehad nie en 12:00 het nader gekruip. Teen 11:30 het my makelaar gebel en gesê dat daar 'n polis is wat uitbetaal word en hy wil weet in watter rekening die geld moet kom. Die geld was genoeg om die studies te betaal, die motors te herstel en ons skuld af te betaal – GOD IS GETROU! Geld het vanaf bronne wie ons nie eens geken het nie, ingestroom. Mens wat in ander stede was, het geld vir ons sellede gegee om vir ons te gee. Hul woord was die Here het gesê ons moet die geld in Renaldo se lewe saai. Hierdie gebeure het ons sellede se geloof ook gebou, veral die persoon wat die geld vir my gebring het wat iemand vir hom gegee het. 'n Wildvreemde persoon wat nie vir my of hom ken nie en tog het die Here dit op sy hart gelê om geld in my lewe te saai. Ten spyte van die feit dat alles betaal is wat betaal moes word, het die geld steeds ingestroom.

Ek het begin om hierdie getuienis met vrymoedigheid aan ander te vertel. Elke persoon wat dit gehoor het, was deur die storie van geloof geraak. Dit het my lewe verander omdat ek besef het dat die Woord van God 'maklik' is – jy doen wat dit sê en jy vertrou Hom want Hy het dit gesê en Hy het dit belowe! Jy leef dit en jy praat oor dit. Ander mense sien dit en hulle sien dat die Goeie nuus die waarheid is. Hulle begin glo, hulle verander en dit sneeubal verder en op die manier bou ons die koninkryk van God uit. Hoekom? Omdat ons aan die Woord van Jesus Christus getrou is.

Ek wil Renaldo se getuienis eers hier onderbreek – die tweede gedeelte van sy getuienis kan jy later in hierdie hoofstuk lees. Ek wil eers weer terugkom by die ander geloofshelde wie se name ook in Hebreërs 11 se ererol verskyn, manne en vroue wat die pad voor ons gestap het en wat met verwagting uitsien om vir my en jou as mentors in die aktivering van ons geloof te dien – manne en vroue wat, soos Renaldo, GEGLO het en nie op hul werke staatgemaak het nie.

"Deur die **geloof** het Abel 'n beter offer aan God as Kain gebring" (Lees gerus die gedeelte in Hebreërs 11). Abel se verhaal gaan baie vêr in die verlede terug – hy was die ou wat vir Adam en Eva 'Pa' en 'Ma' genoem het. Hy was die eerste persoon, volgens ons kennis, wat op aarde dood is. Daar word in 'n skamele een of twee sinne van hom melding gemaak, maar tog leer hy ons wat dit is om in geloof te lewe.

Adam en Eva het sekerlik vir Abel van die keer vertel toe hulle so skaam en verwyder van God gevoel het en hulle in 'n poging om dit beter te maak, hulself met vyeblare bedek het. Dit moes nogal baie ongemaklik gewees het want vyeblare, soos meeste van ons weet, het baie haartjies wat 'n ongemaklike en irriterende reaksie op die vel moes gehad het. Abel het verder na sy ouers geluister toe hulle van God se alternatief vertel het – hoe Hy 'n bokkie geslag het, hulle vir die eerste keer bloed gesien het en God hulle met die bokkie se vel bedek het. Hulle het moontlik oor God se patroon of standaard vir offers gesels – dat dit altyd met die vloei van onskuldige bloed gepaard gegaan het. In **geloof** het Abel die beste van sy diere geslag en so sy geloof in God getoon en 'n aanneemlike offer vir God gebring.

Henog het geloof in God gehad en was vir God daardeur so groot plesier dat Hy besluit het om hom weg te neem en hy is dus die dood gespaar.

Hier, terwyl ons besig is om by elkeen van hierdie geloofshelde stil te staan en soos op die gedenkplaat by 'n monument van die merkwaardigheid van elkeen se lewe lees, stop die skrywer van Hebreërs ons. Dit is asof hy ons vir 'n oomblik tot stilstand wil bring en ons aandag op die sleutelboodkskap in hierdie mense se lewens wil vestig:

> *En sonder geloof is dit onmoontlik om God te behaag; want hy wat tot God gaan, moet glo dat Hy is en 'n beloner is van die wat Hom soek.* (Hebreërs 11:6; 1953 AV).

God word nie deur my eie idees en prestasies beïndruk nie. Wanneer ek egter my geloof en vertroue in Sy grootheid toon, is God met my beïndruk.

God word nie deur my eie idees en prestasies beïndruk nie. Wanneer ek egter my geloof en vertroue in Sy grootheid toon, is God met my beïndruk. Dit is wanneer ek, ondanks die feit dat ek aan tyd gebonde is en dus nie die toekoms kan sien nie, glo dat Hy is en 'n beloner van die wat Hom soek is.

Ons land het 11 amptelik erkende tale en in die omgewing waar ek woon, is Setswana een van hierdie tale wat jy gereeld sal hoor. Indien jy in Setswana vir iemand vra hoe dit met hom of haar gaan, sal die persoon met *'Ke teng'* antwoord wat letterlik beteken 'Ek is'. Daarmee bedoel die persoon 'Ek is hier, ek is nie siek nie, ek is nie dood nie, dit gaan nie met my sleg nie. Ek staan in my wese by jou en dus kan jy sien dat dit met my goedgaan'.

In Eksodus 3 lees ons van die verhaal waar Moses by die brandende bos gestaan het en God hom geroep het om die volk Israel uit Egipte te lei en van die juk van slawerny te bevry. Moses het onseker van homself binne hierdie groot roeping gevoel en kon homself slegs op die God wat hom stuur beroep. Daarom vra hy vir God "wie sal ek sê het my gestuur as die Israeliete sou vra?" God se antwoord aan hom is die volgende:

"Sê vir hulle Hy word genoem "Ek is wat ek is". Sê vir hulle dit is die Een wat genoem word "Ek is" wat jou na hulle toe gestuur het. (Eksodus 3:4, LB)

'Ek is' verwys na die wese van God, dat Hy uit Homself bestaan en nie geskape is nie. Dit verwys ook na die tydloosheid van God, dat die verlede, hede en toekoms in Hom saamgevat word. God is onveranderlik en vir altyd. Hy is standvastig en getrou in die vervulling van Sy beloftes. 'Ek is' Redder, Prins van Vrede, Geregtigheid, Geneesheer, Voorsiener. Ek is wat Ek nog altyd was. Ek is wat Ek altyd sal wees en Ek sal vir altyd wees wat Ek vandag is.

Voordat die skrywer van Hebreërs voortgaan om die name van die geloofshelde aan ons voor te hou, beklemtoon hy die kern waarheid in elkeen van hierdie mense se lewens – om met jou hele hart in 'Ek is' te glo – dít is wat Hom behaag.

Noag het ook soos Abraham 'n Woord van God ontvang. God het vir Noag baie spesifieke voorskrifte gegee om 'n ark te bou. Die ark sou as 'n veilige beskutting vir Noag, sy gesin en diere van elke spesie op aarde dien vir wanneer die reën sou kom. Noag en nie een enkele ander mens het in daardie stadium al reën in hulle lewe gesien nie. Tog, ondanks die onbekende en die gereëlde gespot van omstanders, het Noag een ding voor oë gehad en dit was om gehoorsaam vanuit sy geloof in God op te tree.

Nog 'n voorbeeld van 'n geloofsheldin was Sara. Sy het vanweë haar geloof in God, krag ontvang om op haar hoë ouderdom bevrug te word en 'n seun in die wêreld te bring.

'n Suiwer, onverskrokke geloof in God het altyd 'n aksie en rimpeleffek tot gevolg:

In **geloof** dat God sy seun uit die dood sou opwek, het Abraham gehoorsaam gereed gemaak om Isak te offer.

In **geloof** dat God sy belofte aan Abraham gestand sal doen, het Isak sy seuns geseën.

In **geloof** het Jakob die seuns van Josef geseën.

In **geloof** dat God die beloofde land aan sy kinders sou gee, het Josef sy broers gevra om sy beendere saam te neem wanneer hulle trek.

In **geloof** dat hul kinders sou lewe, het Moses die Paaslam geslag en God se opdragte noukeurig uitgevoer.

In **geloof** dat God 'n pad deur die see sou maak, het die Israeliete gereed gemaak en uit Egipte getrek.

In **geloof** dat die God van die Israeliete haar lewe sou spaar, het Ragab die verspieders versteek.

Ons is in 'n beter plek as wat Abraham en al die ander geloofshelde was. Elke keer wat 'n offervlam opgegaan het, het die geur van hoop in 'n Verlosser saam opgegaan. In die tyd waarin ons nou leef het ons die voorreg om in geloof terug te kyk op dit wat God al die jare belowe het, maar in Sy Seun reeds volbring het. Ons sien nie meer met verlange uit na dit wat nog moet kom nie, ons kyk in dankbaarheid terug op dit wat reeds gebeur het en leef in geloof in die volheid van die heerlikheid en heerskappy van God.

Hoe sal mense die sin aan die einde van jou lewe voltooi?

In geloof het Johan_____

In geloof het Mariaan _____

Waarvoor het jy jou vertroue op die oomblik in God gestel? Wat is die Woord wat God jou gegee het en hoe tree jy daarvolgens op? Hoe raak jou lewensverhaal 'n tasbare bewys en avontuur van 'n lewe in geloof? Ek wil nog 'n getuienis van Kobus (skuilnaam) met jou deel. 'n Getuienis wat van geloof en vertroue op God deurspek is. Laat Kobus sy getuienis self vertel:

Hierdie is nie my getuies nie maar Sy getuienis, daarom maak my naam nie saak nie, want wat Hy vir my kan doen, kan Hy ook vir jou doen want Hy is nie 'n aannemer van persoon nie. Ek het grootgeword in 'n klein, wonderlike plaasgemeenskap waar ons elke dag deur geloof moes leef. Vertrou vir reën, vertrou vir dag tot dag boerdery op die plaas, vertrou vir finansies, klein dingetjies wat ander dalk net as 'n reël gehad het. Dit het my geleer om in God te vertrou, maar my geloof was op goed wat ek vir God gedoen het, gebaseer. My persepsies was, hoe meer ek probeer doen, hoe meer sal God my gebede beantwoord.

In my eerstejaar op universiteit het ek met Willem in aanraking gekom en die boodskap van geloof gehoor. Dit het vir my 'n hele nuwe wêreld oopgemaak om te verstaan waaroor geloof eintlik gaan. Willem se woord, saam met ander soos Ron Kushmael, Daru de Wet en Ronnie Barnard, het effektief my hele siening rondom geloof kom vorm.

Om by Willem te wees en nie geloof te hê nie, is soos om 'n vis op droë grond te wees. As jy by hom is, moet jy swem, daar is altyd iets groters om voor te vertrou want ons dien 'n groot God! Hebreërs 11:1 en Hebreërs 11:6 het ons uit ons koppe geleer totdat dit diep in ons gees ingesink het. Jy kon nooit sê ek het nie geloof nie, want elkeen het 'n mate van geloof ontvang (Rom. 12:3), dit het net van my afgehang hoe ek my geloof gaan beoefen.

Geloof was vir my soos 'n legkaart wat in mekaar begin pas het. As ek net dele het, het ek net 'n gedeeltelike prentjie met gedeeltelike resultate. Ek moes vir myself die legkaartstukke soek wat in mekaar pas wat vir my die volle geloofsprentjie gee sodat ek voluit kan vertrou. Legkaartstukke soos: "ons ontvang deur genade nie werke (Ef. 2:8)", "die krag van woorde spreek (Jer. 5:14)" en dat "geloof nie 'n formule is nie maar 'n verhouding, om die Een agter die beloftes beter te ken as die beloftes self (2 Tim. 1:12)."

Ek het egter ook besef, elkeen se legkaart lyk anders, daarom sê Jesus: "Volgens JOU geloof sal dit vir jou wees" ... elkeen moet sy eie legkaartstukke deur sy verhouding met God ondek.

Ek het die Woord in elke area van my lewe begin toepas. Ek het voor talle onmoontlike situasies gestaan en ons Vader vertrou dat ek met Sy Woord dit wat nodig is, kon skep. Ek was nog 'n student toe ek vir my eerste deurbraak, wat in daardie stadium huurinkomste was, begin vertrou het. Ek moes huur betaal maar het nie geweet met wat nie. Ek het God se Woord wat lewend is, begin toepas en voor God kom staan. Daardie aand het iemand, ek weet nou nog nie wie nie, 'n koevert met note deur my venster gegooi en dit was die bedrag wat ek nodig gehad het. In daardie jaar was ek op 'n sendinguitreik na 'n midde oosterse land saam met 'n groep studente en dit is hier waar my geloof die eerste keer werklik getoets is. Ons het nog die geld van een vliegtuigkaartjie nodig gehad toe ons by die lughawe aankom om te vlieg. Iemand wat ons kom afsien het, het 'n bedrag gesaai wat 'n gedeelte daarvan opgemaak het. Ons het met die res na die lughawekapel gegaan en daaroor gebid. Ons het dit getel, en dit was steeds te min. Ons het weer daaroor gebid en dit weer getel, en toe was dit die presiese bedrag wat ons nodig gehad het! God het dit bonatuurlik vermeerder! Ek het later deur die jare geleer dat God nie wou hê dat ons van wonderwerk tot wonderwerk moet leef nie, maar dat ons daagliks in geloof sou leef. Dit het wel nie beteken dat ek nooit weer voor 'n onmoontlike situasie sou kom nie.

In daardie stadium wou ek trou, maar het finansies vir 'n ring, huur van 'n pak klere, wittebroodgeld en toename in maandelikse salaris nodig gehad. Ek het dit gaan neerskryf en elke oggend God se Woord oor dit begin bid. Elkeen van daardie behoeftes het God vervul, die laaste wittebroodgeld het ek nog op die dag gekry toe ons op wittebrood vertrek het, maar God was nooit laat nie.

Soos ek God vir klein dingetjies begin vertrou het, het my geloof sterker geword, net soos 'n spier wat jy gereeld oefen. Ons moes God vir groter dinge begin vertrou en soos die onmoontlikhede groter geword het, het ons vertroue in God ook net soveel sterker geword. Net na ons troue moes ek en my vrou na 'n konferensie in Amerika gaan wat ons R30 000 sou kos, een jaar daarna moes ons vir opleiding in Amerika gaan wat ons R100 000 sou kos, ons moes ook vir ander dinge soos gesondheid, verhoudings en siele op kampus vertrou. Elke keer het ek my onmoontlikhede neergeskryf en in die oggend skrif daaroor gebid. Die skrif was nie om God se arm te draai nie, maar dat my ore die Woord kan hoor, wat weer my geloofspier sterker gemaak het om God onverskrokke te kon vertrou. Al wat ons gehad het, was God en Sy Woord. God het elkeen van ons behoeftes vervul, want dit was uit God gebore, dit was Sy Vaderhart om te voorsien.

Waar ek deur vrees en werke gedryf was, het God en Sy Woord lewend vir my begin word. Om te verstaan dat my woorde krag het – dat volgens Heb. 11:3 niks gevorm word sonder die Woord van God nie en dat ek met Sy woord kan skep. Steeds vandag leef ons deur die geloof, dit hou ons naby God, afhanklik van Hom en dit bou ons verhouding met Hom. Moet nooit vir minder skik as waarvoor jy geroep is nie. Die regverdige sal deur die geloof lewe en elkeen het 'n mate van geloof ontvang, mosterdsaad grootte. Soos ons elkeen ons mate gebruik, dit beoefen sal dit sterker word en groei en sal elke berg van onmoontlikheid wat voor jou staan, op een of ander tyd moet skuif.

Wow, wat 'n getuienis, maar dit gebeur so baie in ons lewens dat ons werklik glo dat Jesus Christus vir ons gesterf het en deur ons geloof in die reddingskrag van God wedergebore word. Ongelukkig is dit hier, by die ingang van God se koninkryk waar ons male sonder tal ons geloof laat vaar. Ons probeer om in die koninkryk van God volgens die realiteit van die tyd waarin ons leef sowel as ons goeie werke te funksioneer (soos wat Kobus ook aanvanklik geglo het). Dit is dieselfde as om met jou land se geldeenheid in 'n ander land te probeer handel dryf of te probeer om golf met 'n rugbybal te speel. Die manier hoe ons binne die koninkryk van God funksioneer, is geloof – daar is geen ander manier nie.

Selfs in die gemeente van Galasië het dit gebeur dat valse leraars die rondte gedoen het en mense probeer leer het dat geloof nie voldoende binne die koninkryk van God is nie. Gerugte het die rondte gedoen dat mense steeds goeie werke moet doen om volkome voor God aanvaarbaar te wees. Lees saam met my hoe Paulus in sy rol as apostel en vader die situasie in die gemeente hanteer het.

O, dwase Galasiërs! Wie het julle getoor? Christus is dan só duidelik vir julle beskryf dat julle Hom as't ware aan die kruis kon sien hang! Ek wil net dit vir julle vra: het julle die Gees ontvang deur die wet te onderhou of deur te glo wat julle gehoor het? Hoe kan julle so dwaas wees? Wil julle dit wat die Gees in julle begin het, nou uit eie krag probeer klaarmaak? (Galasiërs 3:1-3; NLV)

Ek was al in baie gemeentes in Suid-Afrika en ook die VSA en ek kan jou verseker dat geen leraar so met sy gemeente praat nie. Inteendeel my oë het gerek toe ek Paulus se woordkeuses in sy reaksie lees, maar ek het terselfdertyd verstaan waarom Paulus so ferm in die aanspreek van die probleem was. Alles wat ons van God ontvang, is in geloof. Ons word in geloof weergebore en van daardie dag af funksioneer ons binne God se koninkryk in geloof. Die vyand is so subtiel in sy poging om hierdie waarheid te vertroebel dat Paulus nie anders kon as om sy gemeente en vir my en jou vandag, ferm en duidelik daarvan bewus te maak nie. Wat Paulus hier skryf is dat ons nie so dwaas moet wees om in geloof te begin en dan te dink dat ons eie aksies ons verder gaan neem nie.

Die ekonomie van God se koninkryk is geloof!

Die ekonomie van God se koninkryk is geloof! Dit is slegs geloof in God se genadewerk wat vir ons toegang tot Hom en Sy Koninkryk gee. Dit is slegs geloof wat dit vir ons moontlik maak om as ambassadeurs die volle omvang en regeringskap van Sy koninkryk in ons huise en gemeenskappe te bring. Dit is wanneer die seuns van God in geloof opstaan dat die aarde nie meer volgens Romeine 8:19 met reikhalsende verlange wag op die openbaarmaking van die seuns van God nie, maar dit met vreugde en verligting kan beleef!

Moontlik vra jy, nadat jy alles in hierdie hoofstuk gelees het, egter steeds die vraag: "Waarom geloof? Wat is die voordele van geloof of wat hou geloof vir my in?" Ek wil ter afsluiting van hierdie hoofstuk agt dinge vir jou noem wat geloof vir jou kan doen of beteken.

Geloof bepaal wat God in my lewe kan DOEN

In Mattheus 9:29 staan daar:

> *Laat dit vir julle wees volgens julle geloof.* (Mattheus 9:29, 1953 AV)

God sê met hierdie vers, "Jy kan kies hoeveel seëninge jy in jou lewe wil ervaar. Jy kan kies hoeveel van jou gebede jy beantwoord wil hê. Jy kan kies tot watter mate jy My gaan toelaat om in jou lewe te werk. Daardie keuse van jou is alles volgens jou geloof."

Daar is meer as 7 000 beloftes in die Bybel en geloof is die sleutel wat hierdie beloftes gaan oopsluit. Geloof bepaal wat en hoeveel God in jou lewe kan doen!

Die krag van geloof lê glad nie daarin dat jy meer "goed kan kry nie".

Die krag van geloof lê glad nie daarin dat jy meer "goed kan kry nie". Ek glo en sal dit regdeur die boek so vir jou stel, dat ek glo dat God jou wil seën op grond van jou gehoorsaamheid om 'n seën vir ander te wees. Vir jou gesin, vir die mense saam met wie jy werk, vir jou stad en vir jou land. Hierdie boek is nie daar om jou te laat glo dat God se ekonomie vir groter gemak vir jou daar is nie. Ek glo dat Sy plan is dat die aarde en sy mense hulle na God sal wend.

Ons leef in Suid Afrika en word gereeld met ekstreme armoede gekonfronteer. Ons sien die misbruike van korrupsie en die impak van geweld in ons omgewing. Daarom en juis daarom in 'n stukkende wêreld staan ons met 'n woord van geregtigheid en glo ons in 'n absolute goeie God en dat die onmoontlike sy knieë voor ons God wat die onmoontlike moontlik maak, sal buig.

Onthou jy nog vir Renaldo wat op die woord, dat jou huidige inkomste jou tiende kan raak, gereageer het. Hier is sy getuienis verder:

Ek het my hand opgesteek en gesê ek glo dat my inkomste my tiende sal word. Drie en 'n half maande nadat ek dit gedoen het, het dit gebeur. As mens normale wiskundige of fisikawette in ag neem, moes dit eintlik eers oor vier jaar plaasgevind het, maar drie en 'n half maande later was my tiende R3 500.00. Hoe het my inkomste tot R35 000.00 gegroei – vier verhogings en bevorderings in drie en 'n half maande. Dit was 'n absolute wonderwerk. Al wat ek gedoen het, was om op die Woord te reageer.

As gevolg van die Mynmaatskappy se beleid, moes ek elke keer wanneer ek bevorder is, na 'n groter huis, met meer kamers, getrek het. Ek het elke keer 'n toelaag ontvang wat my in staat gestel het om met my vierde trek my meubels net so in my ou huis vir die vervoermaatskappy se werkers te los en splinternuwe meubels vir my nuwe huis te koop en dit het alles met 'n belydenis begin en deur God te glo dat Sy Woord waar is. Ek het vir Willem gevra om vir 'n tweede keer hierdie uitnodiging te maak – mense uit te nooi om God te vertrou dat hul salaris hul tiende sal word.

'n Paar jaar later het ek bedank en my eie maatskappy met kontrakte in Afrika begin. My inkomste by

Internasionale Mynmaatskappy het my tiende, en eintlik meer as dit, geword. God het aan ons 'n geleentheid gegee om met mense oor die hele wêreld te praat en hulle te vertel om Hom en Sy woord meer as enigiets anders te vertrou.

Geloof kan onmoontlike probleme OPLOS

Dalk voel jy op hierdie oomblik of onmoontlike situasies jou in die gesig staar. Dit voel of dit te groot is om te oorkom en dit voel of dit jou gaan onderkry. Lees saam met my wat in Mattheus 17:20 staan:

> *"Dit verseker Ek julle: As julle maar geloof het so groot soos 'n mosterdsaadjie, sal julle vir hierdie berg sê: 'Gaan staan daar anderkant!' en hy sal gaan. Niks sal vir julle onmoontlik wees nie."*
> (Mattheus 17:20, 1983 AV)

Wanneer jy onmoontlike situasie in die gesig staar, is dit die teksvers wat jy nodig het en naby jou moet hou. Jy het nie BAIE geloof nodig nie. JY kan jou bietjie geloof neem en dit in die hand van 'n GROOT God plaas en die resultate sal ook GROOT en POSITIEF wees.

Geloof is die sleutel tot BEANTWOORDE gebede

Baie mense bid op die volgende manier, "Geagte Meneer, as U nie te besig is nie en U dit kan bekostig, kan U asseblief my versoek (gebed) oorweeg?" In Mattheus 21:22 staan daar egter die volgende:

> *As julle glo, sal julle alles ontvang wat julle in die gebed vra.* (Mattheus 21:22, 1983 AV)

Die Bybel sê dus, "Jy glo dat jy dit reeds ontvang het en dan sal jy dit ontvang." Jy moet dus by voorbaat of vooruit glo dat jou gebed beantwoord is. Jou geloof is die sleutel tot beantwoorde gebede.

Geloof is die geheim tot SUKSES

Ons lees in Markus 9 dat Jesus vir die pa van die seun wat duiwelbesete is, die volgende sê:

> *... alle dinge is moontlik vir die een wat glo.*
> (Markus 9:23, 1953 AV)

Is hierdie stelling waar en hoekom? Ja dit is beslis waar, want geloof verander drome in die werklikheid. Geloof gee jou die vertroue om vorentoe te beweeg. Die stel van doelstellings is 'n verklaring van jou geloof. Werner von Braun, die man wat die ruimte-eeu ontdek het en met die vuurpylstelsel in die Verenigde State van Amerika begin het, het gesê: "Daar was nog nooit 'n enkele groot prestasie in die geskiedenis sonder geloof nie." Geloof is die geheim van sukses. "Alles is moontlik vir die een wat glo."

Geloof vorm die basis vir WONDERWERKE

> *Dít verseker Ek julle: Wie in My glo, sal ook die dinge doen wat Ek doen; en hy sal nog groter dinge as dit doen, omdat Ek na die Vader toe gaan.* (Johannes 14:12, 1983 AV)

Hierdie is een van die wonderlikste stellings wat Jesus gemaak en wat in die Bybel opgeteken is. Doen jy groter dinge as Jesus? Ek doen nie eens die helfte van wat Jesus gedoen het nie en tog is hierdie stelling van Jesus waar. Hoekom? In die tyd toe Jesus op aarde was, was wonderwerkgebeure beperk tot die plek waar Jesus in daardie stadium was. Wanneer Christene egter vandag alleen of korporatief saam bid, kan wonderwerke reg oor die wêreld gebeur. Wonderwerke kan op baie plekke tegelykertyd gebeur, omdat Christene vooruit GLO dat hul gebede beantwoord is. Die vraag is of God steeds vandag wonderwerke doen? Natuurlik doen Hy vandag nog wonderwerke! Hy doen dit deur mense en deur gebed. Geloof is die basis vir wonderwerke!

Volgens die Bybel is 'n gebrek aan geloof 'n SONDE

> *En enigiets wat 'n mens nie uit geloofsoortuiging doen nie, is sonde.* (Romeine 14:23, 1983 AV)

Hierdie stelling is baie duidelik en niemand kan twyfel wat dit sê nie. God verwag van my en jou om van Hom en Hom alleen afhanklik te wees.

Geloof is die manier om God te PLESIER

Is dit nie vir jou as ouer lekker wanneer jou kinders hul vertroue in jou plaas nie? Dalk is jy ongetroud, maar onthou steeds hoe bly jou ouers was as jy jou vertroue in hulle geplaas het. Ons lees die volgende in Hebreërs 11:6:

> *En sonder geloof is dit onmoontlik om God te behaag; want hy wat tot God gaan, moet glo dat Hy is en 'n beloner is van die wat Hom soek.* (Hebreërs 11:6, 1953 AV)

God is verheug wanneer Sy kinders hul vertroue in Hom plaas. Jou geloof verskaf oneindig baie plesier vir God.

Geloof maak dat jy 'n SUKSESVOLLE lewenstyl handhaaf

In 1 Johannes 5:4 staan daar:

> *... want enigeen wat 'n kind van God is, kan die sondige wêreld oorwin. En die oorwinning wat ons oor die wêreld behaal het, is deur ons geloof.*
> (1 Johannes 5, 1983 AV)

Dit is geloof wat aan my en jou selfvertroue gee. Geloof kanselleer vrees. Geloof gee jou die vermoë om voort te gaan en deur te druk. Stel jou voor Moses en Aaron staan voor die Rooisee wat besig is om oop te gaan en Moses draai na Aaron en sê, "Jy eerste", maar Aaron draai om en sê, "Nee, die dames moet eerste gaan!" Geloof gee jou die vermoë om genoeg selfvertroue te hê sodat jy vorentoe kan beweeg en sukses in jou lewe behaal.

Die kwaliteite van Koninkrykgeloof is die volgende:

- Koninkrykgeloof is standvastig en stabiel in die storms van die lewe.
- Koninkrykgeloof is in God se alwyse Kennis, nie ons beperkte kennis nie.
- Koninkrykgeloof is buite ons eie insig.
- Koninkrykgeloof word beloon nadat dit getoets is.
- Koninkrykgeloof word deur die Koning beloon.
- Koninkrykgeloof word deur die Koning gegee en in stand gehou.
- Koninkrykgeloof word deur toetse gesuiwer.
- Koninkrykgeloof vrees nie beproewinge nie.
- Koninkrykgeloof gee die toekoms in God se hand oor.

Die titel van hierdie hoofstuk is, "Waarom Geloof?" My bede is dat ek nie net deur God se Woord nie, maar ook deur mense se getuienisse die antwoord op hierdie vraag vir jou kon gee. As daar nog 'n sweempie van twyfel mag wees, wil ek afsluit met Albert se getuienis wat weer eens sal uitwys dat die sleutel tot God se koninkryk GELOOF is:

My eerste groot geloofstoets het na Universiteit gekom toe ek by 'n groot Mynmaatskappy begin werk het. Die afdeling waarin ek geplaas is, het met tenders gewerk en ek moes tenderkontrakte opstel. Van die kontrakte was 'n paar honderd bladsye lank – letterik bladsye en bladsye – en alles was in Engels. Ek is Afrikaanssprekend en Engels was nooit my sterkpunt nie, met die gevolg dat ek ongelooflike uitdagings in die gesig gestaar het. My bestuurder was ook "rou- Engels" en 'n absolute perfeksionis wat taalgebruik betref. Hy het my in die begin behoorlik al my dae gegee. Ek het hom egter bly seën en Ps. 112 bely "dat God my hoë aansien sou gee en guns in mense se oë" Vandag as ek terugkyk, lag ek daaroor, maar in daardie stadium was ek in 'n onmoontlike situasie geplaas. Engels was regtig 'n vreemde taal vir my. Ek het 'n keuse gehad, gaan ek deur die taal en kompleksiteit van die werksituasie oorweldig word, of gaan ek doen wat ek kan doen. Ek het myself met die woord omring en dit gelees en oor my lewe begin bely. Bonatuurlik het die Here my guns en die vermoë gegee om die kontrakte te verstaan en op te stel. In so mate dat my bestuurder en ek baie goeie vriende geraak het. Ek moes vakansies sy huis gaan oppas en hy was die sleutel in my latere bevorderings.

Van kleins af was daar egter 'n droom, wat so groot soos 'n berg was, wat in my hart bly brand het. Ek het van jongs af gedroom dat ek mense sou help om slim en wyse finansiële en beleggingsbesluite te maak. Ek het altyd geweet ek gaan eendag my droom en passie uitleef. Ek was in die gelukkige posisie dat ek deel van 'n gemeente was waar ek gereeld uitgedaag was om jou droom uit te leef en 'n stap van geloof te neem en die res vir God te los. Neem God op Sy Woord en waag dit saam met Hom. Ek was in daardie stadium as 30 jarige in 'n senior bestuursposisie toe ek die dringendheid ervaar het dat dit tyd is om die stap van geloof te neem. Ek het net 'n sekere wete in my gehad dat ek my eie besigheid moes begin. Ek het my werk bedank en by 'n onafhanklike makelaarspraktyk aangesluit waar ek suiwer op kommissie gewerk het sonder enige basiese salaris. Ek hou van standvastigheid en dit was 'n besluit wat baie teenstrydig met my temperament was. Dit was egter die begin van 'n wonderlike geloofspad toe ek uit die sekuriteit van 'n vaste werk en salaris geklim het en God begin vertrou het.

Hoewel dit aanvanklik baie moeilik was, het die Here my nie teleurgestel nie en kliente het op bonatuurlike wyses by my uitgekom. Ek was baie kere verstom om te hoor dat kliente na my verwys is deur mense wat ek glad nie geken het nie. Vandag is ek een van 'n handjievol makelaars in die land wat 'n kategorie twee lisensie het wat beteken ek kan as 'n fondsbestuurder optree. Dit is net 'n bewys dat jy God maar op Sy woord kan neem en dit saam met Hom kan waag. Sy Woord sal nooit leeg terugkeer nie en Hy sal jou nooit in die steek laat nie.

Elke keer wanneer ek 'n groot loopbaanbesluite moes neem, was ek met die droom, die realiteite en met mense om my gekonfronteer. Mense wat heeltyd na die fisiese kyk het my altyd ontmoedig om 'n stap van geloof te neem en my droom uit te leef. "Don't be conformed to this world, always dragging..." Baie keer was die wat naaste aan my was die *meeste negatief en het my ontmoedig, maar omdat ek glo dat jy jouself met 'n geloofsgemeenskap moet omring het die Woord wat ek week na week by Willem gehoor het asook my geloofsvriende wat my aangemoedig het om groter as my eie wêreld te dink dit moontlik gemaak om die onmoontlike te wys wie regtig baas is – Christus Jesus en Sy Woord was die meesterkontrak. Ek het verder op grond van die Woord wat ek naby my toegelaat het geglo om berekende risiko's te neem. Ek het 'n paar groot waagstappe geneem, maar ek het gesorg dat my houers (na aanleiding van Elia en die weduwee en haar kruike wat sy geleen het, 2 Konings 4:7) groot genoeg was dat God bonatuurlik kon voorsien. Die geheim is om nooit geld in die lewe na te jaag nie, maar jou droom en passie uit te leef en geld sal outomaties volg!*

4
DIE SAAD VAN GELOOF

ALLES IN DIE LEWE BEGIN IN SAADVORM! Neem nou maar as voorbeeld 'n lemoenboom: dit is veral in die vroeë winter dat jy in verskeie gedeeltes van ons land groot lemoenboorde met helder spikkels oranje langs die pad opmerk. Dit wat in ons land as 'n groot sitrusbedryf bekend is wat vrugte vir die plaaslike en internasionale mark produseer, het alles by daardie klein, harde, wit pitte begin wat so irriterend tussen jou tande kan beland wanneer jy 'n skyfie van 'n sappige lemoen eet. Wanneer 'n saadjie in die grond geplant word, begin 'n Godgegewe proses waar die saad oopbars en wortels en 'n stingel spontaan daaruit begin groei. Dit is asof die saad 'n ingeboude vog- en temperatuurmeter het om presies te kan bepaal wanneer die regte oomblik is om die groeiproses te begin. Die krag binne die saad is so geprogrammeer dat dit 'n intense begeerte het om te groei – dat selfs 'n groot hoeveelheid grond bo-op die saad, dit nie kan weerhou om na bo te beur en deur te breek na waar sonlig wag nie. Die saad van 'n lemoen kan klein en betekenisloos voorkom maar binne bevat dit al die genetiese materiaal wat nodig is om oorsprong aan 'n nuwe plant met nuwe vrugte en sade te gee

Alles in die lewe begin in saadvorm!

en hierdie sade dra opsigself binne hulle die potensiaal van nuwe lemoenboorde.

Net so kan 'n mens nie anders as om in absolute verwondering te staan oor die potensiaal wat binne 'n menslike saad opgesluit lê nie.

Hoe klein 'n saad ook al mag wees, die potensiaal en vermoë wat daarin opgesluit is, is onberekenbaar groot.

Wanneer twee geslagselle, wat te klein is om deur die menslike oog waargeneem te word, bymekaar kom, bevat dit reeds die volle genetiese materiaal om oorsprong aan 'n nuwe mensie met unieke eienskappe te gee wat weer op sy of haar beurt die vermoë het om oorsprong aan nog kinders te gee. Mense erken gewoonlik die potensiaal van so groeiende saadjie deurdat hulle sommer dadelik winkel toe sal gaan en goed soos klere, doeke en speelgoed vir die nuwe baba gaan koop. Wanneer ons so klein babatjie in ons midde verwelkom, is jy bewus dat daardie seuntjie of dogtertjie nie vir altyd tussen die doeke en kombersies in die stootkarretjie gaan lê nie, maar dat hy of sy gaan grootword en die volle potensiaal het om skool te gaan, te trou en op hulle beurt weer kinders groot te maak. Ons kyk na so klein mensie en weet dat binne hom of haar die potensiaal opgesluit lê om 'n persoonlike verhouding met God te begin en deur sy of haar eie en unieke gawes en talente geskiedenis in God se koninkryk en in verskeie sfere in die samelewing te maak.

Hoe klein 'n saad ook al mag wees, die potensiaal en vermoë wat daarin opgesluit is, is onberekenbaar groot. In die lig hiervan kan 'n mens verstaan waarom God vir Sagaria in 'n profesie gesê het:

... moenie die dag van klein dingetjies gering ag nie. (Sagaria 4:10; 1983 AV).

Dink byvoorbeeld aan 'n besigheidskonsep. Aan hoeveel gevalle kan jy dink waar 'n besigheid, 'n skildery, 'n rolprent, 'n patent vanuit 'n eenvoudige idee of konsep begin het. Die proses verloop gewoonlik soos volg – jy ontvang 'n idee (saad) – 'n idee wat bevrug word of ontkiem noem ons 'n gedagte. 'n Gedagte wat weer bevrug word of ontkiem noem ons 'n konsep en konsepte is gewoonlik die grondstof vir ons drome en visie. Indien iets nuuts uitgevind word, noem ons dit gewoonlik die "breinkind" van die uitvinder – dit is egter niks anders as 'n saad wat ontkiem het en tot volwassenheid ontwikkel het nie.

Wanneer iemand 'n idee met vriende of familie rondom 'n braaivleisvuur deel, word dit in soveel gevalle net weggelag of as wensdenkery afgemaak. Ek wonder hoeveel van sulke idees het al net daar saam met die hout tot as verbrand? Ek wonder hoeveel drome en konsepte het al midde in die geselskap van die mense wat die naaste aan jou is, gesterf? Moenie die dag van klein dingetjies gering ag nie. Dit kan slegs 'n idee, 'n konsep of 'n gedagte wees – daardie klein saadjie het die potensiaal om tot iets groots te groei.

'n Saad lyk klein en betekenisloos maar binne die regte omgewing van vrugbare grond, lig en water kan dit tot iets groots en betekenisvol groei. Seker daarom dat God ons geloof ook met 'n saad, die mosterdsaad vergelyk.

> *"Dit verseker Ek julle: As julle maar geloof het so groot soos 'n mosterdsaadjie, sal julle vir hierdie berg sê: 'Gaan staan daar anderkant!' en hy sal gaan.*

Dit kan slegs 'n idee, 'n konsep of 'n gedagte wees – daardie klein saadjie het die potensiaal om tot iets groots te groei.

Niks sal vir julle onmoontlik wees nie." (Mattheus 17:20, 1983 AV)

Ek het altyd gedink, "As ek net geloof soos 'n mosterdsaad kan hê." Ek het gedink mens kry dit wanneer jy genoeg begin konsentreer of daarop fokus, maar wanneer jy die betekenis van hoekom nou juis 'n mosterdsaad en wat die effek daarvan is verstaan, dit is dan wanneer jy verstaan dat glo sien is. Jesus het presies dit gesê nadat Sy dissipels vir 'n kind gebid het om gesond te word. Hulle was egter deur hierdie seun wat in die vuur asook in kookwater geval het, oorweldig. Verskoon my stelling maar hy moes regtig 'n seer oog gewees het. Dit was juis dít (hierdie verskriklike toestand van die kind) wat hulle raakgesien het en wat hulle oog weggeneem het van in wie se naam hulle die sieke sou gesond maak. Lees eers saam met my hierdie gedeelte dan kom ek na hierdie "seer oog" toe terug:

Toe hulle by die skare aan die voet van die berg kom, nader iemand vir Jesus en val voor Hom neer.

Hy sê: "Here, ontferm U oor my seun! Hy kry epileptiese aanvalle en hy ly verskriklik. Baie maal val hy in die vuur of in die water.

Ek het hom na u dissipels toe gebring, maar hulle kon hom nie gesond maak nie."

Jesus se reaksie was: "O julle ongelowige en ontaarde mense! Hoe lank sal Ek dit nog by julle uithou? Bring die seun hier."

Daarop het Jesus die bose gees in die seun skerp aangespreek en dit het hom verlaat. Onmiddellik was die kind gesond.

Agterna het die dissipels Jesus privaat gevra: "Waarom kon ons nie die duiwel uitdryf nie?"

"Julle geloof was nie sterk genoeg nie," was

Jesus se antwoord. "Dít verseker Ek julle, as julle geloof selfs so klein soos 'n mosterdsaadjie was, sou julle vir hierdie berg sê: 'Skuif soontoe,' en hy sal dit doen. Ja, niks sal vir julle onmoontlik wees nie.*"* (Mattheus 17:14-20, 1983 AV)

In vers 17 raas Jesus sommer met sy dissipels. Hy het verwag dat hulle teen hierdie tyd al sou verstaan hoe bediening werk. In hierdie vers beskryf Hy hulle as ongelowige en ontaarde mense. Sjoe dit is rof - mens voel amper jammer vir hulle maar dit is belangrik dat ek en jy sal verstaan dat God **verwag** dat ons in geloof en deur geloof sal lewe.

Hy gee hulle 'n manier om te verstaan dat sien NIE glo is nie, geloof is eerder om te kan sien soos God dit sou sien en daarom gebruik Hy die mosterdsaad vergelyking. Jy sal later sien dat mosterd beskryf word as iets wat jou oë sal laat traan en jou tong sal laat tintel. Wanneer jy geloof soos 'n mosterdsaad het, sal JY vir die ONMOONTLIKE SÊ skuif – jou oë is dus nie meer op die berg gevestig nie maar op dit waarna jy die berg sal sien beweeg.

Wanneer jy geloof soos 'n mosterdsaad het, sal JY vir die ONMOONTLIKE SÊ skuif – jou oë is dus nie meer op die berg gevestig nie maar op dit waarna jy die berg sal sien beweeg.

Nie alleen word die mosterdsaad met geloof vergelyk nie, maar dit word ook in Markus 4 soos volg beskryf:

EN Hy het gesê: Waarmee moet ons die koninkryk van God vergelyk, of met watter soort gelykenis moet ons dit voorstel? Dit is soos 'n mosterdsaad, wat die kleinste is van al die soorte saad op die aarde wanneer dit in die grond gesaai is; en wanneer dit gesaai is, kom dit op en word groter as al die groentesoorte en maak groot takke, sodat die voëls van die hemel onder sy skaduwee nes kan maak. (Markus 4:30-32, 1983 AV)

Hier word die mosterdsaad as 'n saad beskryf wat die kleinste van al die sade is, maar tog word dit groter as al die groentesoorte en kan dit selfs takke maak. Hierdie gedeelte in Markus 4 tesame met die vorige deel in Matteus het my aangegryp. Ek gaan binnekort die wetenskaplike betekenis daarvan gee, maar hier beleef ons God se grootheid deurdat Jesus nie net as 'n skrynwerker gepraat het nie, maar dat Hy ook 'n dieper kennis en betekenis van die mosterdsaad gehad het. Hy beskryf hier die mosterdsaad as 'n saad van die koninkryk. Hierdie skrif het my oortuig dat die koninkryk van God ook in saadvorm begin werk. As ons in 'n dorp is, kan ons met gebed en goedheid geestelike saad los en die effek daarvan is dat stede, ekonomieë en selfs die grond sal groei en die Goedheid van God weerspieël.

Waarom juis die mosterdsaad? Ek het wetenskaplike kennis ingewin en inligting oor die mosterdplant bymekaar gemaak en wil graag uit hierdie inligting 'n paar interessanthede met jou deel.

Die mosterdplant word as 'n eenjarige, kruidagtige plant beskryf wat ongeveer 1 meter hoog is. In Israel is daar egter gevind dat hierdie plante hoogtes van tot ongeveer 4 meter kan bereik. Mosterd word veral vir die welriekende sade en blare aangeplant.

Soos meeste van ons in die lewenswetenskappe of Biologieklas op skool geleer het, word lewende organismes in verskillende groepe geklassifiseer. Alle plante behoort byvoorbeeld aan 'n sekere groep. Plante met ooreenstemmende eienskappe word verder in verskillende afdelings verdeel. Binne die afdelings word plante met verdere ooreenstemmende eienskappe in klasse verdeel. Klasse word ordes, ordes word families en families genusse. Binne die genusse kry ons die verskillende individuele spesies. Die wetenskaplike klassifikasie vir die mosterdplant lyk soos volg:

Ryk:	Plantae
Afdeling:	Magnoliophyta
Klas:	Magnoliopsida
Orde:	Brassicales
Familie:	Brassicaceae (Crusifereae)
Genus:	*Brassica*

Moontlik wonder jy waarom ek hier 'n wetenskaplike rigting inslaan. Ek is self heeltemal oortuig dat jy nie hierdie boek aangeskaf het om 'n taksonomie les te kry nie, maar wanneer jy na die klassifikasie van die mosterdplant kyk, kom iets baie interessant na vore. In die plantfamilie waaronder die mosterdplant ressorteer, kom daar verskeie ander groentesoorte voor, byvoorbeeld radyse, brokkoli, blomkool, blaarkool, Brusselse spruite en Chinese kool. Hoewel die mosterdplant dus saam met verskeie groentesoorte gegroepeer is, word dit opsigself as kruie of spesery beskryf. Kruie verskil van groente in die sin dat dit in klein hoeveelhede gebruik word om eerder geur of smaak aan kos te verskaf as

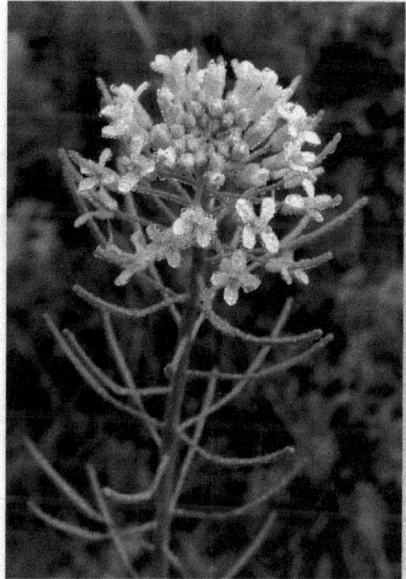

wat dit substans self verskaf.

Die blomstruktuur van hierdie diverse familie is ook baie interessant. Die blomsteeltjies is gewoonlik teenoorstaande gerangskik. As daar dus daarna gekyk word, lyk dit of dit 'n kruis vorm en dit is ook hier waar die ander naam, *Cruciferae* (kruisvormer) van die Brassica familie vandaan kom.

Die familie Brassicaceae, ook bekend as die mosterd- of koolfamilie, maak 'n groot deel van die wêreld se wintergroente uit. Hoewel die mosterdplant in die winter afsterf, is dit juis in hierdie tyd wat die saadpeule ryp en droog genoeg is om geoes te word en 'n nuwe seisoen se mosterdsaad- en produkte op die mark te bring.

Mosterdsaad is baie klein – ongeveer 1mm in deursnee maar het 'n kapasiteit om jou mond te brand – iets wat mens nie van so 'n klein saadjie sal verwag nie. Verskeie produkte word van mosterdsaad gemaak, maar wat die meeste by ons bekend is, is die geel of geel-bruin pasta wat gebruik word om ekstra geur en smaak aan kos te gee. 'n Sterk mosterd veroorsaak gewoonlik dat mens se oë traan en dit veroorsaak ook 'n warm sensasie veral in die verhemelte van die mond. Ek is seker meeste van ons het al hierdie sensasie ervaar, veral as jy effens te veel mosterd op 'n stukkie koue vleis gesit het.

In die lig van hierdie inligting, is daar interessante parallelle met geloof wat ek met jou wil deel. Eerstens, die mosterdplant word beskryf as

die een plant in die Brassica-familie wat in wese totaal anders is as die res van die kool- en radys familie. Dit wil voorkom asof die sterk geur of smaak die enigste ooreenkoms is tussen die mosterdplant en sy familie. Is dit nie ook so met mense wat in 'n vaste vertroue in God en die geskenk van genade wat Hy in Christus aan ons gegee het, begin leef nie.

> *Ek is dankbaar teenoor God wat ons, omdat ons één is met Christus, altyd saamneem in sy triomftog. Deur ons versprei Hy die aangename geur van sy kennis op elke plek. Ons is die welriekende geur wat deur Christus vir God opstyg, onder dié wat gered word sowel as dié wat verlore gaan.* (2 Korintiërs 2:14-15, NLV)

Wanneer ons in geloof begin lewe, tree ons anders as die status quo op omdat ons God se Woord en karakter bo enigiets anders stel.

Wanneer ek en jy in geloof begin lewe, met ander woorde eerstens aanvaar wat God in Christus vir ons gedoen het en verder in 'n dag tot dag vaste vertrouensverhouding met God staan, begin dit ons van die mense rondom ons onderskei. Dit is so normaal om volgens die "sien is glo" beginsel te leef en ons gedagtes, woorde en aksies in te rig op wat die natuurlike en vleeslike omgewing vir ons voorsê om te doen. Wanneer ons in geloof begin lewe, tree ons anders as die status quo op omdat ons God se Woord en karakter bo enigiets anders stel.

Ek het reeds genoem dat die blomblaartjies van die mosterdplant in die vorm van 'n kruis rangskik is. Die blomme word bestuif en gee later aan die lang peule oorsprong waarin die waardevolle mosterdsaadjies veilig gehou word. Is dit nie ook so met geloof nie? Ontstaan die geloof waarvan Jesus in Mattheus 17 praat nie ook juis uit die kruis uit nie? Ons geloof is in God wat Sy Woord gehou het en wie se Woord in Christus nie leeg na Hom terug gekeer het nie, gefundeer. In Christus het God elke belofte nagekom, Sy Woord gestand gedoen. Soos wat die Heilige Gees hierdie waarheid in ons harte vir ons openbaar en bevrug, ontstaan en groei 'n waardevolle mosterdsaadgeloof. Dit is die openbaring van die betekenis van die kruis wat ons in staat stel om nie langer volgens die vlees en wat ons fisies waarneem te lewe nie, maar in geloof in die realiteit van die onsienlike.

Nog iets interessants is dat dit juis in die winter is wat die Brassica-familie vrug dra en 'n groot bron van voedsel raak. Selfs die mosterdsaad kom tot volle wasdom in die herfs- en wintermaande. Die saad word in soveel bruikbare produkte omskep, maar meer as dit hou die saad altyd 'n belofte en 'n verwagting vir die toekoms, die volgende seisoen in. Ek het al beleef en jy kan moontlik met my saamstem dat dit in soveel gevalle met ons geloof dieselfde is. In tye wat ons juis nie lewe of vooruitgang in ons omgewing en in ons lewens sien of ervaar nie, kom geloof na vore. Dit is wanneer ons uit ons planne gehardloop het en aan die einde van ons eie pogings gekom het, wat ons geloof in 'n God vir wie niks ooit onmoontlik is nie, na vore kom en ons weer herinner word aan die volheid wat ons in Christus het. Dit is in tye wat alles dood en lewensloos rondom ons voorkom, wat die saad van geloof die belofte van nuwe lewe, nuwe seisoene en hoop in ons omstandighede skep.

Mosterd is 'n geel of geel-bruin pasta wat 'n brand of sterk tinteling op die tong veroorsaak en selfs tot gevolg kan hê dat jou oë traan, veral as 'n mens in oormaat daarvan eet. Is dit nie presies wat geloof ook aan ons doen nie? Wanneer ons in geloof begin optree, het dit 'n effek op ons tong – op ons woorde en op die manier hoe ons midde in situasies praat. Geloof veroorsaak dat my oë 'traan' en dat wat ek in harde feite rondom my raaksien, dowwer raak as die prentjie wat ek in geloof in my geestesoog sien. "Want ons leef deur geloof en nie deur te sien nie", skryf Paulus in sy brief aan die Korintiërs. Geloof, 'n vaste vertroue in wat God vir my gesê of openbaar het, veroorsaak dat ek praat en optree asof die onsienlike, die geloofsprentjie 'n groter realiteit is wat ek in die sienlike sien, hoor of beleef.

Ongeag al hierdie ooreenkomste tussen die mosterdplant en ons geloof, dink ek die grootste rede waarom Jesus geloof met 'n mosterdsaad vergelyk het, was omdat dit so 'n klein saadjie is. Die klein 1mm grootte saadjie bevat al die potensiaal en is al wat nodig is om tot 'n volwasse mosterdplant in volle glorie te groei. Geloof het dieselfde eienskappe, dit kan so klein soos die grootte van 'n mosterdsaad wees, maar dit bevat al die potensiaal vir ons om ten volle in die geestesdimensie te funksioneer soos wat Jesus vir ons op aarde gedemonstreer het. Geloof met die grootte van 'n mosterdsaad skuif berge, maak die onsigbare sigbaar en die hemel 'n tasbare werklikheid op aarde.

Elkeen van ons het so 'n saad van geloof ontvang. Ek en jy het die mate van geloof gekry om op die verlossing wat Jesus vir ons bewerkstellig het en weergebore te word, te reageer. Dit is dieselfde geloof wat ons in staat stel om berge te sien skuif en om die koninkryk van God op aarde te vestig. Andrew Wommack skryf die volgende in sy artikel *The faith of God*:

When we hear God's Word, the Holy Spirit empowers it, and if we receive the truth, God's supernatural faith enters us. We were so destitute that we couldn't even believe the good news on our own. God had to make His kind of faith available to us so that we could believe in Him and receive His salvation. We were saved by using God's supernatural faith to receive His grace.

In Romeine 12:3 maak Paulus melding dat elke mens 'n maat van geloof ontvang het:

"Nee, lê jou liewer daarop toe om beskeie te wees in ooreenstemming met die maat van geloof wat God aan elkeen toebedeel het."

Die King James vertaling verwoord dit as '**die** maat van geloof' en sê daardeur dat mense nie verskillende mates van geloof ontvang het nie, maar dié maat van geloof. Paulus verklaar op sy beurt dat hy in homself gesterf het en sy lewe leef volgens dieselfde geloof waarmee Jesus geleef het.

Ek is met Christus gekruisig, en ék leef nie meer nie, maar Christus leef in my. En wat ek nou in die vlees lewe, leef ek deur die geloof in die Seun van God wat my liefgehad het en Homself vir my oorgegee het. (Galasiërs 2:20, 1953 AV)

Die oorspronklike Griekse woord wat in hierdie gedeelte gebruik word, is *tou* wat beteken 'van die', met ander woorde die skrif lees na regte soos volg: *'... en wat ek nou in die vlees lewe, leef ek deur die geloof van die Seun van God ...'* Wat Paulus dus eintlik hier bedoel, is dat hy sy lewe met die Seun van God se geloof leef, dieselfde geloof as wat Jesus op aarde gehad het. Jesus het immers in Johannes 14:12 gesê:

"Dít verseker Ek julle: Wie in My glo, sal ook die dinge doen wat Ek doen; en hy sal nog groter dinge as dit doen, omdat Ek na die Vader toe gaan."

Die saad van geloof wat God in ons gedeponeer het, het die vermoë om te vermag wat Jesus op aarde gedoen het en soveel meer.

Petrus skryf sommer aan die heel begin van sy tweede brief oor hierdie saad van geloof wat ons ontvang het, dat ons dieselfde mate van geloof ontvang het as al die geloofshelde wat ons ken.

> *Ek skryf aan almal van julle wat dieselfde kosbare geloof as ons het. Julle het hierdie geloof ontvang van Jesus Christus, ons God en Verlosser. Hy het julle regverdig verklaar.* (2 Petrus 1:1, NLV)

Wanneer 'dieselfde kosbare' soos in hierdie gedeelte gebruik word, direk uit die Grieks vertaal word, beteken dit 'gelyke waarde'. Die mate van geloof wat ons ontvang het, beskryf Petrus dus as 'n geloof wat gelyke waarde het as wat die geloof was wat hy ontvang het. Ons het dieselfde geloof ontvang wat Petrus op Pinksterdag laat opstaan het en voor 'n skare mense die eerste preek in die Nuwe Testamentiese Kerk, soos ons dit vandag ken, te preek. Ons geloof is gelyk aan die waarde van Petrus se geloof wat soveel siekes gesond gemaak het dat mense die siekes op draagbare na buite gedra het met die hoop dat as selfs net Petrus se skaduwee op mense kon val, hulle gesond sou word.

Lees saam met my Bernard se getuienis – 'n getuienis wat spreek van geloof – 'n onwrikbare geloof in God wat die onmoontlike na die mootlike verander het:

Gedurende my studentejare het ek vakansies by Clover gewerk, die maatskappy waar my pa gewerk het, om my studies te kon betaal. My salaris was R25 per dag. Gedurende daardie tyd het ek gesien dit is baie beter om te koop en te verkoop as om kratte soos 'n loonarbeider rond te dra. Ek het 'n geleentheid gesien om in die bemarkingswêreld, en spesifiek die bemarking van klere en promosie-items, in te gaan. Ek het R100 gevat en my eerste 30 T-hemde teen R3/hemp gekoop en dit vir 'n wins gaan verkoop. Die een ding het net na die volgende gelei. Hierdie R100 het uiteindelik 'n besigheid geword wat baie groter was as wat ons ooit kon dink of voor kon vra. Ek het vir Erika, wat toe nog my meisie was en nou my wonderlike vrou is, gevra om 'n naam vir die besigheid uit te dink. Ons is vandag vas daarvan oortuig dat die naam wat sy vir die besigheid gekry het, 'n goddelike naam was – die besigheid se naam is No Limits. God sê in Sy Woord "nothing is impossible". No Limits is 'n geloofspad wat ons gestap het, 'n geloofstorie waaruit duisende getuienisse reeds voortgevloei het, waarvan ek in hierdie boek slegs twee met julle wil deel.

Soos wat die besigheid gegroei het, het ek al meer in die bestuur daarvan betrokke geraak, maar ek wou nie heeltyd kantoorgebonde wees nie. Ek het dus besluit om sekere van ons sleutelkliënte te besoek. Ons kliënte het onder andere universiteite in Suid Afrika, korporatiewe mense en skole ingesluit. Om uit die kantoor te kom het ek besluit om onder andere die Noordwes Universiteit en spesifiek die PUK kampus in Potchefstroom te besoek asook met die koshuise daar te onderhandel. Daar het ook 'n begeerte in my en Erika se harte ontstaan om platteland toe te trek, hoewel so stap nie heeltemal sin in my kop gemaak het nie – ek is mos nou die "main peanut" in hierdie pakkie en dit maak nie sin dat ek op 'n 'klein' plekkie soos Potchefstroom wou kom bly nie. Soos wat die jare aangestap het, het deure begin oopgaan en ons het 'n geleentheid gekry om vir 'n spasie op die PUK kampus te tender – hierdie geleentheid was baie raar en so iets kom nie sommer elke dag na 'n mens se kant toe nie. In hierdie tyd, dit was in 2004, het die boek Josua nogal baie vir my beteken. Sekere skrifte in die boek Josua het met my hart gepraat. Een van hulle was Josua 1:5 wat sê,

Soos wat Ek by Moses was sal Ek by jou wees. Ek sal jou nooit verlaat nie en nooit in die steek laat nie.

Josua 1:9 sê,

... dit is 'n opdrag van My, wees sterk, wees vasberade, moenie skrik nie, moenie bang wees nie, want oral waar jy gaan sal Ek saam met jou gaan.

Die dag wat ons die voorlegging by die Universiteit kom lewer het, het hulle die verrigtinge met Josua 1:5 begin. Die voorlegging het in die Raadsaal plaasgevind en die oomblik toe hulle met die skrifgedeelte open het ek geweet 'iets gaan vandag hier gebeur'. Daar het baie ander groot maatskappye ook vir die spasie getender, maar met God se genade en Sy seën is dit aan ons toegeken. Ons het die kontrak geteken, ek het vir al die personeellede tydens 2004 gesê ons gaan Potchefstroom toe trek, ons het ons huis in die mark gesit en gedink ons is op pad, maar nog steeds het dit nie in my kop sin gemaak nie.

In Januarie 2005 het ons teruggekom van vakansie af en die winkel en kantore moes in Potchefstroom oopgemaak word. Die winkel was gereed, maar ek het nog steeds nie gevoel ons moes trek nie. Aan die een kant het my kop gesê ek moet trek, maar aan die ander kant wou my hart dit nie glo nie. Ons dogtertjie, Zinandi, moes 12 Januarie 2005 met Gr R begin en ons wou haar nie in 'n skool sit en twee of drie weke, of selfs 'n maand later, ontwrig deur te trek en in 'n nuwe skool te sit nie. Ons tyd was dus besig om uit te hardloop om te besluit waar ons in die volgende seisoen van ons lewe sou wees. Op 8 Januarie 2005 het ek tydens my stiltetyd vir die Here gesê: "Here, die tyd raak nou min, ons moet weet waarnatoe ons op pad is." Die Heilige Gees het my na Josua 1:11 gelei wat sê,

Gaan na jou volk toe en sê hulle moet padkos gereed maak want julle sal oor drie dae trek om die land in besit te gaan neem wat die Here julle God julle gee.

Dit was vir my baie duidelik dat die Here uit die Skrif vir my kom sê dat ons moet trek. Dit was egter steeds nie in my verwysingsraamwerk dat ek na 'n 'klein plekkie' toe moet trek nie – die geld is mos in Gauteng en 'n besigheid kan mos net voortbestaan as jy meer geld verdien as wat jy uitgee. Ek het stilgebly en niks vir Erika oor God se antwoord aan my gesê nie. Die volgende oggend het ek vir die Here gesê dat dit 'n goeie antwoord is wat Hy vir my gegee het, maar dit is nou nie juis die antwoord wat ek wou gehad het nie. Die Here, in Sy genade en Sy liefde, sê vir my ek moet Josua 1:9 lees – 'n gedeelte wat ek baie goed geken het. Dit sê,

Wees sterk, wees vasberade, moenie bang wees nie, want Ek die Here jou God sal by jou gaan orals waar jy gaan.

Ek het daar en dan besluit dat ek uit geloof en uit gehoorsaamheid sal trek – God sê dan dat Hy oral waar ek gaan saam met my sal gaan en Hy stuur ons Potchefstroom toe al maak dit nie in my kop sin nie. Daardie selfde middag stuur 'n persoon uit Potchefstroom, wat glad nie geweet het waarmee ek besig is en al die vrae en die onsekerheid wat ek in my het nie, dat ek moet onthou wat in Josua 1:11 staan – die gedeelte waar God vir Josua gesê hy moet vir die volk sê dat hulle gaan trek want hulle gaan oor die Jordaanrivier om die land oor drie dae in besit te gaan neem. Die persoon het 'n skrifgedeelte uit Deuteronomium ook vir my gestuur wat iets soortgelyks sê, naamlik "Josua as jy oor die Jordaanrivier trek, moet jy net laat God voor trek sodat jy net op droë grond deur die Jordaanrivier trek." Daardie middag toe ek die TV aansit, is daar 'n storie van Josua op en die eerste beeld wat ek sien is waar Josua die ark van God laat voortrek en die water oopkloof sodat hulle oor droë grond kan deur trek.

Die Here het uit die Woord, deur mense en deur 'n TV program dit vir my duidelik gesê dat ons Potchefstroom toe moet trek. Ek het na Erika gegaan en gesê dit is wat ons moet doen. Ons het ons tasse gepak en net met tasse na Potchefstroom toe gekom – geen verblyf gehad nie, ons huis is nie verkoop nie, maar die een wonderwerk na die volgende wonderwerk het net daarna gebeur. Die eerste oproep wat ek gekry het toe ons Potchefstroom binnery was van Hans Weyers af wat by die Hoërskool Gimnasium betrokke was. Hy het my van geen kant geken nie, maar gesê dat hulle 'n groot bestelling by ons wil plaas. Dit was asof God net vir my wou sê dat ek nie bekommerd hoef te wees oor die finansies en daardie dinge nie, want as Hy my stuur sal die voorsiening daar wees. Ons het Sy voorsiening keer op keer gesien. Ons het die PUK Kampuswinkel begin en as gevolg van die resultate wat ons daar behaal het,

het die Universiteit van Johannesburg na ons model kom
kyk. Dit het daartoe gelei dat ons die kampuswinkel by die
Universiteit van Johannesburg kon oopmaak. Daarna het
die TUKS winkel gevolg asook verskeie ander uitvloeisels.

Ek wil vir 'n oomblik Bernard se getuienis onderbreek en sê dat
die stap wat hy geneem het beslis 'n geloofsdaad was. Sy geloof in
God het bepaal wat sy aksies was – realisties het 'n verskuiwing na
Potchefstroom net nie sin gemaak nie, maar Bernard het besluit
om nie realisties te wees nie, maar eerder gelowig en in God se
plan vir hom en sy gesin te glo. Ek wil hê jy moet verder lees aan
Bernard se getuienis waar hy ook besluit het om gehoorsaam aan
God se stem te wees, terwyl almal om hom gesê het dat dit nie so
gedoen moet word nie. Bernard skryf verder:

Die Universiteit van Johannesburg het ons die
geleentheid gegee om vir hul kampuswinkel te tender.
Daar was tien maatskappye reg oor Suid Afrika genooi
asook internasionale maatskappye soos onder andere
Canterbury, Adidas en Wilson. Dit het vir my gevoel al die
groot name van die wêreld was daar en dan was dit ons
– No Limits – die kleinste maatskappy van almal daar.
Net voor hierdie tender het God met my begin praat – ek
het al hierdie planne in my kop gehad van wat ons moet
doen as ons moet uitbrei – ons moet takke oopmaak en
ons moet verteenwoordigers in die hele Suidelike Afrika
hê. Een van ons bene wat ons moet uitbrei is universiteite
en kampusse, met ander woorde kampuswinkels. Ek het
alles geweet wat om te doen, maar ek het glad nie geweet
hoe om dit te doen nie. God het weer eens deur 'n reeks
preke wat deur Pastoor Willem Nel gelewer is, met my kom
praat. Die reeks het gegaan oor 'Moenie God Beperk

nie' *en deur die reeks het die Here duidelik vir my gesê dat ek Hom beperk. Hy het vir my kom sê, "Bernard, jy weet wat om te doen, los die hoe vir My, Ek sal dit vir jou gee." Dit is in hierdie tyd dat die Universiteit van Johannesburg vir ons kom vra het om te tender vir die kampuswinkel.*

*Presies in dieselfde tyd dat ons gevra is om vir 'n winkel op die kampus te tender onthou ek dat Gerrit, my broer wat ook 'n vennoot by ons is, 'n brief van iemand op die kampus gekry het waarin dit duidelik staan dat niemand op die kampus meer met ons besigheid mag doen nie. Hoewel ons in daardie stadium nog nie die winkel op die kampus gehad het nie, was ons die nommer een verskaffer aan die Universiteit. Ek het egter dadelik hierdie brief herken vir wat dit was – 'n aanval van satan af. Toe hy die brief vir my wys het ek vir hom gesê mense het hulle planne, maar God sal besluit (Spreuke 16:1). Die volgende ding wat hy vir my sê is dat ons binne die volgende vier weke 'n tendervoorlegging aan 'n tenderkomitee moet lewer – iets waarmee ek glad nie goed is nie. Ek het geweet die regte persoon wat ons daarmee kon help is Deon de Kok, 'n groot vriend van my maar hy was in daardie stadium in Italië. Ek wil myself gou in die rede val en jou so klein bietjie terugneem na 'n tydjie voor God vir my gesê het dat ek Hom nie moet beperk nie. Voor God hierdie woorde vir my gesê het, het ek besluit dat ek eintlik klaar met **No Limits** is. Ek het myself as die loods van hierdie vliegtuig beskou wat reeds al die limiete klaar gesien het wat daar vir die besigheid te sien was. Ek het besluit ek wil nou na die agterste sitplek verskuif sodat Gerrit en al die ander vennote en personeel met die besigheid kan aangaan en ek sal net deel van die winsdeling wees. Ek het besluit dat ek meer in eiendomsontwikkeling betrokke gaan raak. In* *daardie tyd het Stephan Pretorius, ook 'n groot sakeman van Potchefstroom en man van God, na my gekom en vir my gesê dat hy nie weet hoekom nie, maar hy sien No Limits as 'n groot vliegtuig wat nou eers gaan begin opstyg en ons moet weet dit gaan baie hoog vlieg. Die rukwinde gaan kom, maar solank ons, ons oog net op Jesus hou, sal dit reg wees (Stephan het glad nie geweet dat ek myself as die loods van die vliegtuig sien nie, maar dat ek eintlik gedagtes het om dit alles te los nie). Dit was die Sondag wat Stephan dit vir my gesê het. Die Woensdag het een van my broers gebel en vir my gesê dat hy 'n droom oor ons besigheid gehad het – dit was soos 'n groot ballon wat net groter en groter geword het. Hy het wakker geword en dadelik besef dat 'n ballon wat te groot word een of ander tyd gaan bars. Hy het besluit dat hy nie die 'slegte' nuus aan my gaan vertel nie, maar die volgende aand het hy weer oor die besigheid gedroom en hierdie keer dat dit 'n silikon ballon is – hy het besef 'n silikon ballon kan nie bars nie, maar dit was duidelik dat dit te groot vir my was om alleen vas te hou, ek moes dus ander mense kry om dit saam met my vas te hou. Een van die mense wat in my gedagtes opgekom het wat ons moet kry om saam met ons hierdie ballon vas te hou was juis my vriend Deon, wat 'n ingenieur in die korporatiewe wêreld was.*

Ek het hom genader en vertel waarmee ons besig was en wat ons droom was. Dit het in sy hart begin groei en hy het gevoel dat hy deel daarvan wou word. Dit was juis in die tyd wat ons gevra is om by die Universiteit van Johannesburg te tender en Deon is verskriklik goed met sulke voorleggings vir mense. Deon was egter in daardie tyd in Italië by die internasionale maatskappy vir wie hy gewerk het. Hulle het egter besluit dat hy Suid-Afrika toe moet gaan, juis in die tyd wat ons die voorlegging by die Universiteit moes maak. God het Deon dus op ander mense se onkoste na ons gestuur om ons met die voorlegging te kom help. Ons het die aand voor die voorlegging omtrent deur die nag gewerk om alles gereed te kry. Terwyl ons besig was, het die Here vir my gesê, "Bernard, julle sê dan hierdie is My besigheid. Jy moet dit more oggend vir die mense tydens jou voorlegging sê." Ek het dadelik vir die Here gesê. "Here dit werk nie so op die aarde nie. Hier noem mens nie sulke goed in die korporatiewe wêreld nie." Ek het vir die ander mense betrokke gesê wat die Here vir my gevra het en hulle reaksie was dadelik dat daar nie 'n manier is wat ek dit gaan doen nie. Hulle het so ver gegaan om te sê as ek dit gaan doen, sal hulle nie eens opdaag nie. Ek het vir die Here binne in myself gesê, "Here as hierdie gevoel more nog so is, dan sal ek dit gaan sê, maar ek hoop ek het verkeerd gehoor en dat dit nie sommer net 'n gedagte van myself af is nie. Ek hoop dit is nie meer so die volgende oggend nie. " Die volgende oggend was dit egter net sterker en ek het besluit dat ek dit gaan doen, maar ek het niks vir my vennote gesê nie. Ons het nie 'n goeie tydgleuf vir ons voorlegging gehad nie – van die tien maatskappye wat voorleggings gedoen het, was ons agste of negende. Dit was drie uur die middag, die paneel was moeg, hulle was nie meer lus om na mense te kyk en te luister nie, want elke persoon het net mooier stories as die vorige probeer vertel. Gerrit het die inleiding gedoen en ek moes die droom met die paneel deel. Hulle gesigsuitdrukkings in daardie stadium was nie baie positief nie – jy kon sien hulle was moeg en daar was nie veel lewe in daardie lokaal nie. Ek begin toe deur te sê, "Mense ons kan nie anders as om hierdie voorlegging te *begin deur te sê alle eer aan God nie, want hierdie besigheid kom van Hom af en dit is vir Sy glorie en om Sy koninkryk uit te brei." Die oomblik toe ek dit sê was dit asof daar 'n verheldering in die vertrek was, almal se oë het verhelder, daar was ewe skielik lewe in hulle gesigte, daar was blydskap. Die volgende oggend het die faks deurgekom wat gesê het niemand mag meer verder met ons besigheid doen nie. Hulle het nie eers geweet ons gaan tender vir die winkel nie. Die universiteit is 'n groot organisasie, die een departement weet nie wat die ander een doen nie. Die kommersiële kantore het die tenderproses hanteer terwyl die aankope afdeling die brief uitgestuur het. Hulle het egter dadelik die brief teruggetrek en gesê dat hulle jammer is en dat die brief verkeerdelik uitgestuur is – almal kon nou weer met* **No Limits** *besigheid doen. Die tenderproses het agtien maande geduur en met God se genade en met God se seën en omdat dit deel van Sy plan vir* **No Limits** *was, het ons die tender gekry en het ons die eksklusiewe kontrak vir vyf jaar op die universiteitskampus van Johannesburg gekry – ons prys die Here daarvoor. Ons het die tender bo Adidas, bo Nike, bo Canterbury gekry, want Spreuke 16:1 sê die mens het sy planne maar God sal besluit.*

Wanneer ons die openbaring van die omvang en vermoë van die saad van geloof wat elkeen van ons ontvang het kry, en dit in werking begin stel, sal niks onmoontlik wees nie.

Bernard se geloof het sy aksies bepaal. Selfs in die harde besigheidswêreld het sy geloof sy aksie bepaal om God se Naam tydens 'n voorlegging te eer – iets wat ongehoord is. God het hom daarvoor geëer.

Ek het al mense in situasies bygestaan wat op die oog af uiters onmoontlik gelyk het – 'n terminale siekte, finansiële krisis, 'n kind wat spanning vir ouers bring. Die fisiese onmoontlikheid van die situasie is soms so oorweldigend dat mense baie maal sal sê, "My geloof is net nie groot genoeg hiervoor nie". Wanneer ons die openbaring van die omvang en vermoë van die saad van geloof wat elkeen van ons ontvang het kry, en dit in werking begin stel, sal niks onmoontlik wees nie. In Markus 9 lees ons die verhaal van 'n man wie se kind deur 'n stom gees geteister was. Toe Jesus op die toneel aankom, het die man vir Hom die situasie verduidelik en toe die volgende gevra:

> *"Kry ons tog jammer en help ons as U kan! As Ek kan, sê jy," het Jesus hom geantwoord. "As 'n mens glo, is álles moontlik!"*
> (Markus 9:22,23; NLV)

Alles is moontlik as jy glo want die geloof wat ons ontvang het, is nie 'n minderwaardige geloof nie, dit is 'n geloof wat dieselfde waarde en vermoë het as wat Jesus, die apostels en al die geloofshelde voor ons gehad het. Die geloof wat ons ontvang het, is 'n geloof wat God wil gebruik om Sy Koninkryk 'n tasbare realiteit vir die wêreld te maak. Ongeag jou situasie, jy dra Jesus se geloof in jou, jy het die krag van Petrus en Paulus se geloof in jou – dit wag net om geaktiveer te word.

Geloof soos 'n mosterdsaad maak dat jy vir die onmoontlike begin sê om te beweeg en dit moet dan beweeg.

Geloof soos 'n mosterdsaad maak dat jy vir die onmoontlike

begin sê om te beweeg en dit moet dan beweeg. Die koninkryk van God kom in saadvorm, maar dit is kragtig genoeg om enige wêreldse sisteem te oorweldig.

5

HOE KRY EK GELOOF - HOOR EN SIEN JOU SLEUTEL TOT WARE GELOOF

ONS HET REEDS SOVER IN HIERDIE BOEK gepraat oor *Wat is geloof, God se groot genade* en *Waarom ons geloof nodig het*. Ons het ook gesien dat WANNEER jy geloof so groot soos 'n mosterdsaad het, jy vir die berg sal sê "skuif" en dit dan moet skuif. Dit kan egter net gebeur as jy begin om dinge anders te doen as wat jy dit voorheen gedoen het.

Ons word elke dag met inligting oorweldig, waarvan die meeste gewoonlik negatief is. Dit is amper dieselfde as om jouself permanent aan gifstowwe bloot te stel. Die resultaat in die lang duur is dat hierdie stowwe jou hele wese gaan vergiftig. Dink net aan alles wat jy elke dag moet hanteer en verduur. Moontlik is jy uitgeput omdat jou werk vêr geleë is en jy elke dag ure op die pad tussen huis en werk spandeer. Dalk word jy elke dag ook aan 'n oneindige hoeveelheid e-posse, telefoonoproepe en SMS-boodskappe blootgestel, om nie eens te praat van jou selfoon wat jou kort-kort aan iets herinner nie. Geraas. Geklets. Verkeer. Skares. Politiek. Radio. Telefoon. Televisie. Sepies. Koerantberigte.

Die bure se blaffende hond. Rekeninge. Bekommernisse. Verantwoordelikhede. Sperdatums. Eindelose take. Veeleisende kinders. Seer van verhoudings wat skeefgeloop het.

Dit wat ons hoor en sien vorm ons wêreld – of dit nou goed of sleg is. Die hartseer is dat ons slagoffers van hierdie omstandighede word. Ons gesprekke word met ander mense se probleme en die wêreld om ons se onregverdighede oorheers. Die vraag is hoe op aarde kom jy uit hierdie maalkolk uit?

Het jy al ooit in die aand by jou huis gekom en wanneer jy die ligte aansit kom jy agter dat een van die gloeilampe op daardie oomblik nie werk nie. Al wat jy in die vertrek sien is 'n dowwe liggie of miskien is die hele vertrek selfs in donkerte gehul. Ek weet nie wat jou reaksie is nie, maar ek is geneig om die skakelaar gewoonlik 'n paar keer te druk net om seker te maak die gloeilamp werk regtig nie. Wat gebeur as jy vir jou familie of vriende wat agter jou die vertrek ingekom het, sê dat die lig geblaas het – gewoonlik druk hulle ook dieselfde skakelaar om net seker te maak jy vertel die waarheid. Hulle druk die skakelaar, net soos jy, dalk ook 'n paar keer om seker te maak die gloeilamp is regtig geblaas. Ek dink dit is presies hoe ons die lewe benader – ons doen dieselfde aksie oor en oor en tog verwag ons om verskillende resultate te kry.

Wat God ook al in jou lewe doen, doen Hy op die basis van geloof.

Wanneer ek hierdie stelling maak kry ek gewoonlik onmiddellik die volgende vraag, "Wat moet ek en jy anders doen om 'n ander resultaat te kry?" Ek is so bly as ek die vraag kry – dit is 'n briljante vraag!

Wat God ook al in jou lewe doen, doen Hy op die basis van geloof. Iemand het eendag gesê: "Geloof is vir die Christelike lewe wat 'n dryfveer vir 'n horlosie is." Dit is onontbeerlik. Almal het geloof – selfs 'n ateïs het geloof. Die enigste verskil is wat jy in jou geloof insit en hoeveel geloof jy het. Ons gaan in hierdie hoofstuk 'n geloofbou-oefensessie hê. Ons gaan na 'n paar dinge kyk, wat ek waarborg, jou lewe sal verander. Jy sal nooit weer dieselfde wees nie, want hierdie waarhede is dinamies en revolusionêr.

Het jy al gesê, "Ek wens ek kan net meer geloof in my lewe hê." In Romeine 10:17 lees ons hoe jy meer geloof kan kry:

Die geloof is dus uit die gehoor, en die gehoor is deur die woord van God. (Romeine 10:17, 1953 AV)

Volgens die Bybel kry ek en jy geloof deur na die Woord van God te luister. Soos wat jy skrifgedeeltes lees, wat daarop wys hoe geloof 'n positiewe verandering in jou lewe bewerkstellig, sal jou geloof groei.

In Spreuke 4 staan daar die volgende:

Luister, my seun, en aanvaar wat ek jou sê; dit sal jou lewensjare baie maak. (Spreuke 4:10, 1983 AV)

Dit is moeilik om te beskryf hoe belangrik dit in jou geestelike lewe is om te 'hoor'. Jou ore is een van twee natuurlike poorte na jou gees – jou oë is die ander. Wat die dinge van God betref, kan jy nie ontvang as jy nie gehoor het nie. Wanneer jy Openbaring hoofstukke 2 en 3 lees, sal jy sien dat Jesus baie ernstig is dat ons Sy woorde moet hoor. In die twee hoofstukke word dit sewe kere uitgewys. Wanneer jy Openbaring 2:7, 11, 17, 29 en 3:6, 13, 22 in die Ou Afrikaanse Vertaling lees word daar telkens gesê, *"Wie 'n oor het, laat hom hoor wat die Gees aan die gemeente sê."* Ek twyfel nie een oomblik daaraan nie dat die Here baie duidelik vir ons wil sê dat ons moet HOOR wat Hy vir ons wil sê.

Die daad van hoor

Om iets te hoor is relatief eenvoudig – dit is niks meer as om iets deur jou oorkanaal te ontvang nie. 'Hoor' in die Bybel behels egter baie meer as net om te luister. Bybelse gehoor vereis oplettendheid, geloof en gehoorsaamheid. Spreuke koppel gehoor direk daaraan om te ontvang.

> *Hoor, my seun, en* **neem my woorde** *aan; dan sal die lewensjare vir jou vermeerder word.* (Spreuke 4:10, 1953 AV)

Dit is duidelik uit die vers dat die belofte van 'n lang, goeie lewe vir diegene is wat beide hoor en God se wyse woorde aanneem. "Aanneem" is 'n ander manier om te sê "om te gehoorsaam". As jy nie vasberade is om gehoorsaam te wees aan wat God gesê het nie, het jy dit nog nie werklik ontvang nie. In Jakobus 1:22 lees ons, *"Julle moet doen wat die woord sê en dit nie net aanhoor nie..."* In die Spreuke vers is dit duidelik dat die uiteindelike resultaat van 'hoor' die ontvangs van 'n lang lewe is. Aan die einde van gehoor is ontvangs – daar is altyd 'n oes! Dit is 'n geestelike ketting wat nie gestop of verander kan word nie. Hoor! Ontvang! Oes! Spreuke 8:34 gee ons 'n ander kykie na hierdie waarheid:

Aan die einde van gehoor is ontvangs – daar is altyd 'n oes! Dit is 'n geestelike ketting wat nie gestop of verander kan word nie. Hoor! Ontvang! Oes!

> *Dit sal goed gaan met die mens wat na my luister, die mens wat elke dag na my huis toe kom en op my drumpel staan en wag.* (Spreuke 8:34, 1983 AV)

Seën is altyd die resultaat van ware gehoor. Om geseënd te wees beteken "om bemagtig te wees vir voorspoed". Ware Bybelse voorspoed gaan oor baie meer as net geld. Dit behels oorvloed, vrede en 'n toename in elke gebied van die menslike bestaan. Dit beteken glad nie dat ons van moeilikheid ontsnap nie, eerder dat ons weet dat uitkoms en seën op pad is. Die woord gehoorsaam word in die Afrikaanse taal uit twee woorde saamgestel – dit word saamgestel uit GEHOOR = Luister en SAAM = om saam met die woord te reageer. Voorspoed gee jou die krag om oor jou omstandighede te heers in plaas daarvan dat jou omstandighede jou beheer. Jy kry daardie soort krag deur God se Woord te hoor, deur na Sy Woord te luister. Met ander woorde, die dinge waarvoor jy jou ore oopstel, sal bepaal of jy in staat is om moeilike situasies, wat deur die magte van die hel na jou kant gestuur word, kan hanteer of nie. Kom ek maak dit prakties. Wanneer jy ernstig siek word, is satan vinnig om in jou oor te fluister, "Jy gaan nie gesond word nie. Jy gaan sterf!" As jy egter gereeld die Woord van genesing **gehoor** het, bemagtig dit jou om beheer van die situasie te neem en satan en die siektesimptome uit jou liggaam en lewe te verdryf.

Terwyl ek oor hierdie waarheid skryf dink ek terug aan 2009 toe ek met die Guillain Barré sindroom gediagnoseer is – 'n virussiekte wat my hele liggaam afgetakel het. Gedurende hierdie tyd het ek baie trauma en verwarring ondervind. Die spesialiste het om my bed gestaan en onder mekaar verskil oor wat ek nou eintlik makeer – kan jy indink hoe ek moes gevoel het – hier is die kenners en hulle weet nie wat ek makeer nie. Ek het verder in hierdie tyd deur 'n doodservaring gegaan, is deur demone aangeval en het toe ook nog die nuus ontvang dat ek nooit weer sou preek nie. Nooit weer preek nie – preek is my lewe! Ek blaai deur my boek, *'n Stille Avontuur*, wat ek na hierdie ondervinding geskryf het en my oog val op 'n spesifieke sin wat ek daarin geskryf het, "Sorg dat jou Bybel oop bly, lees dit, hoor dit, dink daaroor en leef elke dag saam met Sy beloftes." Dit en dit alleen was my redding. Ek kon nie in daardie stadium praat nie – al wat ek kon doen was om na God se Woord te luister. Ek het na manne en vroue van God geluister wat God se Woord gepreek het – ek het geluister en geluister en geluister! Het jy al gesien as 'n spons in 'n bak water geplaas word – naderhand word dit 'swaar' van die water wat dit vul. Ek was soos die spreekwoordelike spons – ek het 'swaar' geword van die volheid van God se Woord. Hoewel die feite of realiteit teen my was – die feite en realiteit wat gesê het dat ek moontlik nooit gesond sal word nie – het ek gekies om die Woord van God naby my te hou en Sy Woord rondom Sy planne vir my te glo. Sy Woord het my herinner dat ek die appel van Sy oog is, dat Hy goeie planne vir my het en nie teenspoed vir my beplan nie. God se Woord naby my het my in staat gestel om dit wat mense gesê het, te beheer en te filtreer. Die greep wat die siekte op my liggaam gehad het, het stadig maar seker begin verdwyn en ek weet dit is omdat ek die regte woorde en inligting in my lewe toegelaat het.

> **"Sorg dat jou Bybel oop bly, lees dit, hoor dit, dink daaroor en leef elke dag saam met Sy beloftes."**

Ek en jy kan nie toelaat dat die nuus, koerante, media en negatiewe verslae van die wêreld ons fokus word nie. Nie net is dit noodsaaklik dat jy die Woord hoor wanneer jy probleme in die gesig staar nie, dit is belangrik om dit behoorlik te hoor. Hoe jy die Woord van God ontvang, kan 'n enorme verskil in die resultate maak wat jy kan en sal sien. Dit is presies wat Jesus in Markus 4:24 gesê het net nadat Hy die gelykenis van die saaier en die grond vertel het:

> *En Hy het vir hulle gesê: Pas op wat julle hoor; met die maat waarmee julle meet, sal vir julle gemeet*

word, en daar sal bygevoeg word vir julle wat hoor. (Markus 4:24, 1953 AV)

In die Nuwe Lewende Vertaling word hierdie vers soos volg geskryf:

Hy het ook vir hulle gesê: "Maak seker dat julle goed aandag gee *aan wat julle van My* hoor. Hoe meer julle luister, hoe meer sal julle verstaan – en julle sal boonop nog meer ontvang.

Uit hierdie twee vertalings is dit baie duidelik – pasop waarna jy luister. Maak seker dat jy na die regte goed luister en die regte woorde hoor! Ons moet dus baie seker maak na wat ons luister, want geloof en vrees kom deur dit wat ons hoor. Net soos wat Job se vriende en selfs sy vrou vir hom vertel het hoe sleg dit met hom gaan, kan ek en jy ook mense in ons lewens hê wat ons heeldag vertel hoe sleg die wêreld is. As ek terugdink besef ek daar was kere wat ek toegelaat het dat negatiewe woorde in my ore en in my hart posgevat het – dit was ook die kere wanneer hierdie negatiewe woorde se impak my weerhou het van dit wat regtig in my hart was of wat ek geglo het die Here vir my gesê het.

Lees weer saam met my wat in Romeine 10:17 staan:

Die geloof is dus uit die gehoor, en die gehoor is deur die woord van God. (Romeine 10:17, 1953 AV)

Ons Probleem – Gedagtes van die verlede → Ongeloof

Ek moes in die verlede al baie vir myself die volgende sê, "Willem, jou probleem is dat jy jou gedagtes uit gebeure van die verlede vorm en dit nie op die toekoms baseer nie. Moet dit nie doen nie!"

Die rede is dat ongeloof na die verlede kyk en sê, "Kyk, dit kan nie gedoen word nie." Geloof kyk egter na die toekoms en sê: "Dit kan gedoen word, en volgens die beloftes van God, word dit gedoen!" Geloof plaas die mislukkings van die verlede vir ewig op die agtergrond en met geloof kan jy uitstap en optree asof die oorwinning reeds behaal is.

Geloof kyk egter na die toekoms en sê: "Dit kan gedoen word, en volgens die beloftes van God, word dit gedoen!"

Geloof en vrees kan nie in dieselfde ruimte leef en bestaan nie – dus kan jy nie stres of vrees en geloof hê nie. Jy het seker al gesien voordat groot sportwedstryde begin, daar twee kapteins en 'n skeidsregter gewoonlik in die middel staan en 'n muntstuk word dan in die lug in opgeskiet. Die plaaslike kaptein skiet gewoonlik die muntstuk in die lug en die besoekende kaptein roep dan uit 'kop' of 'stert'. Die kaptein wat die loot wen kan dan sekere besluite ten opsigte van die wedstryd neem. Dit het egter nog nooit gebeur dat die skeidsregter na die muntstuk kyk en verbaas uitroep dat beide kapteins gewen het nie want kop en stert is aan dieselfde kant. Dit kan nie gebeur nie – dit is onmoontlik want dit is twee kante van 'n muntstuk. Net so is geloof en vrees ook twee kante van 'n muntstuk – dit kan nie saam voorkom nie. Dit is of geloof of vrees. Tog is daar baie Christene wat onder die indruk is dat jy beide in jou lewe kan hê – met ander woorde ses van die een en 'n half dosyn van die ander. Dit kan nie wees nie en dit is die rede waarom ons Christene sien wat geen uitwerking op die samelewing het nie. God het ons gemaak om verandering teweeg te bring, om volgens Sy beloftes en Sy gesproke Woord te leef. Hy het ons gemaak om deur die GELOOF te lewe! Slegs deur die VOLLE Goeie Nuus (Evangelie) en die VOLLE WOORD van GOD te glo, sal ons 'n positiewe uitwerking op hierdie aarde maak en leef soos wat en waarvoor ons deur God geskep is. In Efesiërs 6 staan daar:

Ons stryd is nie teen vlees en bloed nie, maar teen elke mag en gesag, teen elke gees wat heers oor hierdie sondige wêreld, teen elke bose gees in die lug. (Efesiërs 6:12, 1983 AV)

In die Phillips vertaling word hierdie vers soos volg geskryf:

"For our fight is not against any physical enemy. It is against organizations and powers that are spiritual. We are up against the unseen power that controls this dark world and spiritual agents from the very headquarters of evil." (Ephesians 6:12, Phillips translation)

'n Vrou in my gemeente het my van 'n internetwebblad waarop sy ingeteken het, vertel. Sy het dit gedoen omdat die webblad elke dag allerhande nuusgebeure en kulturele interessanthede aan die intekenare gestuur het. Aanvanklik het sy dit nie agterkom nie, maar die meeste van die nuusbrokkies wat deurgekom het, was oor moorde, vermiste persone en ander misdaad. Dit was eers na 'n paar weke wat sy beangs oor elke hond wat geblaf het begin wakker lê het, dat sy besef het dat iets nie reg is nie. Dit is nie dat mens realiteite wil vermy of ignoreer nie, maar die konstante aanhoor van die een slegte of negatiewe nuusbrokkie na die ander het 'n ongesonde vrees in haar eie gemoed begin skep en tot gevolg gehad dat haar optrede daarvolgens verander het. Sy het daar en dan besluit om haar inskrywing te kanselleer en drie dae nadat sy dit gedoen het, was die vrees weg. Dit is net weer eens 'n bewys dat geloof en vrees nie binne dieselfde ruimte kan bestaan nie.

Beide geloof en vrees kom deur woorde – *rhema* woord

Dit klink nogal snaaks om dit te sê, maar as jy kan vrees, kan jy ook glo [geloof hê]. Beide geloof en vrees werk op dieselfde beginsel. Vrees kom na jou toe deur dit wat jy hoor. In Romeine 10:8 lees ons:

> *Maar wat sê dit? Naby jou is die woord, in jou mond en in jou hart. Dit is die woord van die geloof wat ons verkondig.* (Romeine 10:8, 1953 AV)

Wanneer jy Mattheus 9 lees, is dit baie interessant om te sien wat Jesus se reaksie is toe hulle die verlamde man na Hom gebring het. Daar staan:

> *En hulle het 'n verlamde man wat op 'n bed lê, na Hom gebring. En toe Jesus hulle geloof sien, sê Hy aan die verlamde: Seun, hou goeie moed, jou sondes is jou vergewe.* (Mattheus 9:2, 1953 AV)

Jesus sê eintlik vir die verlamde man, "Moenie bekommerd wees nie. Jy pla my glad nie. Jy is nie 'n las vir my nie." Ek en jy voel soms of ons 'n las vir Hom is en ons vergeet dat ons eintlik as God se oogappel beskou word.

DIE EERSTE DING WAT JESUS DUS DOEN, IS OM HIERDIE MAN SE **VRESE** AAN TE SPREEK EN HOM GERUS TE STEL!

Vrees is 'n universele probleem. As jy al hierdie vrese – glo my jy het dit (jy het angs en jy het bekommernisse in jou hart) – net in jou lewe afdruk of onderdruk word dit depressie genoem. Depressie is byna altyd onderdrukte woede of onderdrukte vrees. Die Bybel sê in Spreuke12 die volgende:

Bekommernis in die hart van 'n mens druk dit neer, maar 'n vriendelike woord vrolik dit op.
(Spreuke 12:25, 1983 AV)

Dit is presies wat Jesus met die verlamde man gedoen het – Hy het begin deur hom 'n bemoedigende woord te gee.

Wat doen ek en jy dan met ons vrese en angs? Ons gee dit vir Jesus Christus. In 1 Petrus5:7 staan daar:

Werp al julle bekommernisse op Hom, want Hy sorg vir julle. (1 Petrus 5:7, 1983 AV)

Ek wil hê jy moet weer die vers lees en dan omkring jy die woordjie *al*. Daar staan nie werp net party, of sommige of 'n sekere aantal van jou bekommernisse nie – nee daar staan **AL**. Ek het vir interessantheid in die Verklarend Handwoordeboek van die Afrikaanse Taal (HAT) gekyk wat beteken hierdie twee letter woordjie. Die verklaring van die woordeboek is – die hele klomp. Die hele aantal, ALLES. Hierdie vers sê dus vir my en jou dat ons alles op Hom moet werp, want Jesus gee vir my en jou om. Die Bybel sê nie verniet nie, *"Die volmaakte liefde dryf alle vrees uit."*

Ek wil weer na Romeine 10:8 terugkom wat sê,

Maar wat sê dit? Naby jou is die woord, in jou mond en in jou hart. Dit is die woord van die geloof wat ons verkondig.

Die proses werk soos volg:

Geloof kom deur die gehoor

↓

Gehoor kom deur die Woord

Geloof kom regtig deur die woord wat ek NABY my toelaat – in my mond en in my hart. Ek laat dus sekere woorde naby my toe – dit kom op my lippe en dit bly in my hart en dit bring 'n oes mee. As ek dus die WOORD wat naby my kom kan beheer en filter, kan ek die oes ook beheer. Daarom is die hart 'n plek vir die Woord. In die volgende deel van hierdie hoofstuk wil ek met jou oor jou hart praat. Kyk na die volgende skrif in Markus 4 hoe Jesus dit vir sy dissipels geleer het:

Geloof kom regtig deur die woord wat ek NABY my toelaat – in my mond en in my hart.

Hy sê toe vir hulle: "Julle begryp nie eens hierdie gelykenis nie. Hoe sal julle dan al die ander gelykenisse kan verstaan?" Die saaier saai die woord. Daar is mense by wie daar soos op 'n pad gesaai word: sodra hulle die woord hoor, kom die Satan en vat die woord weg wat in hulle gesaai is. Daar is mense by wie daar soos op klipbanke gesaai word: sodra hulle die woord hoor, neem hulle dit met blydskap aan. Hulle laat dit egter nie in hulle wortel skiet nie en hou nie lank uit nie. As hulle daarna ter wille van die woord verdruk of vervolg word, word hulle gou afvallig. Daar is mense by wie daar soos tussen die onkruid gesaai word. Dit is hulle wat die woord hoor, maar die sorge van die lewe en die verleiding van rykdom en die begeertes na allerhande ander dinge kom op en verstik die woord, en dit bly sonder vrug. Dan is daar die mense by wie daar soos op goeie grond gesaai

is, wat die woord hoor en aanvaar en vrug voortbring, party dertig-, party sestig- en party honderdvoudig. *" (Markus 4:13-20, 1953 AV)*

Jy sien ons hoor die woord en dan reageer ons soos die mense in die gedeelte hierbo:

- Sodra hulle die Woord hoor kom satan en hy vat die woord, deur ongeloof, weg.
- Ander se harte is hard en hulle hoor dit, maar daar is nie vrugbare grond nie.
- Die meeste mense is egter soos die wat die woord hoor, maar dit is tussen die ONKRUID.
- Hy beskryf die onkruid as die Sorge van die Lewe, die soeke na Rykdom en die Liste na dinge en goed wat nie ons s'n is nie!.
- Ek voel hierdie is soos 'n proses
  - Ons bekommernisse verstrik die Woord en maak dat dit die krag daarvan dooddruk.
  - Ons soeke na roem en rykdom kom en druk die effek en vrug van die Saad, wat nie reeds deur bekommernisse doodgedruk is nie, verder dood.
  - Laastens word die saad wat nie deur die eerste twee onkruide doodgedruk is nie, deur die Liste en Verleidings van die lewe doodgedruk. Dit kom na ons en dit wil in ons hart kom woon. Anders as die vorige twee onkruide, knoop die liste en verleidings van die lewe ons aan ongesonde gewoontes vas – byvoorbeeld eet, skinder, pornografie, misbruik van alkohol of enige ander gewoonte vormde middels.

Kyk saam met my wat die Bybel oor my en jou hart sê. In Spreuke 4:23 lees ons die volgende:

Wees veral versigtig met wat in jou hart omgaan, want dit bepaal jou hele lewe. (Spreuke 4:23, 1983 AV)

As daar in Spreuke staan dat jou hele lewe deur dit wat in jou hart omgaan bepaal word, is dit belangrik dat ek en jy 'n rukkie by die hart stilstaan.

Die Hart

Jou hart gee die pas in jou liggaam aan. Dit bepaal of jy in staat is om dinge te doen al dan nie. Dit hou jou emosies, wil en lewe vas. Dit help om jou denke te vorm. Jou hart is die sentrale of kragstasie van jou lewe. In die HAT word daar nege beskrywende woorde vir die hart gegee, naamlik (1) Orgaan wat die bloedsomloop in die liggaam aan die gang hou; (2) Boesem; (3) Gesondheidstoestand; (4) Gemoed; (5) Moed; (6) Pit of kern; (7) Wese; (8) Binneste en (9) Liefste.

Spreuke 4:23 wat ons hierbo gelees het onderstreep net weer eens wat in Romeine 10: 8 staan – *"Naby jou is die woord in jou mond en in jou hart."*Dit wat in ons hart geplant word as gevolg van dit wat jy sê, het 'n kragtige uitwerking op wat in ons lewens aangaan. In Spreuke 27 staan daar:

Soos jy jou eie gesig sien as jy in die water kyk, so sien jy jouself in wat jy dink. (Spreuke 27:19, 1983 AV)

Hierdie selfde vers word mooi in die New King James Version weergegee:

As in water face reflects face, So a man's heart reveals the man. (Proverbs 27:19, NKJV)

Jou gesigsuitdrukking gee soos 'n spieël weer wat regtig in jou hart aangaan. Jou gesig is dus 'n refleksie of weerkaatsing van jou hart. Ek dink dat ons gesigsuitdrukking na jare permanente merke van die hart kry. Jesus sê waarvan die hart van VOL is loop die MOND van oor en dit kom bly weer in die hart en word deel van jou uitdrukking – dit voltooi dus 'n sirkel. Die WOORD van God kan as geestelike BOTOX beskryf word. Dit haal die merke en nare ondervindings van die lewe uit en versag soos 'n duur gesigsroom die uitdrukkings op jou gesig.

In Prediker 9 lees ons die volgende:

Die hart van die mens is vol boosheid; *die dwaasheid bly hom sy lewe lank by, en sy einde is die dood.* (Prediker 9:3b, 1983 AV)

Salomo wys weer eens hier dat die hart van die mens 'n broeiplek vir boosheid kan wees en die VRUG daarvan is DWAASHEID. Die gevolgtrekking is dat dit tot die dood lei – nie net 'n fisiese dood nie, maar baie keer veroorsaak dit die dood van drome, ideale, idees en uiteindelik van verhoudings. Wie dus sy hart beskerm, beskerm Goddelike idees, insigte, konsepte, drome, ideale en uiteindelik die strategiese, lewegewende verhoudings.

In Prediker 11 sê Salomo die volgende:

Hou kommer uit jou hart en vermy wat jou liggaam kan kwaad doen. Ook die jeug en die jonkheid kom tot niks. (Prediker 11:10, 1983 AV)

Bekommernis in jou hart maak jou fisies en geestelik siek. Dit kom neem van jou hart besit en trek dan soos 'n gifstof deur jou liggaam. Lees saam met my deur 'n paar voorbeelde in Mattheus en Markus waar dit uitgewys word waar jou hart probleme kan veroorsaak:

Maar Ek sê vir julle: Elkeen wat na 'n vrou kyk en haar begeer, het reeds in sy hart met haar egbreuk gepleeg. (Mattheus 5:28, 1983 AV)

Waar jou skat is, daar sal jou hart ook wees. (Mattheus 6:21, 1983 AV)

"Julle slange! Hoe kan julle wat sleg is, iets goeds sê? Waar die hart van vol is, loop die mond van oor." (Mattheus 12:34, 1983 AV)

Hy antwoord hulle: "Die profeet Jesaja het julle mooi opgesom. Julle is skynheiliges, soos daar geskrywe staan: Hierdie volk eer My met hulle mond, **maar hulle hart is ver van My af.** (Markus 7:6, 1983 AV)

Ons hart is of 'n teelaarde vir GOEIE dinge of 'n broeiplek vir BOSE dinge.

Van binne af, uit die hart van die mens, kom die slegte gedagtes: onkuisheid, diefstal, moord, ... (Markus 7:21, 1983 AV)

Dit is dus baie duidelik dat ons hart of 'n teelaarde vir GOEIE dinge of 'n broeiplek vir BOSE dinge is. In Jeremia 17 word hierdie stelling bevestig:

Die hart is bedriegliker as enigiets anders, hy is ongeneeslik; wie kan hom verstaan? (Jeremia 17:9, 1983 AV)

Mense het male sonder tal al vir my gesê, "Willem, ek het net gesê of geskryf wat in my hart is" – dit asof die hart die mees neutrale gebied in ons lewe is. Jeremia het egter 'n ander siening hieroor en hy beskryf die hart as bedrieglik. Ek hoor sommer nou jou protes, "Dit is darem bietjie kras om dit te sê. Bedrieglik is so lelike term om daarvoor te gebruik". Dink net vir 'n oomblik daaraan – as jy NIE HEILIGE GOED deur jou ore inneem en dit deur jou mond herhaal nie, gaan dit uiteindelik in jou hart posvat en woning inneem. Jou hart gaan dan in 'n bedrieglike en bose plek ontaard, maar dit hoef nie so te bly nie, want lees saam met my wat sê Esegiël in hoofstuk 11:

"Here gee my 'n nuwe hart. Here laat ek U plan en U Woord veilig in my nuwe hart bêre. Here maak my 'n vrugbare hoorder en doener van U Woord."

Ek sal hulle 'n ander hart gee en 'n nuwe gees onder hulle laat posvat, Ek sal die klip hart uit hulle liggaam verwyder en hulle 'n hart van vleis gee. (Esegiël 11:19, 1983 AV)

Ek wil sommer uitroep, "Halleluja! Prys die Here!" Wil jy nie sommer net hier waar jy nou lees saam met my die volgende bid nie, "Here gee my 'n nuwe hart. Here laat ek U plan en U Woord veilig in my nuwe hart bêre. Here maak my 'n vrugbare hoorder en doener van U Woord."

Dit is juis met hierdie Skrif wat die Here my hart verander het en vir Sy bediening geroep het. Ek wil graag iets uit my eie lewe met jou deel rondom my lewendige belangstelling wat ek in die politiek gehad het. Die politiek as sulks, politieke gebeure en politieke nuus het my altyd gefasineer. Soveel so dat toe my onderwyser my in Graad 8 vra wat ek wil word, was my antwoord vinnig – president van die land. Ek het altyd hierdie gevoel binne my gehad en ook geglo

Pastoor Willem Nel en sy vrou, Celesté.

Herald kuier by pastoor Willem Nel

Vir 'n jong pastorie-egpaar is die rustigheid van Potchefstroom net die regte medisyne na nege en 'n half jaar in Johannesburg. "Hier", sê hulle "kan jy nog rustig in die aand vir 'n wandeling gaan."

Die Herald het by pastoor Willem Nel en sy vrou Celesté gaan inloer. Willem is die pastoor van die Potch AGS Studente Kerk. Hulle is reeds twee jaar in Potchefstroom. Hy was ook vir 'n jaar kapelaan in die Weermag gewees.

Willem sê hulle het dié gemeente in 1993 begin en wat die ge-

meente uniek maak, is dat dit die eerste Pinkster Charismatiese gemeente is wat net studente bedien. Dié gemeente staan onder voogskap van die AGS Sentraal Gemeente.

Die Nel-egpaar glo hulle is spesifiek Potchefstroom toe geroep om brûe tussen mense en kerkgroepe te bou. Hulle is veral daarop toegespits om onregverdigheid van die verlede aan te spreek.

Willem en Celesté is oud-Raukies en wat hulle veral van die studente in Potchefstroom opgeval het was

dat hierdie studente nog "mens-mense" is. Willem en Celesté het mekaar op RAU by Intervarsity ontmoet en hulle is na hulle opleiding getroud.

Willem is ook betrokke by die Nasionale Studentebediening en hou hom veral besig met rekenaars. Celesté sê haar man hou van tegnologie wat die lewe vergemaklik.

Celesté is nie net aktief betrokke by die studente nie, maar sy is ook betrokke by die opleiding van kinderbediening. Verder hou sy haarself besig met naaldwerk.

dat ek kon help om die land te transformeer. Ongelukkig was my politieke aspirasies nie deur geloof nie maar deur die vrese van die dag geïnspireer. Ek het op skool aktief aan politieke debatte deelgeneem. Later op universiteit het ek deel van 'n regse groepering, wat vir hulle rassehaat en opsweping bekend gestaan het, geword. Ek was in daardie stadium 'n student op kampus wat voltyds met politiek besig was. Ek was betrokke by die studentekoerant, die studenteradio en later het ek ook in die studenteparlement van die kampus gedien.

Ek het op provinsiale strukture gedien en was self 'n potensiële kandidaat vir die parlement in daardie stadium.

Ek het na 'n werwingstoer huis toe gegaan en daar aangekom wou my ouers 'n kerkdiens bywoon. Ek is saam en het nie geweet dat dit 'n profetiese diens was nie. Aan die einde van die diens het een van die sprekers ook oor my en my sussie geprofeteer. Ek was onmiddellik angsbevange, want wat as hy in daardie oomblik my sondes voor my ouers begin opnoem het. Hy het egter gesê dat God die hart van KLIP uithaal en 'n hart van vlees insit en Hy gaan my ook visies van mense in die hel gee en Hy het my geroep om mense na Hom te lei. By die huis aangekom die aand het ek my meisie wat toe my spesiale vriendin was, geskakel en gevra of sy saam met my die Here gaan dien. Sy het haar boeglam geskrik en ek dink sy hardloop seker nou nog van skrik. Dit was vir haar ondenkbaar dat ek alle politieke strukture sou bedank. 'n Kort tydjie daarna het ek Celesté, my vrou, ontmoet en my roeping is spoedig daarna bevestig. Ek dink die grootste stuk transformasie binne my het gekom toe ek met Pastoor Antony Constance van Potchefstroom te doen gekry het. Hy het my geleer wat transformasie werklik is. Sy invloed om my te help om 'n brugbouer in ons dorp te word en te wees, was groot. Hier is 'n berig wat ek en Celesté met die koerant gehad toe ons in Potchefstroom aangekom het. Dit is so duidelike bewys dat die Here 'n waarmaker van Sy Woord is, want Hy het my klip hart verwyder en my 'n hart van vleis gegee – 'n hart wat 'n passie vir mense van alle bevolkingsgroepe het.

Met 'n nuwe hart gee die Woord 'n belofte – Jy sal GOD SIEN! Ons lees daarvan in Mattheus 5:

> *Geseënd is dié wat rein van hart is, want hulle sal God sien.* (Mattheus 5:8, 1983 AV)

Wanneer jou hart na GOD en SY WOORD gedraai is, is die resultaat GELOOF. In Markus 11 wys Jesus ons wat kan gebeur as mens werklike geloof openbaar:

> *Dit verseker Ek julle: Elkeen wat vir hierdie berg sê: 'Lig jou op en val in die see,' en daarby nie in sy hart twyfel nie, maar glo dat wat hy sê, gebeur, vir hom sal dit gebeur.* (Markus 11:23, 1983 AV)

Liefde kom deurdat ons, ons HELE HART vir God gee.

Jy moet die Here jou God liefhê met jou hele hart en met jou hele siel en met jou hele verstand en met al jou krag. (Markus 12:30, 1953 AV)

Die Here stel werklik in die opregtheid van my en jou harte belang – Hy stel nie belang in wat ons Hom kan gee of vir Hom kan doen nie. Ons sien dit duidelik in Markus 12:33:

En 'om Hom lief te hê met jou hele hart en met jou hele denke en met al jou krag' en 'om jou naaste lief te hê soos jouself' is van meer belang as al die brandoffers en ander diereoffers." (Markus 12:33, 1983 AV)

- Die HART is die skatkamer van jou lewe.
- Die HART is die plek waar jou doel vir die lewe uit voortkom.
- Die HART is die bron van emosies, wil en denke – met ander woorde JOU SIEL.
- JOU HART is dit wat GOD wil hê.
- Jou HART word vol met dit wat jy sien.

God wil baie graag in my en jou harte kom woon. Ons lees daarvan in Efesiërs 3:17 en ek wil spesifiek die Amplified Bybelvertaling se weergawe in hierdie geval gebruik:

May Christ through your faith [actually] dwell (settle down, abide, make His permanent home) in your hearts! May you be rooted deep in love and founded securely on love ... (Ephesians 3:17, AMP)

Ek het in Hoofstuk 1 (Wat is Geloof?) vir jou gesê dat geloof onder andere is om inisiatief te neem. Deur inisiatief te neem word jou geloof ook geaktiveer. Ek wil vir 'n rukkie weer by die gedeelte in Markus 5, wat oor die vrou met die bloedvloeiing handel, stilstaan. Ons lees in Markus 5 dat die vrou twaalf jaar reeds siek was. Sy was hemofilis, met ander woorde sy het aan bloedvloeiing gely. Omdat die bloeding nooit gestop het nie, was sy deur die Jode as seremonieel onrein beskou. Sy mag glad nie in die openbaar tussen mense verskyn het nie – sy het dus geen sosiale lewe gehad nie.

Sy het eendag egter gehoor dat Jesus in haar dorp gaan wees. Sy het vir haarself gesê, "As ek maar net aan Sy kleed (klere) kan raak, sal ek gesond wees." Sy het besluit om inisiatief te neem en 'n baie brawe stap geneem – sy het in die openbaar tussen die skare verskyn en 'n pad vir haar tussen die mense oopgedruk totdat sy agter Jesus was en aan Sy kleed kon raak – sy is onmiddellik genees toe sy aan Sy klere geraak het.

Jesus het dadelik die aanraking van geloof erken en daarom vra Hy, "Wie het aan My klere geraak?" Daar was 'n magdom mense om Hom en almal het aan Hom geraak of probeer raak. Hierdie vrou moes letterlik vir haar 'n pad tussen die mense oopbeur. Selfs die dissipels was soms ook maar 'n stamperige spul wat ook aan Jesus geraak het. Petrus was nogal 'n voortvarende dissipel en dit is juis hy wat op Jesus se vraag oor wie aan Sy klere geraak het, reageer. Petrus se reaksie was een van verbasing, "Wat bedoel U, wie het aan My geraak? Kyk na die skare om U en dan vra U nog, 'Wie het aan My geraak?' Jesus het egter die verskil geken. Die vrou het bewend na vore gekom en gesê' "Dit is ek Here wat aan U geraak het." Jesus se antwoord aan haar was, "Dogter jou geloof het jou gered." Sy het inisiatief geneem. Sy het die kulturele reëls verbreek. Sy het buite die grense beweeg wat sy veronderstel was om te beweeg. Sy het haar geloof in aksie gesit en deur die skare gedruk en as gevolg van haar inisiatief was dit haar daad van geloof wat haar genees het. Om jou geloof te aktiveer, moet jy dus 'n besluit neem om te begin. Jy moet jouself tot aksie verbind.

Geloof is die teenmiddel vir om 'uit te stel'. Hoe oorkom geloof die aksie van uitstel? Hoe help geloof om myself "in rat te kry" en uit die groef waarin ek is te breek? Hoe help geloof my om vorentoe te beweeg – om daardie eerste stap te neem wat my in die rigting gaan bring waar ek veronderstel is om te wees? Hoe help geloof my om nie besluiteloos te wees en soos 'n draadsitter kort-kort my storie te verander nie? Hoe kan ek die inisiatief neem? Geloof sterk my verbeelding en stel my in staat om die inisiatief te neem!

Wanneer jy die Woord van God hoor, vind die volgende Goddelike handeling of proses plaas:

Jy laat Sy Woord naby jou kom
↓

Sy Woord is 'n lig of openbaring vir jou
↓

Die lig bring 'n helderheid of begrip (jou verstand begryp die openbaring)
↓

Wanneer jy verstaan begin jy vertrou
↓

Vertroue gee vir jou 'n staanplek
↓

'n Staanplek gee vir jou 'n platform
↓

Jy moet besluit of jy gaan optree of passief gaan bly? Jou gehoorsaamheid aan die Woord wat lig bring gaan tot aksie [optrede] oor. Dit is 'n berekende risiko wat jy neem, want jou vertroue is in 'n goeie en getroue God. Passiwiteit maak dat jy uitstel en uiteindelik opgee.

Ek het reeds 'n paar keer in hierdie hoofstuk na Romeine 10:17 verwys wat sê,

Die geloof is dus uit die gehoor, en die gehoor is deur die woord van God.

Ek het ook reeds genoem dat beide geloof en vrees na jou toe kom – beide werk op dieselfde beginsel. Daar word dikwels gesê dat Suid-Afrika 'n baie hoë misdaadsyfer het. Wanneer mens na misdaadstatistiek van die land kyk, is dit te verstane dat hulle so dink. Hier is slegs 'n paar statistiek wat aan ons pragtige land hierdie negatiewe beeld gee:

- Meer as 160 000 mense is sedert 2004 in Suid-Afrika vermoor.
- 5900 misdade word daagliks by die SAP aangemeld.
- Meer as 43 mense word gemiddeld daagliks in Suid-Afrika vermoor.
- Die wêreldgemiddeld vir moord is 7.6 per 100 000 mense. Moord in Suid-Afrika is 36.5 per 100 000.
- Daar word beraam dat Suid-Afrika ongeveer R650 miljard as gevolg van korrupsie oor die afgelope 18 jaar verloor het.
- Meer as 400 dwelmverwante misdade word daagliks oor berig.
- Daar is 29 verskillende kategorieë misdaad wat deur die SAPD, vir die aanmelding van misdaadstatistieke, gebruik word.

Wanneer jy hierdie statistiek jou fokus maak, sal jy nie anders kan as om negatief te wees nie. Daarom is dit belangrik dat jy eerder op die goeie in plaas van die slegte konsentreer. Moenie toelaat dat ander mense oor hierdie soort statistiek in jou teenwoordigheid praat nie – dit gaan net in jou kop vassit. Maak ook die mense stil wat net op hierdie negatiewe dinge konsentreer. Dit beteken glad nie dat jy die feite of statistiek ignoreer of verkleineer nie – nee dit beteken slegs dat dit nie jou fokus is nie. God se Woord is jou fokus!

Hoe gebeur dit dat negatiewe dinge in my lewe posvat? Dit is byvoorbeeld vir jou moeilik om iemand te vergewe en jy bring dan 'n *woord* tot stand deur te sê, "Ek sal nie vergewe nie." Die oomblik wat jy dit sê maak jy 'n deur vir satan oop om in jou lewe in te kom en jy berei inderwaarheid 'n plek vir die negatiewe in jou lewe voor. Die enigste manier hoe jy hiervan ontslae kan raak is deur te sê, "Here, ek is so jammer dat ek myself die reg gegee het om nie te kan vergewe nie. Here, soos U my vergewe wil ek ander vergewe – onvoorwaardelik." Niemand kan die vergifnis van God verdien nie, ander mense gaan dit ook nie by jou verdien nie, jy moet vergifnis onvoorwaardelik vir hul gee. Jy moet spesifiek vergewe. Maak dus seker dat jy nêrens 'n deur in jou lewe ooplaat waar die vyand met sy listigheid kan inkruip nie!

6

LEWE IN DIE GEES - DIT IS HOE ONS MOET LEEF

IN ONS LEWE GAAN ONS voor uitdagings en probleme te staan kom. Die lewe is nie regverdig nie, maar God is en bly regverdig. Ek wil graag begin en jou 'n storie van Willem (dit is nie ek nie) te vertel. Sy storie is van iemand wat nie Jesus geken het nie, maar iemand wat op 'n ingrypende oomblik en selfs hopelose oomblik Jesus ontmoet het. Hier is sy storie

My naam is Willem en ek is 52 jaar oud, ongetroud en 'n kind van God Almagtig wat hemel en aarde geskape het. Albei my ouers was alkoholiste, my pa was 'n vroueslaner en geweld en die gruwelikste vloekwoorde was aan die orde van die dag in ons huis. My pa het my van jongs af verwerp en meermale gesê hy wil my nie hê nie en wil my by die kinderhuis gaan omruil. Kinderhuis! Ek het partymaal gebid dat dit nie net 'n dreigement was nie en dat hy dit regtig wou doen. Die Kinderhuis het vir my na Utopia geklink. Ek wou net wegkom van die geweld en lawaai en min slaap en skaamte en verleentheid en verwerping en vernedering en geheimhouding en vrees en, en, en...

Op skool was my lewe dag na dag hel gewees. Ek was nie groot en sterk nie en ook nog 'n sensitiewe kind. Wat doen 'n kind wat nie weet hoe om hom te verweer nie en nie eers die woorde het om te verwoord hoe hy voel nie? Sielkundig is daar verskeie reaksies. Ek het in myself gekeer en in 'n fantasiewêreld begin leef en myself emosioneel verhard en gepantser en skanse en mure om my gebou wat my, my hele lewe lank ingekerker en geïnhibeer het.

Ek het op 'n baie vroeë ouderdom begin drink en die drinkery het vererger oor die jare soos ek meer en meer desperaat en eensaam geword het. Ek het myself gehaat en gedink almal haat my. Daar was natuurlik ook dwelms – dagga was een van die goed wat ek baie gebruik het. Teen die ouderdom van 40 was ek 'n wrak, my lewe was 'n gemors en daar was vir my geen toekoms oor nie. Na nog 'n selfmoordpoging het 'n vriend my van Boeddhisme en hul filosofie vertel. Ek het daaroor begin lees, maar het gou meer in New Age begin belangstel en kort voor lank het ek ook daarin begin betrokke raak. Uiteindelik het ek antwoorde op my lewensvrae begin kry en ek het meer gelukkig begin voel. Dit was egter net 'n illusie.

Op 42 moes ek weens omstandighede buite my beheer trek. Ek besluit toe om na 'n plekkie in Transkei te gaan wat baie op New Age ingestel is. Ek wou daar probeer om my lewe voort te sit. Op pad daarheen moes ek 'n paar dae in Durban deurbring. In daardie stadium het ek 'n jaar laas gedrink en ek het gedink ek het alles onder beheer, veral wat drank betref. Ek het 'n bier gedrink en 'n sigaret gerook – een bier en een sigaret was genoeg om alles van voor af te laat begin. Ek het daar en dan moed opgegee dat ek gered kan word. Ek was weer besig om selfmoord te beplan toe die kroegbaas my nader en begin praat van dollers wat in die land gesmokkel moes word en ek kon 'n fooi van R20 000 verdien. In daardie stadium was my geld amper klaar en ek was desperaat. Dit was 'n geval van "Do or die." Wel, die "dollers" was toe kokaïne en in Mosambiek het die polisie my daarmee vasgetrek. Vandag weet ek dat ek nie as 'n dwelmmuil gebruik is nie, maar eerder as 'n lokaas – een wat die polisie se aandag afgetrek het terwyl die regte 'muile' soos vele ander kere deurgegaan het.

Ek het gedink dit is die einde van my lewe – die einde kom net anders as wat ek beplan het. Ek het dokumentêre films gesien oor die tronke in SA en wat daar aangaan, veral wat met mense, jonk of oud, gebeur. Met hierdie beelde in my kop was ek vir twee dae in polisieaanhouding waarna ek tot 'n maksimumsekuriteitstronk gevonnis is waar ek 9 jaar en 10 maande van my lewe gesluit het.

Ek is wel die heel eerste dag beroof, maar buiten dit was daar baie min voorvalle van geweld teenoor my en ek is die Here immer dankbaar daaroor. Die lewe in 'n derde wêreld tronk is geen piekniek nie en beslis nie iets wat ek my grootste vyand sal toewens nie. Dit was hel. God sy dank het ek 'n suster, Anita, wat my vir die byna 10 jaar getrou bygestaan het en met haar hulp kon ek darem op 'n beskaafde manier oorleef. Verskeie van Anita se vriende en mense in haar omgee groepie het my ook deur my tronkjare getrou bygestaan.

Die kos in die tronk was min en feitlik oneetbaar. So buiten die knaende honger, was daar ook verskeie siektes. As jy siek word en nie geld by jou het nie, moet jy eenvoudig ly en uiteindelik doodgaan. Die regering verskaf wel medisyne, maar die korrupte amptenare het dit alles gesteel en verkoop. Daar was geen tandepasta, tandeborsel, seep of enige ander toiletware nie. Nie eers 'n bakkie om jou kos in te ontvang nie. Geen uniform of ander klere was beskikbaar nie. Geen beddens of enige beddegoed nie. Jy moes maar op koue sement slaap en glo my dit raak koud daar in die winter, veral as dit reën. God sy dank, danksy Anita wat vir my geld en voorraad kon voorsien het, was ek redelik gemaklik, in vergelyking met die meeste ander. 'n Ander gevangene het ook vir my 'n sponsmatrassie gegee en later het ek 'n ysterkatel geërf toe 'n ander een vrygestel is.

Daar was menige dade van goedgunstigheid teenoor my en ek het baie om voor dankbaar te wees. Die Here het my daar heeltemal van enige rassisme genees. Maar, daar sit ek toe met my hande in my hare. Mens het baie tyd om te dink, en ek het behoorlik gedink. Wie was ek, wat wou ek hê, waarom is ek waar ek is? Ek moet net byvoeg dat drank en dwelms en sigarette vryelik in daardie tronk beskikbaar is. Ek het nie geld gehad nie, maar so paar keer 'n jaar het ek 'n plan vir 'n goeie dranksessie beraam. Die laaste was Oujaarsaand 2007 en sedertdien is ek skoon en selfs vry van enige behoefte aan drank. Vader het my verlos!

Dit is 'n Portugese land en daar was geen Engelse Bybels nie, wat nog te sê van Afrikaans. Ek het egter 'n behoefte begin ontwikkel om Bybel te lees. Ek het dit aanvanklik weerstaan, want uit my New Age oortuigings het God nie bestaan nie. Bowendien kon ek nie sien dat die God van my jeug my sou wou hê nie, en om eerlik te wees, ek wou ook nie daai God hê nie. Buitendien, Hy is mos ons Vader, en my ervaring van vaderfigure was nie bevorderlik vir 'n goeie verhouding nie. Terselfdertyd het ek egter die New

Age goed begin bevraagteken want ek was nie waar al die waarsêers en spiritistiese mediums en voorspellers en my engelekaarte en kristalle gesê het ek sou wees nie.

Na 'n paar weke van 'n aanhoudend knaende gevoel vir 'n Bybel, het ek my suster gevra om vir my een te stuur. Telefone is verbode, maar korrupsie voer die botoon en dit kan gereël word as jy geld het. Ek het iemand se foon destyds geleen en Anita net vinnig gebel. Ek moes 'n paar weke vir die Afrikaanse Bybel wag, maar ek het dit gekry. Ek het dit van voor tot agter deurgelees. Nog steeds maar skepties, het ek tog 'n roering in my gevoel ek het toe op 'n manier my lewe voorwaardelik aan Jesus oorgegee.

In 2008 was my Portugees voldoende en ek het die Manna Kerk begin bywoon, 'n charismatiese evangeliese kerk en dit is toe wat die duiwel behoorlik begin ronddans het. Ek dink hy het toe besef dat ek ernstig is en werklik nou aan God behoort en ALLES afgesweer het waarmee hy my, my lewe lank gebonde gehou het. Ek is daardie jaar ook in 'n opblaas swembadjie gedoop.

Dit was nie 'n maklike pad nie, en ek praat nie van die tronk nie. Dit was moeilik genoeg, en ek wil nie 'n dag daarvan weer herleef nie, maar ek is oneindig dankbaar dat ek dit kon hê. Dit was 'n groot seën en ek is so dankbaar dat Vader dit kon gebruik om my die nuwe mens te maak wat ek vandag is. Dit was omtrent al manier hoe Hy my aandag kon kry en ek is dankbaar Hy het daardie behoefte om na HOM te soek in my geplaas.

Ek leef vandag vry van enige lus vir drank, dwelms of sigarette. Die depressie val my nog so af en toe aan, maar ek ken dit en weet waar dit vandaan kom en baklei met al my geestelike toerusting en wapens en dit neem altyd spoedig die wyk. Dit tref my nou nooit langer as 'n dag nie en dit is nie naastenby so fel soos die swart mantels wat my vir weke lank versmoor het nie.

Ek prys en dank Vader elke dag vir Sy genade en liefde wat my deur hierdie tye gedra het en steeds sal dra, vir al die mense wat Hy op wonderbaarlike wyses op my pad gebring het. Vader het gesê Hy sal my herstel en genees en alles aan my teruggee wat die sprinkane verorber het en die vyand van my gesteel het. Dit is reeds besig om te gebeur. Sy Woord kom nooit leeg terug nie. Wat 'n wonderlike God!

Wow, wat 'n getuienis. Willem het eendag gesê waar hy sy getuienis gelewer het, "It is not what you have done, it is what you have overcome." Ek wil hierby aansluit en in hierdie hoofstuk al jou vrae probeer beantwoord oor wat doen jy as dit nie goed met jou gaan nie. Ek wil nie net hierdie vrae vir jou antwoord nie, ek wil ook vir jou wys hoe jy jou geloof prakties kan uitleef.

Hoe beoefen jy jou geloof PRAKTIES?

In Jakobus 1:2 staan die volgende:

My broers en susters, wanneer julle in allerhande beproewings beland, moet julle eintlik baie bly wees. (Jakobus 1:2, NLV)

Wanneer jy verskillende vertalings van die Bybel lees, sal jy sien dat die woord beproewinge, soos dit in hierdie vertaling genoem word, in ander vertalings met woorde soos versoekings en moeilikheid vervang word. Die stelling wat in hierdie vers deur Jakobus gedoen word, is nie 'n belofte of aankondiging van God se straf nie. Dit is bloot 'n feit van die lewe! Jakobus, Jesus se broer, sê dus in sy brief vir my en jou dat ons daarop bedag moet wees.

Moeilikheid of beproewinge tref die goeie en slegte in ons samelewing. Dit vra nie wie jy is nie. Moeilikheid stop êrens by almal van ons. Dit is nie iets wat ek en jy verdien of nie verdien nie, maar een ding waarvan jy seker kan wees, is dat dit een of ander tyd in jou lewe oor jou pad GAAN kom. Jakobus sê dat wanneer probleme oor jou pad kom, moet jy dit as 'n geleentheid gebruik om bly te wees.

Ek sê altyd dat wanneer jy voor 'n probleem te staan kom, dit eintlik 'n kompliment vanaf die hemel is, want die Here het geweet dat Hy deur jou hierdie saak voor Sy heerlikheid en Magtigheid sal verander.

Laat ek egter by Jakobus terugkom. Jakobus sê beproewinge, moeilikheid, probleme, slegte dinge moet as 'n geleentheid gebruik word om BLY te wees. "Weet jy Jakobus, jammer dat ek nou so kras gaan klink, maar raas jou kop nie bietjie nie? Hoe op aarde kan mens bly wees as daar slegte dinge met jou gebeur of beproewinge oor jou pad kom?" Ek is seker jy en baie ander het dalk ook al hierdie selfde vrae gevra. Dit is tog net masochiste wat van pyn en ongemak hou – ons normale mense hou daarvan as alles voor die wind gaan. Hy sê egter dat dit 'n GELEENTHEID vir BLY wees of BLYDSKAP is. Nehemia staan voor die volk wat huil oor die woorde van die wet wat hulle gehoor het. In hulle nood en groot moeilikheid sê Nehemia vir hulle:

Die BLYDSKAP van die Here is jou beskutting.
(Nehemia 8:10, NLV)

Paulus ondersteun hierdie stelling en sê vir die mense van Filippi:

VERBLY jou in die Here Ek herhaal verbly jou in die Here. (Filippense 4:4, 1953 AV)

In die Bybel vir Almal beskryf die vertalers dieselfde vers soos volg:

Julle behoort aan die Here. Daarom moet julle altyd bly wees! Ek sê dit weer, julle moet bly wees!
(Filippense 4:4, BVA)

Ek het 'n vriend wat weet hoe belangrik hierdie beginsel vir my is. Hy het 'n tydjie gelede vir my 'n selfoonkassie gekoop waarop die volgende woorde kunstig geskryf is, "The Joy of the Lord is my strength". Die rede hoekom dit vir my so belangrik is, is omdat ek van nature geneig is om negatief en selfs depressief te raak wanneer ek in ongemaklike en moeilike situasies is. Alles in my roep na Jesus die verlosser uit en ek wil so graag nie die situasie deurgaan nie – ek verkies om dit gespaar te word. Dit is soos 'n student wat die aand voor 'n groot toets of werksopdrag voel, "Kan iemand anders dit tog nie vir my doen nie!" My Bybelse afrigters Jakobus, die apostel Paulus en die leierprofeet Nehemia is baie duidelik in hulle raad in hierdie situasie – WEES BLY wanneer moeilikheid kom.

Francois du Toit skryf die volgende:

Jesus is die oorsprong en die vervulling van ons geloof. Hy is terselfdertyd die bron en die bevestiging daarvan (Heb.12:2). Die verlossing van die mens is nie op risiko of in die weegskaal nie! Dit is 'n afgehandelde saak! God is nie nog in 'n proses van besluitneming gewikkel waarvan die uitslag nog steeds onseker is nie! In Jesus het God reeds ja vir jou gesê!

Na ek dit gelees het, het ek gesien en beleef dat ons die blydskap van die Here nodig het. Ek het besef dat Sy blydskap 'n skild in moeilike tye raak en dat Sy blydskap deel van die koninkryk is soos dit in Romeine 14:17-18 beskryf word:

Want die koninkryk van God is nie spys en drank nie, maar geregtigheid en vrede en blydskap in die Heilige Gees. Want hy wat Christus hierin dien, is aan God welgevallig en by die mense geag.
(Romeine 14:17-18, 1953 AV)

Blydskap is nie iets wat van buite kom nie, maar dit kom juis van binne ons. God het ons meer as oorwinnaars gemaak. Hy het beplan dat ons Sy volheid sal beleef. Hy wil hê dat ons oorwinning en nie nederlaag moet ervaar nie. Hy het nie slegte dinge vir ons beplan nie, maar dat ons die WARE LEWE sal ervaar. Hierdie waarheid van God is die rede waarom Psalm 18 so baie vir my beteken. Laat toe dat Hy sy krag juis aan jou sal openbaar in watter omstandigheid jy ook al nou mag wees. Mag jy, wanneer jy Psalm 18 lees, dit ook as 'n aansporing van God se grootheid sien. My gebed is nou dat die Heilige Gees vir jou deur Sy woord sal bemoedig en dat die BLYDSKAP van die Here jou gedagtes sal oorheers wanneer jy nou die uittreksel daarvan lees.

Die HERE is my rots en my bergvesting en my redder; my God, my rots by wie ek skuil; my skild en die horing van my heil, my rotsvesting.

Die Here is 'n vesting en 'n sterk rots waar ons kan skuiling vind. Dit is Sy woord en Hy is 'n waarmaker van Sy woord.

Ek roep die HERE aan wat lofwaardig is, en van my vyande word ek verlos.

Ek bly die Here prys!

Bande van die dood het my omring, en strome van onheil het my oorval. Bande van die doderyk was rondom my; strikke van die dood het my teëgekom. Toe ek benoud was, het ek die HERE aangeroep, en ek het tot my God geroep om hulp; Hy het my stem uit sy paleis gehoor, en my hulpgeroep voor sy aangesig het in sy ore gekom.

Sê saam met my: Here al word ek deur die vyand en sy magte omring – by U my Here is ek veilig. Onheil het geen reg oor my en my gesin nie. Here by U is ek beskerm. Here ek weier om langer te vrees. Ek roep U NAAM oor my en my omstandighede. U woord sê in Efesiërs 1 U naam is bo alles gestel – elke mag, elke heerskappy, elke owerheid en elke naam, nie alleen in hierdie wêreld nie, maar ook in die toekomstige. Lees biddend die volgende saam, bid dit oor jou lewe en jou omstandighede.

Toe het die aarde geskud en gebewe; die fondamente van die berge het gesidder en geskud, omdat Hy toornig was.

Rook in sy neus het opgegaan, en 'n vuur uit sy mond het verteer; kole uit Hom het gebrand. En Hy het die hemel gebuig en neergedaal, en donkerheid was onder sy voete.

En Hy het op 'n gerub gery en gevlieg; ja, Hy het gesweef op die vleuels van die wind.

Duisternis het Hy sy skuilplek gemaak, sy hut rondom Hom: duisternis van waters, diktes van wolke. Deur die glans voor Hom het sy wolke verbygetrek, hael en gloeiende kole.

En die HERE het in die hemel gedonder, en die Allerhoogste het sy stem laat hoor; hael en gloeiende kole. En Hy het sy pyle uitgestuur en hulle verstrooi; ja, sy bliksems in menigte, en Hy het hulle verwar.

En die beddings van die waters het sigbaar geword, en die fondamente van die wêreld is blootgelê vanweë u dreiging, HERE, vanweë die geblaas van die wind van u neus.

Hy het uit die hoogte sy hand uitgestrek, Hy het my gegryp, Hy het my uit groot waters getrek.

Hy het my verlos van my magtige vyand en van my haters, omdat hulle te sterk was vir my.

Hulle het my oorval op die dag van my nood; maar die HERE was my steun.

En Hy het my uitgelei in die ruimte; Hy het my gered, omdat Hy behae in my gehad het.

Die HERE het met my gehandel na my geregtigheid; Hy het my vergelde na die reinheid van my hande. Want ek het die weë van die HERE gehou en nie goddeloos van my God afgewyk nie; want al sy verordeninge was voor my, en sy insettinge het ek nie van my verwyder nie.

Maar ek was opreg by Hom, en ek was op my hoede vir my ongeregtigheid.

So het die HERE my dan vergelde na my geregtigheid, na die reinheid van my hande, voor sy oë.

By die liefderyke betoon U Uself liefderyk, by die opregte man opreg, by die reine rein; maar by die valse betoon U Uself verkeerd. Want U verlos die verdrukte volk; maar U verneder die oë wat hoog is.

Want U laat my lamp skyn; die HERE my God

laat my duisternis opklaar.

Want met U loop ek 'n bende storm, en met my God spring ek oor 'n muur. *Die weg van God is volmaak; die woord van die HERE is gelouter; Hy is 'n skild vir almal wat by Hom skuil.* (Psalm 18:3-31, 1953 AV)

> **God verlos nie die mens uit jammerte nie, Hy verlos Sy beeld en gelykenis in die mens.**

God verlos nie die mens uit jammerte nie, Hy verlos Sy beeld en gelykenis in die mens. Die Griekse woord vir "ag dit louter vreugde" (Jakobus 1:2, 1953 AV) is *'hegeomai'* wat weer die versterkte vorm van die woord *'ago'* is wat beteken om te lei soos wat 'n herder sy skape sal lei. 'n Herder in die Bybelse konteks was 'n leiersfiguur, dit was 'n persoon met gesag. Hy moes sy skape teen die wind en weer, teen rowers en teen wilde diere beskerm. Die woord *'hegeomai'* beteken dus om amptelik aangestel te wees, om in beheer te wees met amptelike gesag.

Dit beteken dus om te heers oor. Laat toe dat vreugde/blydskap amptelik beheer oor jou omstandighede oorneem. Vreugde of blydskap beteken nie 'n afgewaterde glimlag, terwyl jy eintlik besig is om jou wonde te lek en jammer vir jouself te voel nie. Vreugde/blydskap is die dominante krag wat in jou gees voorkom, terwyl jy eintlik die teenoorgestelde voel. Die mees nugter besluit wat jy in jou omstandighede kan neem is een wat altyd op vreugde/blydskap uitloop. Jy moet dus altyd onthou dat vreugde/blydskap nie iets is wat jy DOEN nie – nee dit is die vrug van iets wat jy WEET.

Blydskap verstaan dat jy een met jou Skepper is. Blydskap is die stem van geloof. Blydskap reageer op wat geloof weet. Sodra blydskap die amptelike gesag in jou lewe word, sal angs, gevoelens van selfbejammering, klagtes, simpatie soekery, geselsies oor jou probleme of vergelyking van jou probleme met dié van ander mense, taboe wees. Indien blydskap nie die gesag oor jou omstandighede neem nie, sal hierdie reaksies beslis by jou voorkom. Sulke reaksies gaan veroorsaak dat jy in swakheid en minderwaardigheid vasgevang word. Vreugde en blydskap word in die Nuwe Testament met die Griekse woord 'karah' beskryf. Dit beteken – guns, vreugde, om gesond te wees, om vooruit te gaan. God se plan vir ons is dus nie agteruitgang nie. Sy plan is dat ons met Sy blydskap omring sal word.

Ek het egter reeds vir jou gesê dat beproewinge deel van die lewe is. Hoe is dit moontlik om bly te wees as dit voel asof alles in my lewe inmekaar tuimel? Die antwoord is eenvoudig en moontlik het jy dit al verskeie kere reeds gehoor – ek kan bly wees in moeilike omstandighede wanneer ek my fokus van myself afhaal en dit geheel en al op Hom plaas. Hy is immers die BEGIN en VOLEINDER van my geloof. Hoe doen ek dit? Ek plaas my fokus op Hom deur Hom te prys vir WIE Hy is. In Psalm 121 vra Dawid,

Ek slaan my oë op na die berge, Waar sal my hulp vandaan kom?" Hy antwoord sy vraag self, "My hulp is van die Here wat die Hemel en Aarde gemaak het. Die bewaarder van Israel sluimer of slaap nie.

Jesaja vra ook die vraag WIE het die aarde gevorm en WIE het die waters afgemeet? Die antwoord – God ons skepper.

Hoe kry ek my fokus op Hom? My lofprysing vat die fokus na HOM. Lofprysing en aanbidding kan alles verander, want dit verander jou perspektief van die probleem. Jou eie behoeftes verdwerg as jy God aanbid en Sy magtigheid en inwoning oorweldig jou. Partykeer kan 'n mens so behoefte- en probleembewus wees dat God totaal vervaag. Moenie toelaat dat jou behoeftes en probleme jou verhouding en gesprek met God oorheers nie. God wil soveel meer vir jou wees as net 'n vinnige regmakertjie ("quick fix").

In Maart 2009 is ek met die Guillain Barré sindroom gediagnoseer (lees gerus die verhaal hieroor in my boek getiteld *'n Stille Avontuur*). Wanneer jy die boek lees sal jy sien dat ek geweldige traumatiese ondervindinge gedurende my siekte ervaar het. Dit het letterlik met my sleg gegaan. Tydens my herstelproses was ons as gesin by die see, maar ons vakansie het uiters sleg begin deurdat ek met ons aankoms weer siek geword het. Ek het in die oomblik van moedeloosheid 'n vriend gekontak en gevra dat hy vir my moet bid, ek dink ek wou ook 'n bietjie simpatie van hom gehad het, maar sy antwoord aan my was dat ek die Here moet begin *loof* en *prys* – die laaste ding wat ek in daardie oomblik wou doen. Ek het egter besluit om dit wel te doen en my blydskap in God te plaas en Hom vir Sy goedheid en genade te prys.

Die oomblik toe ek God-bewus geword het en nie op my eie behoeftes en probleme bly fokus het nie, het my omstandighede verander. My fokus het van my en my onvermoë, na God en Sy vermoë verander. Ek het vergeet waaruit Hy my al gehaal het, maar toe ek daarop begin fokus het om Hom te aanbid en te prys het my liggaam bonatuurlike begin herstel, tot so mate dat ek wel saam met my familie die tyd kon begin geniet. My herstel het TYD geneem – dit was nie 'n vinnige, kits herstel nie, maar omdat my fokus weg van my af na God toe verskuif het kon ek elke dag verklaar dat God net goed is! Ek het in daardie oomblik net weer opnuut besef dat God 'n waarmaker van Sy Woord is en dat die BLYDSKAP van die Here, ongeag my omstandighede, altyd uit my lewe sal straal.

Ek wil nog 'n voorbeeld met jou deel waar ek besef het dat die blydskap van die Here my fokus moet wees en nie my omstandighede nie. Ek sit een aand en kyk na sekere finansiële verpligtinge wat ek moet nakom. Ek moes ons huispaaiement betaal en daar is net nie genoeg geld in my bankrekening nie. Dit was reeds laat in die aand en alles lyk mos erger in die donker. In my geval was dit nie anders nie – ek het na my omstandighede gekyk en 'n koue vrees het my beetgepak. Terwyl ek oor alles wat ek die volgende dag vir die bankbestuurder gaan sê gedink het, het ek van die woord, wat ek toe reeds vir 'n paar Sondae met baie vertroue vir ons gemeente gebring het, onthou – hierdie woord het juis oor Jakobus 1 gegaan.

Ek het daar en dan opgestaan, my Bybel gevat en uit Markus begin lees. Hoe verder ek my Bybel lees, hoe meer het die vrede van God oor my gekom en het die Blydskap van die Here my beskutting geword. Ongeveer teen 11 uur die aand het 'n vriendin van ons gesin my geskakel en gesê dat sy my nie uit haar gedagtes kon kry nie. Aangesien ek die hele tyd in haar gedagtes was, het sy my gevra of alles reg is? Aangesien dit nooit lekker is om jou krisisse met ander te deel nie het ek aanvanklik besluit om nie die situasie waarin ek verkeer met haar te bespreek nie, maar ek het vinnig besef dat hierdie oproep nie toevallig was nie. Sy het vir my gesê dat dit lankal op haar hart lê om in ons bediening te saai en dat sy dadelik 'n groot som geld in my bankrekening gaan inbetaal. Nie alleen was die feit dat sy geld wou inbetaal 'n wonderwerk nie, maar sy was ook by dieselfde bank as ek en die geld was dus onmiddellik beskikbaar – geen wagtydperk daarvoor was nodig nie. Ek het net weer eens besef dat God net goed is! Miskien het jy ook al soortgelyke situasies beleef. Dit is egter hartseer dat ons nie altyd die les wat ons leer, dat God net goed is, onthou nie. Na hierdie voorval het ek egter male sonder tal weer op my eie krag en insig in latere situasie staat gemaak – ongelukkig kan ek nie getuienisse van hierdie situasies gee nie, want almal was eerder verleenthede. Die vraag vir my en jou is dus WIE gaan ons vertrou? WIE is groter as my probleme en beproewinge – my vermoë of God en Sy Almag?

7

DIE KRAG VAN MY WOORDE

Daar is gesag in die naam van Jesus.

Het jy dit al gehoor of ervaar dat wanneer jy tussen vriende en kollegas is en hulle 'n punt wil bewys, hulle dikwels die naam van 'n bekende persoon sal gebruik om hulle punt of opdrag te staaf? In die Bybel lees ons dat ons as Kinders van God die MAG het om die NAAM van JESUS CHRISTUS in ons alledaagse lewe te gebruik. In Filippense 2 lees ons die volgende:

Daarom het God Hom ook tot die hoogste eer verhef en Hom die Naam gegee wat bo elke naam is, sodat in die Naam van Jesus elkeen wat in die hemel en op die aarde en onder die aarde is, die knie sou buig, en elke tong sou erken: "Jesus Christus is Here!" tot eer van God die Vader. (Filippense 2:9-11, 1983 AV)

Ons mag en moet dus Sy naam gebruik. Dit

Ons mag en moet dus Sy naam gebruik. Dit maak deure oop. Dit skuif hemelse bronne vir doelgerigte aksie in gereedheid.

maak deure oop. Dit skuif hemelse bronne vir doelgerigte aksie in gereedheid. Iemand in die wêreld mag dalk Steve Jobs, Mark Shuttleworth of Bill Gates se naam gebruik om deure of gunste oop te maak, maar ons as gelowiges het 'n heel ander NAAM gekry. Die Naam wat ons gekry het, is BO ALLE NAME, BO ALLE VORME van GESAG, BO ALLE SIEKTES, BO ALLE NASIES. Die Naam wat ons gekry het, het lewe en krag en oorvloed. Die Naam wat ons gekry het, IS JESUS CHRISTUS, Seun van GOD! In Hebreërs 1 lees ons:

... maar nou, in hierdie laaste dae, het Hy met ons gepraat deur die Seun. God het Hom deur wie Hy die wêreld geskep het, ook erfgenaam van alles gemaak. Uit Hom straal die heerlikheid van God en Hy is die ewebeeld van die wese van God. Hy hou alle dinge deur sy magswoord in stand. Nadat Hy die reiniging van sondes bewerkstellig het, het Hy gaan sit aan die regterhand van die Majesteit in die hoë hemel. Hy is net so verhewe bo die engele as wat die Naam wat God Hom gegee het, voortrefliker is as hulle naam. (Hebreërs 1:2-4, 1983 AV)

My liewe leser, wat ook al nou voor jou staan, beroep jou op die **NAAM BO ELKE NAAM – DIE NAAM VAN JESUS CHRISTUS**. Wanneer ek en jy ons belydenis in lyn met God se Woord bring, maak Hy die koningsheerskappy oor ons lewens los. Lees saam met my wat in 2 Korintiërs 4:7-15 staan – ek maak spesifiek van die Wuest Bybelvertaling gebruik:

But we have this treasure [the reflection of the light of the knowledge of the glory of God in the face of Christ] in earthenware containers, in order that the super-excellence of the power might be from God as a source and not from us. We are being hard pressed from every side, but we are not hemmed in. We are bewildered, not knowing which way to turn, but not utterly destitute of possible measures or resources. We are being persecuted, but not left in the lurch, not abandoned, not let down. We are being knocked down, but not destroyed, always bearing about in our body the dying of the Lord Jesus in order that the life of Jesus might be clearly and openly shown in our body, for, as for us, we who are living are perpetually being delivered over to death for Jesus' sake in order that the life of Jesus might be clearly and openly shown in our mortal body. So that death is operative in us but the life is operative in you. But we have the same Spirit of faith [as the Psalmist] according as it has been written and is at present on record, I believed, wherefore I spoke. And as for us, we are believing, wherefore also we are speaking, knowing that He who raised up the Lord Jesus shall also raise us with Jesus and shall present us with you, for all things are for your sake in order that the grace having been multiplied through the intermediate agency of the many [in their prayers for me] may cause the thanksgiving to super abound, resulting in the glory of God. (2 Corinthians 4:7–15, WUEST Translation)

In 2 Korintiërs 4:13 staan daar:

"Ek het geglo, daarom het ek gepraat." Ons het dieselfde Gees wat die geloof wek, en ons glo, daarom praat ons ook. (2 Korintiërs 4:13, 1983 AV)

Laat my toe om hierdie skrifgedeelte vir jou toe te pas. As ek die gedeelte uit die Wuest vertaling neem en dit nou as 'n belydenis opstel sal dit soos volg klink:

Ek bely en verklaar vandag in die naam van Jesus Christus, die naam bo elke naam dat:

- Ek die ware skat ontvang het – dit is die kennis van die heerlikheid van God.
- Dit is Christus in my.
- Hierdie bron van krag en Lewe bly God as bron en oorsprong.
- Ek bely te midde van die druk om my dat dit my nie sal hinder om te doen waarvoor God my bestem het om te doen nie.
- Ek bely te midde van die chaos om my dat, met my God, ek nie sonder hulp of sonder Goddelike bronne is nie.
- Ek bely te midde van vervolging en stories dat ek nie alleen of verlate is nie, maar dat ek deel van God se raadsplan is.
- Ek bely dat die WARE lewe binne my is – Lewe wat die dood oorwin het.
- Dood is nooit die einde nie, maar net 'n saad wat lewe moet voortbring.
- Daarom verklaar ek in Jesus Christus se naam dat ek GLO en daarom praat ek.

In die Begin was die Woord.

Ek het reeds verskeie kere in hierdie boek genoem dat dit baie belangrik is dat ek en jy 'n persoonlike verhouding met Jesus sal hê. Daardie verhouding begin deurdat jy daagliks 'n verhouding met Sy Woord sal hê, want Hy is die Woord. Ek besef die Bybel is nie JESUS nie, maar dit wat daarin staan is woord en dit het lewe.

Ek wil net 'n oomblik gebruik om die verskil tussen *Logos* en *Rhema* woord te verduidelik. In beide Afrikaans en Engels word daar net van 'Woord' gepraat, terwyl daar in die Grieks 'n duidelik verskil tussen *Logos* en *Rhema* woord is. *Logos* word gedefinieer as 'n woord (soos in 'n idee verwesenlik), 'n verklaring, 'n toespraak. Dit word 330 keer in die Nuwe Testament met betrekking tot 'n persoon wat die boodskap deel gebruik. *Logos* verwys dus na die totale geïnspireerde geskrewe Woord van God en na Jesus. Dit kom onder andere in verse soos Johannes 1:1, Lukas 8:11, Filippense 2:16 en Hebreërs 4:12 voor. *Rhema* daarenteen word gedefinieer as iets wat gepraat word; 'n woord of gesegde wat gesê word; 'n opdrag, verslag of belofte. *Rhema* (gesproke woord) word algemeen in die Nuwe Testament gebruik waar die Here se dinamiese, lewende gesproke woord in 'n gelowige gepraat word om geloof aan te wakker. Voorbeelde van *Rhema* woord word onder andere in verse soos Lukas 1:38, 3:2 en 5:5 en Handelinge 11:16 gevind. As dit steeds vir jou vaag klink wil ek dit met hierdie eenvoudige voorbeeld illustreer: Gestel jy maak jou Bybel by Psalm 23 oop en begin dit lees – dit is *Logos* – die geskrewe woord van God. Wanneer daar 'n spesifieke vers in Psalm 23 uitstaan, as dit vir jou voel of God iets deur die vers net vir jou wil sê dan is dit *Rhema* woord (die gesproke woord van God). *Rhema* woord is ook wanneer jy in die ry by die kruidenierswinkel staan en God sê vir jou om 'n ekstra brood vir die karwag in die parkeerterrein te koop. Wanneer ons die Bybel oopmaak lees ons dat God gepraat het en iets het tot stand gekom. Die hele skepping het so tot stand gekom. Daar is talle ander voorbeelde in die Bybel waar God gepraat het en dinge het gebeur. God het dus niks gedoen sonder om dit eers te sê nie. As God woorde so belangrik geag het, hoe kan ek en jy dan anders daaroor voel?

In die eerste hoofstuk van Johannes lees ons die volgende:

In die begin was die Woord daar, en die Woord was by God, en die Woord was self God. Hy was reeds in die begin by God. Alles het deur Hom tot stand gekom: ja, nie 'n enkele ding wat bestaan, het sonder Hom tot stand gekom nie. In Hom was daar lewe, en dié lewe was die lig vir die mense. ... Die Woord het mens geword en onder ons kom woon. Ons het sy heerlikheid gesien, die heerlikheid wat Hy as die enigste Seun van die Vader het, vol genade en waarheid. (Johannes 1:1-4, 14, 1983 AV)

Miskien het jy dit al gehoor of gelees dat jy in 'n ander verhouding met Jesus moet staan. Net soos met die mosterdsaad waarvan jy in Hoofstuk 4 gelees het, was hierdie aspek van 'n ander verhouding met Jesus vir jare ook vir my 'n raaisel. Hoe is dit moontlik dat ek Hom nog liewer kan hê of meer van Hom in my lewe kan kry? Ek het jare later uitgevind dat die antwoord eintlik baie EENVOUDIG is – kry meer van Sy Woord in jou. Sy Woord is 'n lewende saad wat in my en jou hart kom woon en lewe bring. Die Bybel sê ook duidelik dat Sy Woord nie LEEG kan terugkeer nie – dit moet bereik waarvoor dit gestuur word. Kyk wat staan in Lukas 1:37;

Niks is vir God onmoontlik nie. (Lukas 1:37, 1983 AV)

In die Concordant Literal New Testament word dieselfde vers soos volg geskryf:

It will not be impossible with God to fulfill every declaration. (Luke 1:37, Concordant Literal New Testament)

As jy dus vir my vra wie Jesus is, sal my antwoord wees Hy is die WOORD wat by GOD in die begin van die HEMEL en AARDE was. Hy was by die SKEPPING. As ek Johannes 1:1-4 en vers 14 kan oorskryf sal dit soos volg lees:

*In die begin was die Woord **(JESUS CHRISTUS)** daar, en die Woord **(JESUS CHRISTUS)** was by God, en die Woord **(JESUS CHRISTUS)** was self God. Hy **(JESUS CHRISTUS)**was reeds in die begin by God. Alles het deur Hom **(JESUS CHRISTUS)** tot stand gekom: ja, nie 'n enkele ding wat bestaan, het sonder Hom **(JESUS CHRISTUS)** tot stand gekom nie. In Hom **(JESUS CHRISTUS)** was daar lewe, en dié lewe **(JESUS CHRISTUS)** was die lig vir die mense... Die Woord **(JESUS CHRISTUS)** het mens geword en onder ons kom woon. Ons het sy heerlikheid gesien, die heerlikheid wat Hy **(JESUS CHRISTUS)** as die enigste Seun van die Vader het, vol genade en waarheid.*

Alles het dus deur die Woord tot stand gekom, of anders gestel, deur JESUS CHRISTUS. Daarom kan ons die volgende van SY WOORD sê:

- Sy Woord is LEWE.
- Sy Woord is GESAG.
- Sy Woord is BAAS.
- Sy Woord is die TOEKOMS
- Sy Woord hou ons in STAND
- Sy Woord bring 'n nuwe BESTAAN.

As ek na alles kyk wat Sy Woord is, GLO ek HOM meer as enige politikus, akteur, sanger, ekonoom, filosoof of akademikus. Ek GLO MET ALLES IN MY dat ek HOM – JESUS CHRISTUS – en SY WOORD kan vertrou. Dit is die rede waarom ek [en jy ook] Sy Woord moet lees, ek memoriseer dit en ek BELY dit. Ek verklaar dus nie Willem Nel se woord nie, maar die Woord van JESUS CHRISTUS. Hy sê self in Johannes 14 dat Hy die WEG, die WAARHEID en die LEWE is.

Kyk saam met my wat die WOORD oor die WOORD – Jesus Christus – sê:

> **As ek na alles kyk wat Sy Woord is, GLO ek HOM meer as enige politikus, akteur, sanger, ekonoom, filosoof of akademikus.**

In die begin het God die hemel en die aarde geskep. (Genesis 1:1, 1983, AV)

God het die aarde gemaak deur 'n WOORD te spreek. "Laat daar Lig wees" het God gesê – daardie WOORD was DIE BRON VAN LEWE en daardie WOORD is JESUS CHRISTUS. Terwyl ek eendag 'n preek van my uitgewerk het, het ek die volgende kommentaar op versgedeeltes soos Psalm 33:6 en Spreuke 8:30 gelees (ek haal die oorspronklike Engels aan):

Jewish teachers emphasized that God had created all things through his Wisdom/Word/Law and sustained them because the righteous practiced the law. Some even pointed out that Gen. 1 declared "And God said" ten times when he was creating, and this meant that God created all things ...

Verheerlik U My nou ook by U, Vader, met die heerlikheid wat Ek by U gehad het voordat die wêreld bestaan het. (Johannes 17:5, 1983 AV)

Wat was Jesus se staanplek? Wat was Sy heerlikheid waarvan Hy hier praat? Die antwoord – God het deur HOM GESKEP.

In ons soektog na wat die Woord oor die Woord sê, kyk ons ook na 1 Johannes 1. Daar staan:

Van die begin af was Hy daar. Ons het Hom self gehoor; ons het Hom met ons eie oë gesien; ja, ons het Hom gesien en met ons hande aan Hom geraak. Hy is die Woord, die Lewe. (1 Johannes 1:1, 1983 AV)

Weer eens sien ons dat JESUS CHRISTUS die WOORD is en HY, JESUS CHRISTUS, is die LEWE! Dit is die rede, liewe leser, waarom ek sê SY Woord lewend is. Ek het die volgende raakgelees wat vir my baie treffend was:

To the Jew a word was far more than a mere sound; it was something which had an independent existence and which actually did things. As Professor John Paterson has put it in his book The Goodly Fellowship of the Prophets: *'The spoken word to the Hebrew was fearfully alive. ... It was a unit of energy charged with power. It flies like a bullet to its billet.*

Dit is waarom ek Skrif gebruik en dit in sinne omskryf om van dit GELOOFSVERKLARINGS vir my en jou te maak. Jy kan enige tyd 'n TV persoonlikheid soos Dr. Phil aanhaal of Oprah se nuwe insigte met ander deel, maar hoewel albei van hulle dikwels mooi woorde gebruik en het, is dit woorde SONDER GEES inspirasie en nie leweskeppende woorde nie.

In Kolossense 1 en Hebreërs 1 lees ons die volgende:

God het deur Hom (JESUS CHRISTUS) alles geskep wat in die hemel en op die aarde is: alles wat gesien kan word en alles wat nie gesien kan word nie, konings, heersers, maghebbers, gesagvoerders. Alles is deur Hom en vir Hom geskep. (Kolossense 1:16, 1983 AV – tussenvoegsel deur my ingesit)

... maar nou, in hierdie laaste dae, het Hy met ons gepraat deur die Seun. God het Hom deur wie Hy (JESUS CHRISTUS) die wêreld geskep het, ook erfgenaam van alles gemaak. (Hebreërs 1:2, 1983 AV – tussenvoegsel deur my ingesit)

Hierdie Skrifgedeeltes is net nog bewyse dat Jesus Christus die LEWENDE WOORD is. Dit is weer eens 'n bewys dat jy in jou wêreld, jou ekonomie, jou werkplek, jou liggaam SY SKEPPINGSKRAG KAN EN MOET GEBRUIK. Kry dus Sy Woord NABY JOU in jou HART en in jou MOND. Maak jou lewe vol met SY Woord en SIEN WAT HY GAAN DOEN.

Daar is 'n baie geldige vraag wat ontstaan wanneer ons al hierdie goed lees. Hoe kan ek en jy sê ons loop die pad saam met God of ons staan in verhouding met God, maar my en jou woorde klink soos 'n ongelowige s'n. Die meeste mense en selfs Christene se reaksie is, "Ag nee man, dit is mos maar net woorde." Dit is egter nie waar nie, want WOORDE het skeppingskrag. Kyk wat staan in Amos 3:

Sal twee saamloop as hulle dit nie afgespreek het nie? (Amos 3:3, 1983 AV)

God vra in hierdie vers vir my en jou: "Wil jy saam met My loop? Wil jy My vriend wees, dan moet jy saam met My kan stem [in Engels sal die woord 'agree' gebruik word]. Jy stem net met My saam wanneer jou woorde sê wat MY WOORD sê." Toe ek, Willem, die eerste keer en soveel keer daarna met hierdie waarheid gekonfronteer is, moes ek teenoor die Here bely dat my woorde nie in LYN met SY WOORD is en was nie.

In Hebreërs 11 staan die volgende:

> **Omdat hy geglo het, is Henog weggeneem sonder om te sterf. Hulle kon hom nie kry nie, want God het hom weggeneem. Maar nog voordat hy weggeneem is, is van hom getuig dat hy God se goedkeuring wegdra.** (Hebreërs 11:5, NLV)

In sommige Bybelvertalings staan daar dat God TROTS was op hom en in die ou Afrikaanse vertaling staan daar dat Henog God BEHAAG het. Het jy al ooit gewonder waarom dit van Henog gesê word? Die antwoord is dat Henog se geloof saam met die van God gestem het. Hy het geen ander boodskap as God se boodskap saam met hom gedra nie. Om te glo beteken dat jy my geloof of ongeloof in dit wat ek sê gaan optel. Jesus sê nie verniet waarvan die hart van vol is, loop die mond van oor nie.

Don Gossett sê in sy boek *Words that move mountains* die volgende;

To affirm is to make firm. An affirmation is a statement of truth that you make

Om te glo beteken dat jy my geloof of ongeloof in dit wat ek sê gaan optel. Jesus sê nie verniet waarvan die hart van vol is, loop die mond van oor nie.

firm by repetition. Your faith becomes effective by acknowledging every good thing that is in you in Christ Jesus.

Die Bybel is vol voorbeelde van KRAG WOORDE wat, wanneer jy dit begin VERKLAAR, dit effektief tot aksie oorgaan. VERKLARINGS se krag lê daarin dat dit getuienis lewer oor wat REEDS gebeur het en nou word dit deur my en jou BELY of VERKLAAR. Dit is egter belangrik dat ek en jy dit met passie sal bely. Wanneer ons dit met 'n temerige en moeë stem doen, klink dit of ons onvoorbereid staan en wag vir dit wat na ons moet kom.

Selfs Jesus het van herhaling gebruik gemaak.

In Mattheus 26 lees ons:

Hy het hulle weer alleen laat bly en 'n derde keer gaan bid en dieselfde woorde gesê. (Mattheus 26:44, 1983 AV)

Ek wil hê jy moet sommer nou, waar jy besig is om te lees, die volgende saam met my bely:

God is wie Hy Sê Hy is.

Ek is wie God sê ek is.

God kan doen wat Hy sê Hy kan doen.

Ek kan doen wat God sê ek kan doen.

God het wat Hy sê Hy het.

Ek het wat God sê ek het

(tot hier is die belydenis vanuit Don Gosset se boek verwerk).

Bely verder:

Hierdie is 'n nuwe dag wat die Here gemaak het.

Ek verklaar Sy goedheid oor my en my gesin.

Ek is Sy geliefde.

Ek is Sy gunsgenoot.

Ek sal die Here se naam PRYS en SY naam verkondig.

Ek KRY nie SKAAM vir die GOEIE NUUS van JESUS CHRISTUS nie.

Ek weet dat HY wat in my is, Groter is as hy wat in die wêreld is.

HY is groter as: my siekte *(bely jou siekte as jy een op hierdie oomblik het)*

my finansies

my omstandighede

my vyande

my teëspoed

my familie en vriende

my verlede

my hede

my toekoms

die land se ekonomie

my probleme by die werk

my verslawing *(hetsy of dit dwelms, drank, TV, helde.vererings of wat ook al is)*

Daarom sal ek sê AL is EK SWAK, maak HY MY STERK

Ek staan nederig, sterk en vol moed, vol geloof en kragtig voor my HERE.

Daarom AS GOD vir my is, WIE KAN teen my wees.

EK ROEP SY NAAM JESUS CHRISTUS oor my DAG en my gesin, my omstandighede want SY naam is bo ALLE name, ALLE magte, ALLE owerhede gegee. Hy het my die MAG en REG gegee om SY NAAM te bely!

Ek is 'n KIND van GOD.

Ek is 'n SEUN/DOGTER van GOD.

Ek is 'n ambassadeur van GOD.

Ek verteenwoordig JESUS CHRISTUS vandag en daarom

STAAN ek IN SY reg.

Ek is deur SY groot genade vergewe.

Daarom het ek nie 'n gees van VREES nie, maar een van KRAG, LIEFDE en SELFBEHEERSING.

Ek is gereed om te LUISTER.

Ek is gereed om te ontvang wat GOD vir my beplan.

My God voorsien in ALLES wat ek NODIG het volgens SY RYKDOM.

My ROEPING en DOEL word deur die BRON van LEWE onderhou en daarom is my gesondheid, finansies en invloed in lyn met die Goddelike roeping waarmee God my geroep het.

God is my geregtigheid.

Ek is in CHRISTUS JESUS.

Ek is 'n NUWE SKEPPING in CHRISTUS JESUS.

Ek is MEER as oorwinnaar in CHRISTUS JESUS GEMAAK.

Ek regeer saam met JESUS.

VANDAG word ek DEUR SY GEES met blydskap en wysheid bemagtig.

Ek sorg dat SY WOORD in my MOND en HART bly

Ek het reeds in vorige hoofstukke na Romeine 10:8-10 verwys. Ek wil egter hê dat jy dit weer saam met my sal lees:

> *Maar wat sê dit? Naby jou is die woord, in jou mond en in jou hart. Dit is die woord van die geloof wat ons verkondig: As jy met jou mond die Here Jesus bely en met jou hart glo dat God Hom uit die dode opgewek het, sal jy gered word; want met die hart glo ons tot geregtigheid en met die mond bely ons tot redding.* (Romeine 10:8-10, 1953 AV)

Ons moet SY Woord NABY aan ons OOR hou en die kragtigste prediker vir jou is gewoonlik jyself. Wanneer Sy Woord UIT jou mond kom, beteken dit dat dit in jou hart is. Wanneer jy met jou MOND bely dat JESUS die HERE is – met ander woorde Hy is die WOORD, WAARHEID en die LEWE en jy glo met jou hart dat God Hom uit die dood opgewek het, sal jy vrymaking, redding en voorsiening kry. Jy sal dus *Soteria* beleef.

Vers 10 van hierdie Skrifgedeelte sê "MET DIE HART GLO ONS" – hoekom is dit belangrik dat ons met ons hart moet glo? Die antwoord is ons mond loop oor van dit wat in ons hart is. Daarom moet ons HART vol van SY beloftes, SY stem en SY Woord wees sodat ons MOND REDDING *(Soteria)* kan BELY.

Ek wil 'n paar kort getuienisse van myself en 'n paar ander mense met jou deel. Hierdie getuienisse gaan oor ringe en beursies wat weggeraak het, maar teruggevind is omdat die mense wat dit oorgekom het, God se Woord naby hulle gehou het, dit bely het en in geloof hul eiendom teruggeroep het:

Celeste se Ring

Celeste, my vrou, haal nooit haar trouring af nie, die kere wat sy dit wel afgehaal het, was regtig 'n groot uitsondering. Wanneer sy dit wel afgehaal het, het sy dit op ons bedkassie in die kamer gebêre. Die een aand toe sy die ring soek was dit net weg. Ons het saam gesoek, maar later besluit om tot die volgende dag te wag wanneer ons huishoudster daar sou wees.

Saam met die huishoudster het ons weer deur die hele huis daarna gesoek. Elke laai is uitgepak. Ons het vroeër die maand na Kobus van Rensburg se preke geluister waarin hy vertel het hoe daar goed uit sy huis weg was en hoe hy vertrou en bely het dat die Here Sy engele sal stuur om dit terug te bring. Ons het dit toe ook begin bely en veral Celeste het dit bely – my geloof was nog aan die groei in daardie stadium. Sy het eenvoudig net gesê dat die ring sal terugkom!

Hier is waar die storie nou interessant raak – na 'n MAAND wat niks gekry is nie, was my geloof beslis nie meer groeiend nie maar kwynend. Ek meld toe die "wegraak" van die ring by die versekering aan. Hulle moes egter eers 'n saaknommer kry en daarom het hulle 'n speurder na ons huis uitgestuur. Die speurder van die polisie het die Saterdagoggend by ons huis opgedaag en weer saam met ons daarna gesoek. Die ring was nêrens te vinde nie, maar nog steeds het Celeste se geloof nie gewankel nie. Die Sondagoggend is ek vroeër kerk toe – jy moet net onthou dit is nou 'n maand later en daar is nog geen ring nie. Toe Celeste by die kerk kom wys sy my haar ring aan haar vinger, maar ek registreer nie eers nie. Sy wys dit weer vir my en my reaksie was natuurlik, "JY HET JOU RING – waar was dit?" Sy sê toe sy opstaan toe lê dit op die bedkassie waar ons almal vir die laaste maand gesoek het, reg voor ons oë. Sy engele het dit gaan haal en vir ons teruggebring.

Joey se ring

'n Paar jaar daarna het een van ons gemeentelede vir Celeste gevra om saam hulle te bid. Joey en haar man was met vakansie in 'n wildreservaat. Hulle het in 'n kampeerterrein gebly en het van die algemene badkamers die aand gebruik gemaak. Sy het haar trouring en juwele in haar badsakkie gesit. Dit was haar goue armband, horlosie, verloofring en trouring. Die volgende oggend toe sy dit aansit was haar ringe nie in die sakkie nie. Joey se broer en sy vrou het saam met haar die sakkie uitgepak en *deurgesoek, maar daar was niks in nie. Joey sê sy het nie regtig gedink hulle gaan dit ooit weer kry nie – daarom het hulle die owerhede geskakel en selfs 'n beloning uitgeloof indien iemand dit sou vind. Die eerste Sondag wat hulle weer by die kerk was, het hulle na die diens egter saam met Celeste daaroor gebid. Na ses weke (SES WEKE!) het haar dogter dieselfde sakkie gebruik en toe sy die sakkie oopmaak lê Joey se ringe, armbande en horlosie daarin. Wanneer Joey nou nog daaraan dink, is sy oorstelp van vreugde en dankbaarheid vir God se goedheid.*

Juffrou Hantie se ring

My jongste seun D'ianrew is by sy gunsteling juffrou, juffrou Hantie, in die kleuterskoolklas. Op 'n dag het Celeste vir D'ianrew gaan haal en agtergekom dat juffrou Hantie hartseer lyk. Sy vra haar toe wat fout is waarop Juffrou Hantie reageer en sê dat haar trouring reeds 'n week weg is en dat sy orals gesoek het maar dit nêrens gekry het nie. Teen die tyd het almal, en veral die kinders, reeds daarna help soek. Celeste het op die plek haar van haar eie ring asook van Joey se getuienis oor haar juwele vertel. Hulle het saam daaroor gebid. Ek wil hê jy moet nou mooi lees wat die uitslag was – die volgende oggend toe hulle by die skool kom en die klasdeur oopmaak sê een van die kinders, "Juffrou Hantie hier is jou ring op die grond by die deur van die klas." Bonatuurlik teruggebring!

My beursie

Terwyl ek hierdie jaar op sabbatsverlof in Ballito in KwaZulu Natal was, het ek my beursie op die kar se dak vergeet. Die beursie moes afgeval het toe ek uit die kompleks uitgery het. Nadat ek dit agtergekom het, het ek orals daarna gesoek. Ek het op grond van Celeste, Joey en Juffrou Hantie se getuienisse besef dat ek die engele moet vra om dit terug te bring. Ek het steeds my deel gedoen en steeds oral rondgevra daaroor. Die karwag buite die kompleks waar ek vermoed het ek dit verloor het, het aan my gesê dat hy glad nie die bruin beursie gesien het nie. Hy het die beursie haarfyn beskryf, maar hy het dit glad nie gesien nie. Twee dae later het ek hom weer raakgeloop en weer gevra of hy nie wel my beursie gesien het nie. Sy antwoord, sonder dat ek hom my naam gegee het, was die volgende "Mnr. Nel, nee ek het nog nie jou beursie gesien nie." Soos jy onderaan kan sien, het ek op Facebook verklaar dat ek daardie beursie in geloof terugroep!

Willem Nel
February 22

My wallet was lost/stolen this afternoon. By Faith I am calling it back delivered into my hands in Jesus name.

Like · Comment · Promote · Share   93   20   1

Die laaste dag voor ek vertrek, het ek hom weer gevra of hy dit nie gesien het nie. Hierdie keer het hy my telefoonnommer gevra en gesê, "Nee Willem ek het glad nie jou beursie gesien nie." Ek het daar weggery en in my hart besluit dat ek hierdie ou vergewe. Hoe is dit moontlik dat hy my beursie haarfyn kon beskryf en selfs my naam en van geken het?

    Terug in Potchefstroom pak ek die kar uit en ek besluit dat ek steeds die Here vir my beursie gaan vertrou. Twee dae later het een van my vriende my gevra of ek al die beursie gekry het waarop my antwoord was, "Nee – ek vertrou nog die Here dat Hy sy engele sal stuur om dit vir my te bring" waarna ek toe my seun D'ianrew na sy skool neem. Toe ek die passasierskant van die deur oopmaak lê my beursie ongeskonde daar met alles nog daarin. Kon dit maar net vanaf die dak ingeval het by die venster? Nee, dit kon nie, want die venster was toe en ek het in daardie stadium reeds verskeie kere die kar gefynkam. Dit is bonatuurlik aan my teruggebring! Ek het daarna die volgende boodskap weer op Facebook gesit:

"Thank you Jesus! My wallet is back in my hand - 700km from where I lost it (Ballito). Thank you for all that prayed with me! I trusted God that His angels will bring it into my hands. It is in my hands. When I lost it, it was on the car's roof on Saturday. I searched everywhere, but I could not find it. But today (Friday morning) when I opened the passenger side of the car it was laying on the floor. It was not there earlier. God is faithful."

Ek wil sommer nou hierdie geleentheid gebruik om saam met jou te bid. Kom ons vra die Here om Sy engele te stuur om dit wat weg is terug te bring. Stuur vir ons 'n e-pos of Facebook boodskap wanneer jou dinge terugkom. GOD IS NET GOED!

Onthou om te glo en oor Sy Woord te praat

Daar lê baie krag daarin om God se Woord te sê, met ander woorde te praat. Daar is dikwels in die verlede preke gedoen oor om God te glo, maar daar word min preke gedoen oor die 'praat' van God se Woord. Die Woord van God word aan my en jou gegee om ons gedagtes in lyn met Hom te bring – mens kan sê dit word aan ons gegee om ons gedagtes reguit te maak. Sy Woord bring dus orde in my natuurlike gedagtes. Jou geloof sal nooit op 'n hoër vlak as jou gedagtes wees nie. Die Bybel sê duidelik dat die Woord jou gedagtes sal verander. In Romeine 10:10 staan daar:

> **... want met die hart glo ons tot geregtigheid en met die mond bely ons tot redding.** (Romeine 10:10, 1953 AV)

Soms gebeur dit dat jou natuurlike denke uit lyn met God se Woord gaan en dan is dit nodig om God te vra om dit weer in lyn te bring anders gaan jy teen die wil van God bid. Hoe bid ek en jy teen die wil van God?

Ek bid teen die wil van God as ek nie toelaat dat die Woord my gebedslewe oorheers nie – met ander woorde ek bid wat ek dink reg is sonder dat ek na die wil van God soek. Ek het verskeie kere reeds gesê dat geloof deur die gehoor kom en gehoor kom deur die Woord van God.

Jou geloof sal nie bo die verhouding van jou belydenis werk nie. As jy sê jy glo, maar jou belydenis, jou woorde is negatief, gaan jou geloof niks vermag nie. In Hebreërs 4 staan die volgende:

Laat ons, ons dan beywer om in te gaan in dié rus, sodat niemand in dieselfde voorbeeld van ongehoorsaamheid mag val nie. Want die woord van God is lewend en kragtig en skerper as enige tweesnydende swaard, en dring deur tot die skeiding van siel en gees en van gewrigte en murg, en is 'n beoordelaar van die oorlegginge en gedagtes van die hart. En daar is geen skepsel onsigbaar voor Hom nie, maar alles is oop en bloot voor die oë van Hom met wie ons te doen het. Terwyl ons dan 'n groot Hoëpriester het wat deur die hemele deurgegaan het, naamlik Jesus, die Seun van God, laat ons die belydenis vashou.
(Hebreërs 4:11-14, 1953 AV)

Ons moet dus let op wat ons belydenis is en volgens hierdie Skrifgedeelte moet ons aan ons belydenis vashou. Dit is belangrik dat ons, aan ons belydenis moet vashou want:

- Ons woorde bring lewe wanneer dit in lyn met SY Woord is.
- Ons woorde moet 'n belydenis van SY Woord wees.
- Dit sal die intensie van die hart lewendig maak.
- Geloof sal dit produseer waarvoor dit uitgestuur is om te bereik.

In Markus 11 staan daar:

Jesus sê toe vir hulle: "Julle moet geloof in God hê! Dit verseker Ek julle: Elkeen wat vir hierdie berg sê: `Lig jou op en val in die see, 'en daarby nie in sy hart twyfel nie, maar glo dat wat hy sê, gebeur, *vir hom sal dit gebeur. Daarom sê Ek vir julle: Alles wat julle in die gebed vra, glo dat julle dit al ontvang het, en dit sal vir julle so wees.* (Markus 11:22-24, 1983 AV)

Jesus het self vir Sy dissipels geleer dat ons Geloof in God moet hê. Hierdie geloof waarvan hier gepraat word, is die GOD SOORT geloof.

Dit is geloof wat nie wankel nie en dit twyfel nie – nee dit staan vas op die waarheid. Maak dus nie saak wat my en jou omstandighede is nie, ons moet daarmee praat. Al voel dit soms vir jou of jy in 'n onmoontlike situasie is, daar is in jou eie oë geen uitkoms nie, MOET jy met dit praat en vir dit sê, "Beweeg uit my pad uit!" Vervolgens moet jy glo dat dit wat jy gesê het, reeds gebeur het en dat jy reeds uitkoms ontvang het – dit is dan wanneer dit 'n werklikheid in jou lewe word. Ek wil jou dus weer eens aan ons geloofsproses herinner:

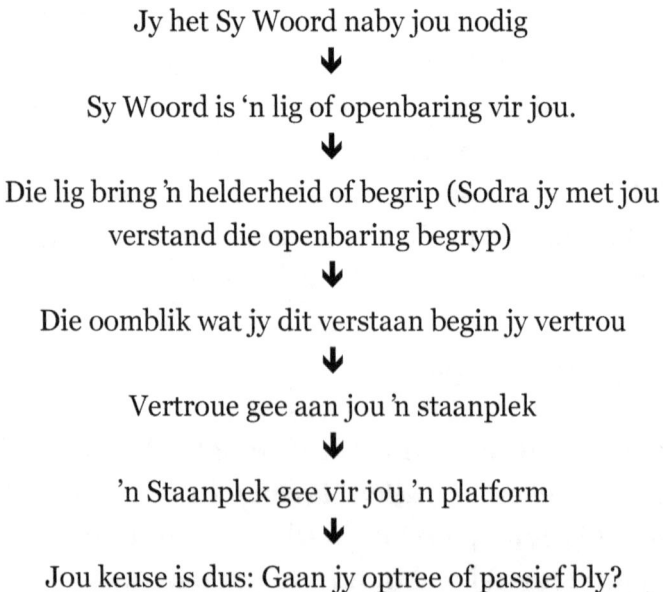

Jy het Sy Woord naby jou nodig

↓

Sy Woord is 'n lig of openbaring vir jou.

↓

Die lig bring 'n helderheid of begrip (Sodra jy met jou verstand die openbaring begryp)

↓

Die oomblik wat jy dit verstaan begin jy vertrou

↓

Vertroue gee aan jou 'n staanplek

↓

'n Staanplek gee vir jou 'n platform

↓

Jou keuse is dus: Gaan jy optree of passief bly?

Ek wil weer herhaal, geloof kry jou gedagtes in lyn met God se wil en Sy wil is die beste vir jou lewe. Ek sê hierdie nie net sommer omdat dit 'n mooi stelling is nie. Ek verstaan die impak van die woorde baie goed. In my boek, *'n Stille Avontuur*, het ek afgesluit met die woorde dat ek nie geweet het wanneer ek weer sou preek of in die openbaar sou praat nie. In die begin van my herstelproses was my emosies baie onstabiel en soms was dit so erg dat dit baie moeilik vir my gesin was om daarmee saam te leef, dit was soms ondraaglik vir hulle gewees. Vryheid het egter ingekom toe ek weer my gedagtes in lyn met God se Woord en Wil gebring het (en ek moet dit nog steeds gereeld doen).

Ons het in 2010 begin om regoor die land en later die wêreld as gesin te bedien. Ons het begin om my getuienis rakende my siekte met ander te deel. Ek het reeds vroeër in die boek genoem dat die prognose van die dokters tydens my siekte was dat ek nooit weer sou kon praat nie en beslis nie preek nie. Met ons bediening en deel van my getuienis het ons baie wonderwerke gesien – dowe ore wat weer hoor, blinde oë wat weer sien, mense wat uit rolstoele opstaan, spiere wat in mense teruggeroei het, hartsiektes wat genees het en finansiële deurbrake vir mense.

> **Die vyand het met my siekte bedoel om kwaad aan my te doen en te keer dat ek nie die goeie nuus verkondig nie, maar God het dit eerder as 'n platform gebruik.**

Die vyand het met my siekte bedoel om kwaad aan my te doen en te keer dat ek nie die goeie nuus verkondig nie, maar God het dit eerder as 'n platform gebruik. Die gehore met wie ons God se groot werk gedeel het, het van 'n paar mense tot 20 000 op een geleentheid gewissel. *'n Stille Avontuur* is tans in verskeie lande en streke in 'n e-boek formaat beskikbaar (www.faithstory.co.za). Op grond van dié getuienis het ons 'n publikasiemaatskappy op die been gebring wat God se naam wil bekend maak ('Making God Famous by telling His story'). Intussen het dit 'n platform vir skrywers soos onder andere Alan Platt *(Volbring – Dit is waar ons begin)*, Bill Bennot *(Unstoppable Kingdom)* en verskeie ander manne en vroue van God geword.

Ons het so baie wonderlike getuienisse van mense ontvang wat deur ons getuienis en bediening geraak is. Hier is een van daardie getuienisse wat deur Elizabeth Abdalla van Church of the King aan ons gestuur is (Elizabeth se brief is vanuit Engels na Afrikaans vertaal):

Pastoor Willem,

Ek wil jou graag op die hoogte bring van hoe dit met ons gaan. Ons wil julle bitter graag besoek om van jou en jou gesin te leer, maar ek is 21 weke swanger met ons vierde kind en indien ons julle sou wou besoek moet dit NOU gewees het. Vliegtuigkaartjie vir ons gesin sal egter ongeveer $8000 en selfs meer kos en ons het nie op die oomblik soveel geld nie, altans nog nie... Dan, my man, sal saam met Pastoor Todd en die ander groepie mense wat hy saambring, julle aan die einde van Julie besoek. Ek is so bly dat hy van julle kan leer, want die Here is regtig by julle.

Ek weet nie of jy die eerste keer dat jy saam met ons gebid het, kan onthou nie. Jy het toe geprofeteer dat ons vyf kinders sou hê en het ook gesê dat ek swanger sal wees die volgende keer wat jy ons weer besoek (in daardie stadium het ek pas van 'n miskraam herstel). Ek het uitgevind dat ek swanger met Claire was twee weke voor jou besoek. Tydens jou besoek het jy vir Claire, wat steeds in my baarmoeder was, gebid en ook voorspel dat die volgende baba 'n seun sou wees en dat hy bekend sou wees en dat mense boeke oor hom sal skryf. Wel ons babaseun, Emory Louis, sal in Oktober by ons aansluit! Ons het Donderdag uitgevind dat ek swanger met 'n seuntjie is (ons was egter die hele tyd daarvan oortuig dat dit 'n seuntjie is). Ons het op hierdie naam vir hom besluit omdat dit 'dapper en kragtige vegter' beteken en ons bid dat hy 'n vegter vir Christus sal wees.

Daar is egter nog goeie nuus! Ons het hierdie week gehoor dat ons 'n stuk grond gekry het waarop ons kan boor!

Dit is die volgende stap om te sien hoe hierdie deel van ons profesieë vervul word. Hulle het drie olieboorgate op hierdie een terrein voorgestel – op ons eiendom! Toe jy 'n paar weke gelede hier was, het jy gebid dat struikelblokke en hindernisse weggeneem sou word en dat hierdie werk sou kon voortgaan. Wel, dit het gebeur! Ek kan nie wag om ons hele storie aan ander mense te vertel nie. God is so goed vir ons! Hierdie video vertel 'n bietjie meer van ons storie (http://vimeo.com/30611812)

Ek wil u net met hierdie getuienis aanmoedig. Ek kan net dink dat dit moeilik moet wees om nie net 'n pastoor te wees nie, maar ook 'n reisende pastoor te wees. U is 'n seën vir ons en ook vir baie ander! Dankie dat u bereid is om Jesus te volg in al die plekke waar Hy u lei!

Ons is van die God soort en nie die mens soort nie

Ek en jy is van die God-soort en nie van die mens soort nie. Elke keer wanneer ek en my gesin ons getuienis oor my siekte deel, besef

Ek en jy is van die God-soort

ek dit opnuut, veral wanneer Celesté Psalm 103:1-5 in haar gedeelte van die getuienis gebruik. Dit is veral aan hierdie woorde van God waaraan sy en die kinders tydens my siekte vasgehou het. Ek wil dit met jou deel soos wat Celesté dit gewoonlik met ander deel. Ek haal hierdie gedeelte uit die New King James Version aan:

> *Bless the Lord, O my soul;*
> *And all that is within me, bless His holy name!*
> *Bless the Lord, O my soul,*
> **And forget not all His benefits**:
> *Who forgives all your iniquities,*
> *Who heals all your diseases,*
> *Who redeems your life from destruction,*
> *Who crowns you with loving-kindness*
> *and tender mercies,*
> *Who satisfies your mouth with good things,*
> *So that your youth is renewed like the eagle's.*
> (Psalm 103:1 - 5, NKJV)

Ek wil met die gedeelte *"and forget not all His benefits"* begin – wanneer jy die **voordele** van die Kruis ten volle begryp en bely, sien jy dat Sy kruis die deur op alle sondes, siektes en vloeke gesluit het. Daar is nie plek vir dit in jou lewe meer nie en dit het ook nie langer 'n houvas op jou nie.

In die volgende gedeelte van die vers staan daar *"who forgives all your iniquities"* – in ander vertalings word die woorde *"all your sins"* gebruik. Die Here het *AL* jou sonde en ongeregtighede op Hom geneem en dit aan die Kruis uitgekanselleer. EK en JY kan dus na die troon van genade kom. Ons kan dit doen as gevolg van SY perfekte en volmaakte werk aan die Kruis.

Daar staan verder *"who heals all your diseases"* – Hy (Jesus) het **alle** siekte, pes en virusse op Hom geneem, en ons daarvan VERLOS. Siekte het dus geen plek in jou liggaam nie.

"Who redeems your life from destruction [curse]"– Hy het die VLOEK aan die KRUIS vernietig. Ons lewe is van vernietiging verlos. Negatiewe familiepatrone is aan die Kruis deur Hom gekanselleer. Enige iets wat jou lewe wou kom verwoes is reeds gekanselleer. Hy het ons van **alles BEVRY**.

Hy het egter nie net weggeneem nie, HY GEE OOK DIE VOLGENDE. **Sy kruis en die VOLKOME werk daarvan het die volgende OOPGEMAAK:** Hy kroon ons met SY outoriteit (Gesag) en Hy wortel en GRONDVES ons in SY liefde *("Who crowns you with loving-kindness and tender mercies")*. Soos die pa in die gelykenis van die Verlore Seun ontvang ons Sy onverdiende GOEDHEID en OMRING Hy ons met SY GUNS en SY LIEFDE. Hy Gee ons 'n NUWE STAANPLEK en dit is SY LIEFDE.

Dawid, die Psalmis, skryf juis "PROE en SIEN dat God goed is".

Hy plaas aangename dinge in ons mond *("Who satisfies your mouth with good things")*. Dawid, die Psalmis, skryf juis in een van sy Psalms, "PROE en SIEN dat God goed is". Ken jy die spreekwoord wat sê, "Hy het sukses gesmaak"? Die sukses wat gesmaak word, is hierdie smaak van SY OORWINNING in JOU MOND. Wanneer jy gespanne en angstig is, is jou mond gewoonlik droog. Dit het dikwels selfs 'n slegte smaak, maar wanneer jy besef dat HY ons met PASSIE en GOEIE DINGE VERVUL, bring dit 'n soet smaak in ons mond. Wanneer jy hierdie sukses smaak weet jy dat jy in SY DOEL staan – dat JY nou deur GOEDHEID omring is.

"So that your youth is renewed like the eagle's" – HY kom en VERNUWE jou KRAG, GEES, SIEL en LIGGAAM. Dit is soos om jou jeugdigheid en varsheid terug te ontvang. Hy kom

en gee jou lewenskrag terug. Hy VERNUWE en HERSTEL en RESTOUREER dit.

Wow, ek dink nie iemand kan na hierdie uiteensetting van Psalm 103:1-5 nog daaraan twyfel dat ons van die God soort is nie!

Leer om jouself met die Woord te programmeer

Die uitdagings wat jy nou ondervind is jou DEUR tot BEVORDERING wat vir jou wag. Die siekte, die finansiële uitdagings, die verbrokkelde verhoudings en die aanstoot wat geneem is, is jou bevordering. Staan vas in jou geloof en programmeer jouself met die Woord van God want jy sal uit die as van teëspoed opstaan. Jy sal nooit grootsheid bereik en uitsonderlik wees as jy net gewone gevegte veg nie. 'n Vyand is 'n noodsaaklikheid, want daar is altyd 'n Goliat, 'n Farao, 'n satan wat iewers tussen jou en wat jy bestem is om te word, staan. Daarom kan jy nie net gewone gevegte veg nie en daarom is dit noodsaaklik dat jy jou met God se Woord sal programmeer.

Maak seker dat jou gedagtes nie God beperk nie. Ons beperk God wanneer ons te klein dink – moontlik het jy al gehoor dat iemand sê of dalk het jy dit al self gesê, "Dit is onmoontlik dat dit met MY kan gebeur – ek is maar net 'n doodgewone mens." NEE jy is nie doodgewoon nie, want jy is van die GOD SOORT en daarom kan groot goed met jou gebeur. Ons beperk God deurdat ons negatief is – "Dit sal nie met my gebeur nie. Niks goeds het al ooit met my gebeur nie." Ons beperk God deur ons gedrewenheid deur te PRESTEER en IN TE PAS. In Romeine 12:2 staan daar;

Julle moenie aan hierdie sondige wêreld gelyk word nie, maar laat God julle verander deur julle denke te vernuwe. Dan sal julle ook kan onderskei wat die wil van God is, wat vir Hom goed en aanneemlik en volmaak is. (Romeine 12:2, 1983 AV)

In die Phillips Bybelvertaling word hierdie vers soos volg geskryf:

Don't let the world around you squeeze you into its own mould, but let God re-mould your minds from within, so that you may prove in practice that the plan of God for you is good, meets all his demands and moves towards the goal of true maturity. (Romans 12:2, Phillips Translation)

Ons gedagtes kom dus in lyn met God deur ons belydenis in lyn met God se Wil en Woord te bring. In die Wuest Bybelvertaling word dit soos volg gestel:

And stop assuming an outward expression that does not come from within you and is not representative of what you are in your inner being but is patterned after this age; but change your outward expression to one that comes from within and is representative of your inner being, by the renewing of your mind, resulting in your putting to the test what is the will of God, the good and well- pleasing and complete will, and having found that it meets specifications, place your approval upon it ...

My optrede en veral my woorde moet dus in lyn met God kom. My gesig en aksies moet dit egter ook wys. Lees saam met my wat in Kolossense 3:1-2 staan (ek haal dit uit The Message aan):

So if you're serious about living this new resurrection life with Christ, act like it. Pursue the things over which Christ presides. Don't shuffle along, eyes to the ground, absorbed with the things right in front of you. Look up, and be alert to what is going on around Christ—that's where the action is. See things from his perspective.

(Colossians 3:1-2, The Message)

> **My belydenis of verklarings wat in lyn met God se Woord is, is hoër as die siekte of swaarkry wette van die wêreld.**

As jy ernstig oor jou lewe met Christus is, TREE OP OF DIT DIE WAARHEID IS! Neem die Woord soos 'n toneelstuk – leer die teks, leef die rol uit en SIEN hoe dinge en omstandighede verander. In die laaste sin van hierdie teksvers sien ons dat ons Christus se perspektief moet kry. Dit is so belangrik dat ons SY perspektief oor dinge moet kry, want SY opinie dra baie hoër gesag as my eie opinie. Kom ek gesels oor die wet van Swaartekrag teenoor die wet van Aërodinamika. Ek kan in 'n vliegtuig sit met my handbagasie by my en al my ander tasse in die romp, maar as daar nie 'n loods is nie, gaan die vliegtuig nie in die lug kom nie. Die loods kan opdaag en hy gebruik die wet van Aërodinamika sodat ons kan opstyg en die vliegtuig in die lug kry. Sê nou die enjins van die vliegtuig sny die volgende oomblik uit – dit terwyl ons in die lug is. Die oomblik wat dit gebeur kom die wet van Swaartekrag in werking en die kans dat die vliegtuig gaan val is baie groot. Wat wil ek hiermee vir jou sê? My belydenis of verklarings wat in lyn met God se Woord is, is hoër as die siekte of swaarkry wette van die wêreld. Ek het egter die loods, Jesus Christus, en die Woord nodig om my bo die omstandighede, wat iets anders dikteer, uit te LIG. Lees saam met my wat in Romeine 12:1-2 staan en ek wil dit weer eens uit The Message aanhaal:

So here's what I want you to do, God helping you: Take your everyday, ordinary life - your sleeping, eating, going-to-work, and walking-around life— and place it before God as an offering. Embracing what God does for you is the best thing you can do for him. Don't become so well-adjusted to your culture that you fit into it without even thinking. Instead, fix your attention on God. You'll be changed from the inside out. Readily recognize what he wants from you, and quickly respond to it. **Unlike the culture around you, always dragging you down to its level of immaturity,** *God brings the best out of you, develops well-formed maturity in you.* (Romans 12:1-2, The Message)

Neem dus jou lewe en plaas dit as 'n lewende offer voor God. Moenie toelaat dat die rasionele kultuur waarin ons leef, jou oortuig of probeer oortuig dat God nie in staat is nie. HY IS!

Na alles wat geskryf is, is die vraag steeds, "Hoe reageer jy in 'n krisis?" Charles Capps beskryf in sy boek, *The Tongue, A Creative Force*, hoe mense soms reageer wanneer hulle in 'n bepaalde situasie is (ek moet erken ek reageer dikwels ook so). Hy gebruik motors wat na 'n kruising aankom om sy punt te verduidelik. Volgens hom is ons soos iemand wat bestuur en 'n paar honderd meter voordat die bestuurder in die kruising is, sien hy 'n ander motor ook die kruising nader. Bestuurder 1 besef as hy vinniger gaan ry, gaan hy die ander motor tref en hy begin reageer op wat hy dink gaan gebeur. Hy kan in die middel van die pad stop, maar dit kan 'n kettingbotsing veroorsaak. Hy dink egter steeds dat iets kan gebeur en daarom maak hy sommer voortydig 'n besluit – hy besef nie dat die ander motor heeltemal genoeg tyd het om deur die kruising te kom sonder dat hulle sal bots nie. Ons reaksie in krisistye is presies dieselfde. Ons baseer ons reaksie op wat ons dink kan gebeur. My reaksie op wat ek dink dalk kan gebeur veroorsaak dus dat ek in ongeloof beweeg en dikwels stop ek net om iets te vermy. Al wat ek egter moet doen, is om my onderbewussyn aan te pas en te weet dat ek meer as genoeg tyd gaan hê om die besluit te neem, veral omdat my gedagtes in lyn met Christus is.

> Tydens my siekte was die WARE feit egter dat GELOOF in God gesê het ek reg oor die wêreld sal praat, terwyl ek nie kon praat nie.

'n Vriend skakel my onlangs met slegte nuus wat hy oor 'n familielid ontvang het – die dokters het 'n doodstyding oor die familielid uitgespreek. Die keuse wat my vriend het, is om dit net so as eerste opinie te aanvaar of hy kan God se opinie daaroor soek. Hy hoef dit nie net so te aanvaar nie – kry 'n tweede opinie, soek na alternatiewe behandeling. Vra God vir Wysheid. Vra die leiers van jou gemeente om saam met jou te kom bid, hande op te lê en die saak voor God te bring. Ons is so geneig om te sê, "Dit is die realiteit en die feite. Feite lieg mos nie. Die dokters het gesê ek sal nooit normaal kan leef nie." Tydens my siekte was die WARE feit egter dat GELOOF in God gesê het ek reg oor die wêreld sal praat, terwyl ek nie kon praat nie. As ek my lewe konstant in lyn met die realiteite moes bring, sou ek kettingbotsings veroorsaak het, want ek sou gestop het terwyl ek eintlik net moes aangegaan het. Dit is vir die rede dat Psalm 91 altyd 'n ligbringer in my lewe was en steeds is. Ek wil dan juis graag hierdie hoofstuk met hierdie Psalm afsluit:

Hy wat by die Allerhoogste skuiling vind en die beskerming van die Almagtige geniet,
hy sê vir die Here: "U is my toevlug en my veilige vesting, my God op wie ek vertrou."
Dit is Hy wat jou uit die voëlvanger se wip hou en jou bewaar van dodelike siekte.
Hy beskut jou onder sy vleuels en is vir jou 'n veilige skuilplek. Sy trou beskerm jou aan alle kante.
Jy hoef nie bang te wees vir gevaar in die nag of vir aanvalle oordag,
vir pes wat in die donker toeslaan of vir siekte wat helder oordag verwoesting saai nie.
Al val daar duisende langs jou, tienduisende by jou, vir jou sal niks tref nie.
Met jou eie oë sal jy sien hoe die goddelose gestraf word.
Omdat jy die Here as skuilplek geneem het, die Allerhoogste as jou beskermer,
sal geen onheil jou tref en geen plaag naby jou woonplek kom nie.
Hy sal sy engele opdrag gee om jou te beskerm waar jy ook al gaan.
Op hulle hande sal hulle jou dra, sodat jy nie jou voet teen 'n klip sal stamp nie.
Jy sal oor leeus en adders loop, leeus en slange sal jy dood trap.
"Omdat hy My liefhet, sal Ek hom red," sê die Here, "omdat hy My ken, sal Ek hom beskerm.

Wanneer hy My aanroep, sal Ek sy gebed verhoor;
in sy nood sal Ek by hom wees, Ek sal hom red en
hom in sy eer herstel.
    'n Baie lang lewe sal Ek hom gee en oor my hulp
sal hy hom verbly." (Psalm 91, 1983 AV)

Hier is soveel kragtige beloftes in opgesluit en elkeen van dit is Goddelike verklarings. Lees net weer saam met my vers 1 wat sê,

Hy wat by die Allerhoogste skuiling vind en die beskerming van die Almagtige geniet".

Vers 2 begin met die woorde, *"hy sê vir die Here"*. Vandag sal mense dit as arrogant beskou as jy vir die Here iets sê – wie is jy nou eintlik om dit te doen of wie gee jou die reg om vir die Here iets te sê? As ek en jy egter veranderinge in ons lewens en omstandighede wil sien moet ons ophou om vir God te sê hoe swaar ons kry en eerder begin om God te vertel wat HY belowe het. Begin SY Woord opsê. Bely Sy Woord, praat Sy Woord. Tydens my siekte moes ek hierdie woorde weer en weer oor my lewe opsê:

"Omdat hy My liefhet, sal Ek hom red," sê die
Here, "omdat hy My ken, sal Ek hom beskerm.
Wanneer hy My aanroep, sal Ek sy gebed verhoor;
in sy nood sal Ek by hom wees, Ek sal hom red en
hom in sy eer herstel.
'n Baie lang lewe sal Ek hom gee en oor my hulp
sal hy hom verbly. (Psalm 91:14-16, 1983 AV)

Iemand het my eendag vertel hoe hulle Pa hul as kinders gehelp het om op hul woorde te let. Wanneer hulle iets negatiefs oor hulleself of hulle vermoëns of toekoms gesê het, het hy altyd met 'n rympie gereageer – "wat jy sê sal jy hê; wat jy bely, sal jy kry". Dit was 'n ligte manier om hulle daarop te wys dat hul so pas in die slaggat van negatiewe belydenis getrap het en is hulle voor die keuse gestel of hulle graag daardie woorde in die toekoms wil ontmoet en of hulle dit eerder wil verander.

Of jy dit wil glo of nie, WOORDE het krag. God het die alles wat Hy hier op aarde geskape het en wat ek en jy elke dag sien en beleef, met woorde gedoen. Net so het jou woorde skeppingskrag. Kyk wat staan in Jesaja 55:11 en 1 Johannes 1:1 en 14:

Roep die dinge wat nie bestaan nie, asof dit bestaan!

So sal die woord wat uit my mond kom, ook wees: dit sal nie onverrigter sake na My toe terugkeer nie, maar dit sal doen wat Ek gedoen wil hê en tot stand bring waarvoor Ek dit gestuur het. (Jesaja 55:11, 1983 AV)

In die begin was die Woord daar, en die Woord was by God, en die Woord was self God. ... Die Woord het mens geword en onder ons kom woon. Ons het sy heerlikheid gesien, die heerlikheid wat Hy as die enigste Seun van die Vader het, vol genade en waarheid. (Johannes 1:1,14, 1983 AV)

ONTHOU:
- My en jou woorde het krag.
- 'n Woord gee geloof.
- Geloof bring geregtigheid.
- Geregtigheid gee my en jou 'n staanplek voor God.
- As ek en jy staan, kan ons praat!

Onthou ook wat in 2 Korintiërs 4 staan:

> *Daar staan in die Skrif: "Ek het geglo, daarom het ek gepraat." Ons het dieselfde Gees wat die geloof wek, en ons glo, daarom praat ons ook.* (2 Korintiërs 4:13, 1983 AV)

Roep die dinge wat nie bestaan nie, asof dit bestaan!

8
GELOOFSDIEWE

EEN VAN DIE GROOTSE GELOOFSDIEWE van ons tyd is VREES. Hoewel vrees nie 'n grap is nie, wil ek tog hierdie hoofstuk in 'n ligter luim begin. Ek lees 'n storie van 'n regeringsamptenaar wat 'n ondersoek op 'n plaas oor die omstandighede wat daar heers, wou kom doen. Die boer waarsku die man dat dit nie 'n goeie plan is om dit nou te doen nie, maar die amptenaar hou voet by stuk dat hy dit gaan doen en dit gaan NOU wees. Die boer het weer gesê, "Jy beter nie in daardie kamp ingaan nie", maar die amptenaar het hom glad nie daaraan gesteur nie en net vir die boer gesê, "Ek verteenwoordig die regering en ek het 'n visitekaart wat sê dat ek in enige van hierdie plekke op enige tyd mag ingaan – ek het die reg om in te gaan." Die boer se antwoord was, "Wel dan moet jy gaan, maar jy doen dit op eie risiko." Die amptenaar het ewe astrant geantwoord dat dit nie sy risiko is nie, maar die regering s'n want hy het 'n kaart van hulle wat sê hy mag dit doen. Na 'n rukkie hoor die boer 'n groot lawaai en hy sien dat die regeringsamptenaar besig is om teen 'n groot spoed en met geweldige vrees op sy gesig uit die veld aangehardloop kom. Terwyl hy hardloop skreeu hy baie angstig, "Help! Help! Help!" Agter hierdie amptenaar was 'n briesende stoetbul op volle spoed en besig om die man vinnig in te haal. Die amptenaar het weer baie vreesbevange vir die boer geskreeu, "Help my! Help my tog asseblief!" waarop die boer toe ewe nonchalant terug geantwoord het, "Wys net vir hom jou kaartjie, dit is al wat nou sal help want jy het mos die reg om hier te wees."

Weet jy dat die Here ook vir my en jou 'n kaart gegee het. Dit is egter nie 'n kaart soos hierdie regeringsamptenaar s'n nie, maar dit is 'n kragtige kaart wat ons wel in staat stel om enige tyd op enige plek sonder vrees te wees. Baie mense sal dalk nou sê, "Ek is lankal nie meer bang nie, ek vrees niks in my lewe nie". Tog is daar soveel dinge wat ek en jy vrees (ek gaan dit later in meer detail noem) want die aarde, ons erfenis, is 'n bedeling van vrees. Ek wil egter in hierdie hoofstuk met jou 'n waarheid deel wat ek glo jou lewe gaan verander.

Ons lees in die Bybel waar Paulus met Timoteus praat. Timoteus se noodkreet aan Paulus was, "Help! Dit gaan nie goed met my nie. Ek wil nie langer hier bly nie. Ek het genoeg gehad – ek is by die punt van opgee en oorgee." Timoteus het egter 'n probleem gehad. Daar was geen manier hoe sy noodroep vinnig by Paulus kon uitkom nie en ook geen manier hoe Paulus se antwoord vinnig by hom kon uitkom nie. Daar was nie 'n rekenaar om 'n e-pos te stuur nie of selfone om vinnig 'n sms te stuur of 'n oproep te maak nie. Dit het maande geneem voordat Timoteus 'n antwoord teruggekry het. Na maande skryf Paulus die volgende vir hom:

Om hierdie rede herinner ek jou daaraan om die genadegawe van God aan te wakker wat in jou is deur die oplegging van my hande. Want God het ons nie 'n gees van vreesagtigheid gegee nie, maar van krag en liefde en selfbeheersing. (2 Timoteus 1:6-7, 1953 AV)

In die Amplified Bible lees dieselfde vers soos volg:

That is why I would remind you to stir up (rekindle the embers of, fan the flame of, and keep burning) the [gracious] gift of God, [the inner fire] that is in you by means of the laying on of my hands [with those of the elders at your ordination]. For God did not give us a spirit of timidity (of cowardice, of craven and cringing and fawning fear), but [He has given us a spirit] of power and of love and of calm and well-balanced mind and discipline and self-control. (2 Timothy 1:6-7)

Paulus sê hier vir Timoteus, "Ek weet dit gaan baie rof met jou. Jy het maagprobleme en jy moet wyn vir die probleem drink. Ek weet jou omstandighede is op die oomblik verskriklik erg vir jou, maar onthou jy toe ons vir jou gebid het? Onthou jy toe die vuur van God oor jou gekom het? Onthou jy die salwing, die mag en majesteit van God wat jy ontvang het? Onthou jy Timoteus? Daar is 'n vuur binne jou wat die magte van die vyand kan breek – blaas daardie vuur in jou lewe weer aan. Moenie opgee nie! Moenie aan vrees oorgee nie!"

God het aan my en jou 'n gesonde verstand, logiese denke en selfbeheersing gegee. Tog is dit juis hierdie dinge wat ons dikwels in die steek laat en maak dat ons begin vrees. Die vyand kom altyd op dieselfde manier na jou toe – hy bring twyfel en wantroue in jou lewe in. Die vyand laat jou twyfel of jy met die regte dinge besig is, of jy regtig in oorwinning leef, of jy goed genoeg is en kort voor lank bevind jy jou in 'n gat – 'n gat wat so diep vir jou voel dat jy twyfel of jy ooit weer daaruit gaan kom. Die oomblik wat jy begin twyfel, kry die vyand kans om jou vas te pen en jou lam te lê. Het jy al gevoel as 'n perdeby jou steek – jy kry so lam gevoel op die plek waar jy gesteek is. Dit is presies wat die duiwel ook doen – hy wil jou lamlê, hy wil jou ontmoedig en ontsenu deur 'n klomp goed

Dit is wat die duiwel ook doen – hy wil jou lamlê, hy wil jou ontmoedig en ontsenu deur 'n klomp goed oor jou pad te bring wat jou laat twyfel.

oor jou pad te bring wat jou laat twyfel. Dit is presies wat met Job gebeur het. Ons lees daarvan in Job 3:

As ek iets vreesliks vrees, kom dit oor my; en die ding waarvoor ek bang is, kom na my toe. (Job 3:25, 1953 AV)

Vrees is die duiwel se geloof en wanneer ek vrees stel ek my vertroue in die duiwel. Ek praat hier nie van logiese goed waarvoor jy bang of skrikkerig moet wees nie. Dit is mos logies dat jy op jou hoede moet wees as jy oor die pad stap of jy soek mos nou regtig moeilikheid as jy met slange en spinnekoppe speel. Ek praat van werklike vrees – jy sit in jou huis of kamer of ry in jou motor en skielik pak 'n angs jou beet. Jy vrees iets en dit word so groot realiteit of werklikheid vir jou dat dit voel asof dit by jou is. Miskien is dit iets wat iemand gesê het wat jou bevrees maak. Moontlik is jou huwelik op 'n tydelike hobbelrige pad en 'n vriend of vriendin kom na jou toe en sê, "Het jy gehoor van my vriendin se vriendin se ma wat na jare geskei het?" en in daardie oomblik pak 'n ongekende vrees jou beet en jy wonder of jou huwelik dit gaan maak. Jy hoor dalk dat iemand sê, "Het jy gehoor hoe sleg eiendomspryse gaan word? As jy nou 'n huis as belegging koop is dit nie 'n slim plan nie" – dit is juis die dag wat jy die kontrakte vir 'n nuwe huis geteken het. Die slegste is as iemand na jou kom en sê, "Het jy van hierdie goeie Christen gehoor wat al jare die Here dien en nou is hy/sy aangeval en alles is omtrent gesteel en hulle is vir dood agtergelaat" en al waaraan jy in vrees kan dink is "wat gaan nie dalk alles met my gebeur nie?"

Ek het reeds in vorige hoofstukke genoem dat vrees, net soos geloof, na jou toe kom. Vrees kom na jou toe deur twyfel en dit maak jou verstand en denke deurmekaar. Dit voel omtrent vir jou of jy pille moet drink om net van die bewerigheid ontslae te raak. Het jy al met daardie blommetjies gespeel waarvan jy die blaartjies aftrek en sê, "he loves me, he loves me not"? Het jy al agtergekom dat dit nege uit tien kere op "he loves me not" eindig. Vrees laat jou ook net die negatiewe in die lewe ervaar, net soos die blomblaartjie wat sê, "he loves me not".

Ons het as 'n groep leiers eendag vinnig 'n lys gemaak van algemene dinge wat deur mense gevrees word. Hier is slegs 'n paar goed wat daardie dag genoem is;

- Mense is bang vir die toekoms – gaan jy werk kry, gaan dit 'n goeie werk wees, gaan jy 'n man of vrou kry en gaan jou huwelik uitwerk.
- Bang vir verbintenisse ('commitment').
- Bang vir mislukking – bang goed werk nie uit soos dit moet nie.
- Bang vir alleen wees.
- Bang vir die dood.
- Bang vir God.

Vrees bring twyfel en wantroue, maar God kom en deur Sy Gees bring Hy lewe. In die volgende bladsye van hierdie hoofstuk gaan ek jou deur die Woord neem, want die Woord bring WAARHEID en LIG. Wat bedoel ek wanneer ek dit sê? Ek wil dit soos volg verduidelik: Mense kan soms bogstories begin versprei en dit is nie lank nie of dit word vir die waarheid geglo. In 2013 is Nelson Mandela, ons geëerde en geliefde oudpresident, oorlede. 'n Hele paar jaar voor 2013 het daar skielik 'n gerug die rondte begin doen dat hy oorlede is. Saam met hierdie gerug het ander stories van anargie, opstand en selfs 'n rasse-oorlog ook die rondte begin doen. Skielik was daar onder baie mense 'n gevoel van vrees en ek praat nie hier van net 'n skrikkerigheid nie, maar werklike VREES. 'n Dag of wat na die gerugte begin het, het 'n koerant 'n lewensgrootte foto van Mnr. Mandela op hul voorblad geplaas waar hy rustig met sy kierie staan – in daardie stadium springlewendig. Net so vinnig soos die vrees by party mense opgevlam het, net so vinnig het dit weer verdwyn toe die foto verskyn. Wat presies het hier gebeur? Die foto en die woorde van die koerant het perspektief gebring oor wat die waarheid is. Daarom wil ek jou ook nou deur die Woord vat sodat jy perspektief kan kry en ek gaan spesifiek fokus op die proses waardeur Jesus tydens Sy dood gegaan het. In Hebreërs 4 lees ons die volgende:

Want ons het nie 'n hoëpriester wat nie met ons swakhede medelye kan hê nie, maar een wat in alle opsigte versoek is net soos ons, maar sonder sonde. (Hebreërs 4:15, 1953 AV)

Toe Jesus Christus op aarde was, was Hy ten volle mens gewees. Hoewel Jesus God se Seun is, het Hy op aarde presies deurgemaak wat ek en jy deurmaak. Manne, Jesus moes ook deur wellus gewerk het, Hy moes ook daarteen veg. Dames, Jesus moes ook verskeie emosies deurgewerk het. Jesus was, met alle respek gesê, nie Superman toe Hy op aarde was nie – Hy was ten volle mens gewees en het dus dieselfde goed ervaar wat ek en jy vandag nog elke dag ervaar. Dit is juis omdat Hy ten volle mens was dat die Woord sê dat Hy medelye met ons swakhede kan hê. Jesus het immers vir ons sondes gesterf.

Die vyand – die duiwel – was nie seker of Jesus regtig die Seun van God is nie. Daar was reeds kragtige manne van God soos Elia en Johannes die Doper voor Hom gewees en hy moes dus seker maak of Jesus werklik die Messias is. Hy het om elke hoek en draai probeer om Jesus se werk te stop, hy het alles in sy vermoë gedoen om te verseker dat Jesus nie kan funksioneer nie en tog was hy steeds nie presies seker dat hy met die ware Messias te doen het nie tot op die dag van die kruisiging wat deur God toegelaat is... Ek wil jou vir 'n oomblik deur die proses neem toe Jesus dood is. In Lukas 23 en Romeine 10 lees ons die volgende:

En Jesus het met 'n groot stem uitgeroep en gesê: Vader, in u hande gee Ek my gees oor! En toe Hy dit gesê het, blaas Hy die laaste asem uit. (Lukas 23:46, 1953 AV)

As jy met jou mond bely dat Jesus die Here is, en met jou hart glo dat God Hom uit die dood opgewek het, sal jy gered word. (Romeine 10:9, 1983 AV)

Die dood is nie iets waaroor mens graag praat nie – party mense is selfs skrikkerig en ongemaklik as jy daaroor begin praat. 'n Paar jaar gelede het die dood baie naby aan my en my gesin gekom deurdat my pa en oupa in 'n kwessie van 'n paar maande uitmekaar oorlede is. Baie dae kry ek so diep gevoel van gemis wanneer ek aan hulle dink en ek het besef dat mense nie eens oor die dood wil dink nie wat nog te sê van praat. Dit is egter belangrik dat ons Jesus se dood sal verstaan, maar nie net Sy dood nie, maar ook Sy oorwinning oor die dood, want daar is 'n ongekende krag daarin opgesluit. Hoekom is dit belangrik dat ek en jy dit moet verstaan? Die Woord sê as jy met jou mond bely dat Hy die Here is en met jou hart glo dat Hy uit die dood opgewek is, sal jy gered word.

Jesus hang aan die kruis, stukkend, bloeiend en vergruis, maar Hy betoon steeds genade aan die man wat langs Hom hang deur vir hom te sê dat hy saam met Hom in die paradys sal wees. Jesus is op Sy einde en met Sy laaste asem sê Hy, "My Vader, U sal My mos nie verlaat nie, waarom het U My verlaat? Jesus blaas Sy asem uit, maar Hy sterf met 'n Woord wat in Sy hart ingegraveer is. In Handelinge 2:24 staan die volgende:

Hom het God opgewek, nadat Hy die smarte van die dood ontbind het, omdat dit onmoontlik was dat Hy daardeur vasgehou sou word. (Handelinge 2:24, 1953 AV)

Ons lees in veral die direkte Bybelvertalings soos die ouer Afrikaanse vertalings, dat Jesus ter helle neergedaal het, met ander woorde Hy het in die doderyk ingegaan. Jesus sterf en Hy gaan letterlik hel (die doderyk – plek van pyniging) toe, want Hy het al ons sondes op Hom geneem. Sien jy al die prentjie? Jesus is fisies in die hel – Hy is nie in 'n bewaarsentrum of gerieflike gastehuis nie. Nee, Hy is in die put van vuur as gevolg van my en jou sondes. Die vyand kom triomfantlik nader en spot Jesus want hy dink hy het uiteindelik gewen. Sy woorde aan Jesus was seker iets soos die volgende, "Uiteindelik het ek Jou. Ek het die sleutels van die doderyk, daar is nie 'n manier dat Jy hier gaan uitkom nie". Jesus het egter met 'n **Woord** in die doderyk ingegaan. Petrus praat hiervan in sy eerste preek in Handelinge 2:25-28 waar hy Psalm 16:8-11 van Dawid aanhaal:

Van Hom (JESUS Christus) sê Dawid: Ek het die Here altyd voor oë. Hy is aan my regterhand; ek sal nie wankel nie.
Daarom is my hart bly en my tong jubel, ja meer, ek het die verwagting dat my liggaam sal lewe, want U sal my nie aan die doderyk oorlaat nie; U sal nie toelaat dat u troue dienaar vergaan nie.

U het my die paaie van die lewe geleer; u teenwoordigheid sal my met vreugde vul.
Met hierdie WOORD "Want U sal my nie aan die doderyk (NKJV Hades) oorlaat nie. (Handelinge 2:25-28, 1983 AV, insetsels deur my ingevoeg)

Hy [Jesus] het volgens die Woord geweet dat God Hom gaan opwek (lees gerus in Psalms 16 en 22 hieroor).

Visualiseer vir 'n oomblik die prentjie vir jouself. God het die hel (die doderyk) geskep en die sleutel daarvan is by satan – dit is onmoontlik om daaruit te kom. Hierdie is nie 'n maksimum gevangenis wat deur mense gemaak is nie. Dit was ONMOOTNLIK om daaruit te breek. Satan het vir Jesus gesê het, "Sien Jy dat ek die sleutel in my hande het? Ek gaan nie vir jou oopsluit nie, dit is finaal, jy gaan vir ewig ly". Jesus luister egter nie vir satan nie, want Hy het met 'n Woord in die doderyk ingegaan en ons lees in die Bybel dat Hy vir die gevangenis, Sy medeburgers in die hel, begin preek het. Jesus prewel die Woord in Sy pyn en Lyding en Absolute verlatenheid: "U sal my nie in die doderyk los nie, U sal nie toelaat dat u troue dienaar vergaan nie."

U sal my nie in die doderyk los nie, U sal nie toelaat dat u troue dienaar vergaan nie.

Psalm 22 stel hierdie oomblik soos volg – Ek gebruik die Boodskap om dit vir jou beter te stel:

My God, my God, waarom los U my heeltemal alleen? U help my
nie. Ek skree totdat ek blou word, maar U is weg.
Moet my ook nou nie alleen los nie, Here, want **probleme oorstroom my hele lewe. U voel so ver van my af terwyl ek hier in die nood sit.** *Daar is*

niemand om my te help nie.
Ek het soos 'n riet gebewe. Alles in my val
uitmekaar. Ek is swak en moedeloos. Daarom
beteken ek minder as niks. Ja, ek is so min werd
soos 'n leë blik op 'n ashoop. My tong is so dik dat
ek nie kan praat nie. En dan los U my ook nog
alleen asof ek klaar dood is.
U moet my tog nie alleen los nie, Here! U alleen
gee my krag. Kom help my baie gou! Keer asseblief
sodat ek nie doodgaan nie. (Psalm 22, Die Boodskap)

Jy hoor Sy nood, maar luister hoe beskryf Dawid die oomblik profeties oor wat Jesus in die doderyk sou begin sê het:

Aan my broers maak ek u Naam bekend. In die
vergadering verkondig ek u lof. (NLV)

Jy sien, wanneer jy God se Woord hoor en dit begin lewend in jou raak, word dit ook 'n realiteit vir jou. Dit dryf vrees uit en jy kan begin opstaan en praat. Dit is presies wat Jesus gedoen het. Ten spyte van Sy omstandighede en die vyand se woorde het Hy begin sê, "My Vader, U het gesê U sal my nooit verlaat nie. Here U Woord sê dat Ek hieruit sal opstaan. U Woord sê dat Ek 'n oorwinnaar sal wees". Jesus begin dit wat in Psalm 16 en 22 staan herhaal en opnoem en Hy begin in die hel daaroor preek. Die mense om Jesus huil, want hulle is vol pyn en sere. Ten spyte van Jesus se eie pyn en seer van Sy vergruisde liggaam preek Hy en hou Hy die Woord naby Hom. Jy kan net preek as die Woord lewend in jou is. Om te preek is nie om 'n boek te vat en daaruit voor te lees nie – nee dit moet in jou hart lewendig wees. Jesus het een woord – Sy Vader sal Hom uit hierdie hel (die doderyk) verlos – en dit is waarop Hy staan.

Jesus se omstandighede sê dit is ONMOONTLIK – God het die hel gemaak en Hy kan nie Sy eie reëls oortree deur Jesus by die agterdeur uit te laat nie.

Binne-in die doderyk begin daar egter 'n beroering kom. Die mense in die doderyk sê, "Preek nog. Vertel ons meer. Ons wil nog hoor wat Jy te sê het". Terwyl Jesus hierdie Woord opsê en die Woord naby Hom kom, begin die Woord die volgende doen:

Jesus het die Woord naby Hom laat kom
↓
Die Woord het lig of openbaring vir Hom gebring
↓
Die lig het 'n helderheid of begrip gebring
↓
Jesus het verstaan en Hy het begin vertrou, met ander woorde geglo
↓
Geloof of vertroue het geregtigheid aan Jesus gegee.
"Vader Ek het die reg, U het gesê Ek is die Seun van God. Ek is die Eerste. U sal My opwek".
↓
Geregtigheid het aan Hom 'n staanplek gegee
↓
Jesus moes besluit of Hy gaan optree of passief gaan bly? Hy het tot aksie oorgegaan – Hy het begin praat en toe Hy begin praat het die Gees van God begin waai.

Die Gees van God kan nie stilstaan wanneer God se Naam genoem word nie. God kan nie Sy Woord laat leeg terugkeer nie. In die onmoontlike van die hel, in die onmootlike om daaruit te breek, kom God se Gees en Hy begin WAAI. Jesus preek vir die gevangenis in die hel, maar ook vir almal wat in die doderyk is. Dawid was nie in die hel nie, maar wel in die doderyk, in die plek van bewaring. Jesus preek vir hulle almal en die Gees van God waai die deure van die hel oop sodat Jesus die gevangenis na vrylating kan lei. Dit was regtig nie 'n geval van Jesus het ter helle neergedaal, vir drie dae daar gesit en is toe vrygelaat nie. Nee dit is die plek waar Hy die Woord naby Hom moes hou en daarom sê die Bybel in Romeine 10:9:

As jy met jou mond bely dat Jesus Christus die Here is, en met jou hart kan glo dat Hy uit die dood uit opgewek is, sal jy gered word. (1983, AV)

Die woord 'red' hier is die Griekse woord *Soteria* wat beteken om God se guns, Sy vrede, Sy heerlikheid, krag en majesteit in **elke** area van jou lewe te ervaar – nie net in een of sekere areas nie, maar in **elke** area. God **wil** jou oorvloedig seën.

'n Paar jaar gelede is twee van ons pastore, Louise Buys en Fiona Matier, in die huis wat hulle deel deur vier gewapende mans aangeval. Lees saam met my Louise se getuienis oor die gebeure (Fiona se getuienis kan later in die hoofstuk gelees word):

Dit was net na donker op die aand van 29 Oktober 2010. Dit was heerlik buite en oral het braaivleisrook in die buurt gehang. Ek was in en uit die huis, besig om water in die swembad te tap. Ek wou die tuinslang nog net so 5 of 10 minute kans gee, dan sou ek die deur toemaak en sluit. Fiona, 'n vriendin van my wat die huis met my deel, was besig om met haar ma op die telefoon te gesels. Terwyl ek wag, het ek een oog op die TV Program Noot vir Noot gehad en die ander op my selfoon, besig om iemand met 'n verjaardag geluk te wens.

Terwyl ek nog besig was om die boodskap te tik, het

iets my oog gevang en toe ek opkyk, het ek in die rewolwers van vier jong mans vasgekyk wat soos ongenooide gaste in my voordeur gestaan het. Ek het groot geskrik en aan die een kant gevoel hoe alles in my stol, maar tog ook hoe honderde gedagtes deur my kop gejaag het.

Gedagtes wat aanvanklik deur my kop gegaan het, was: hoekom op dees aarde het ek nie die deur gesluit toe dit begin donker word nie? Hoekom het ek nog nooit aan 'n noodplan gedink nie, hierdie dinge gebeur mos net met ander mense. Dit is my verdiende loon. Kon ek nie net daaraan gedink het om... Waar is God en sy belofte van beskerming? Vir wat is daar so iets soos 'n engel as niemand op hulle pos is wanneer mens hulle regtig nodig het nie? Ons is in groot moeilikheid.

*Maar dan, wanneer jy tot verhaal kom, is dit wat jou gedagtes oorneem die deposito wat oor maande en jare in jou gemaak is, 'n deposito wat jou geloof geraak het. Wat daardie aand, na die aanvanklike skrik, my gedagtes oorgeneem het, was nie dinge wat ek in een preek gehoor het of een keer in 'n notaboekie opgeskryf het nie. Ek is gelukkig om te kan sê dat my geloof nie gesetel was in die dinge waarmee die koerant ons daagliks bang gemaak het nie. My gedagtes was **God** se gedagtes oor my wat oor jare in my belê is en wat ek gekies het om te glo.*

Verskuif die oorlogsterrein, in die gees het jy baie wapens!

Toe een van die mans die rewolwer teen my bors druk, het ek besef dat ek geen verweer het nie. Ek het nie ook 'n wapen waarmee ek terug kan veg nie. Ek het egter in my gees gehoor hoe God vir my sê "Verskuif die oorlogsterrein, in die gees het jy baie wapens!" Ek het onthou dat my stryd nie teen vlees en bloed is nie, maar teen die bose geeste wat hierdie mans soos marionetpoppe beheer. Ek het onthou dat Pastoor Willem Nel altyd vir ons geleer het om op te tree en te funksioneer volgens dit wat 'n waarheid in die geestesdimensie is en nie volgens wat ons rondom ons fisies sien of beleef nie.

In my gees het ek geweet dat God my liefhet, dat hy my in Sy liefde gewortel en gegrond het sodat wanneer storms (of rewolwers) kom, ek soos 'n groot akkerboom, vas sal bly staan.

...that Christ may dwell in your hearts through faith; that you, being rooted and grounded in love, ... (Ephesians 3:17-20)

Ek het onthou dat Jesus al my straf gedra het en daar geen rede sou wees waarom Hy my op hierdie vreesaanjaende manier sou wou straf of verantwoordelik hou nie.

Therefore, as through one man's offense judgment came to all men, resulting in condemnation, even so through one Man's righteous act the free gift came to all men, resulting in justification of life. (Romans 5:18, NKJ)

Ek het onthou dat Hy Sy Testament aan my bemaak het. In daardie Testament staan niks van inbrake nie, net dat Hy my sonde vergewe het, my siekte genees het, my lewe verlos van verwoesting, my kroon met sy liefde en goedheid en my saam met Christus in hemelse plekke sit vanwaar ek saam Hom regeer.

Pastoor Cindi Lombardo het 'n paar dae van tevore vir my iets uit die bloute aan die etenstafel gesê wat ook in die daardie oomblik by my opgekom het. Sy het 'n lepel vol nagereg geneem en gesê "Sweetie, always remember, when you pray in tongues, you confuse the enemy".

Dit was tyd om op te staan en volgens my geesprentjie op te tree en die vyand te verwar!

Een van die mans het my opgepluk uit my sitplek en ek het hom in die oë gekyk en kliphard in my hemelse taal begin bid en Fiona het die skrif wat al vir maande teen ons yskas geskryf was, vir hulle kortliks verduidelik: "NO WEAPON FORMED AGAINST US SHALL PROSPER, you will not take our lives."

Die mans het ons in 'n slaapkamer vasgebind en ons het besluit om soos Paulus en Silas die Here te prys tot hierdie tronkdeur vir ons oopgaan. Jy moet weet, as jy saam 'n Aanbiddingsleier in een kamer toegesluit en in gevaar is, jy beslis iewers die Here gaan prys. Lofprysing ("strength") volgens Psalm 8, is iets wat God in die monde van babas sit om die vyand stil te maak. Na drie minute was die huis stil. My grootste verlies was my Blackberry selfoon.

Ons het 'n tyd daarna die effek van trauma in ons liggame ervaar en verwerk, maar in ons harte was die soet smaak van oorwinning – 'n oorwinning wat God in die gees vir ons bewerkstellig het. Dit was in hierdie intens traumatiese oomblik wat ek beleef het wat Jesus bedoel het toe Hy gesê het

Ek sê vir julle dat elkeen wat vir hierdie berg sê: Hef jou op en werp jou in die see — en nie in sy hart twyfel nie, maar glo dat wat hy sê, sal gebeur

— hy sal verkry net wat hy sê. Daarom sê Ek vir julle: Alles wat julle in die gebed vra, glo dat julle dit sal ontvang, en julle sal dit verkry. (Markus 11:23, 1983 AV)

Moontlik is jy op hierdie oomblik van jou lewe in 'n krisis – 'n gat wat soos die hel voel want jy weet nie hoe om daar uit te kom nie. Jy is bang en vol vrees, want sê nou jy kom nooit daaruit nie. Ek probeer nie dit waardeur jy op die oomblik gaan verkleineer of as niks afmaak nie, maar jy is nie regtig in die hel waar die sleutel dit nie kan oopmaak nie. Jesus Christus, ons Heer en Meester was in die hel en Hy sê die manier om daaruit te kom, is om die Woord van God te vat en dit oor en oor vir jouself te begin preek. Wanneer jy God se Woord oor jou omstandighede, jou vrese begin herhaal breek Sy krag los en begin jy daardie krag sien en ervaar.

Ek wil in hierdie stadium Fiona se getuienis oor daardie 'vreeslike' aand met julle deel. Jy sien dat ek die woordjie *vreeslik* in aanhalingstekens gesit het, want wanneer jy Fiona se getuienis lees sal jy agterkom dat vrees nie 'n rol gespeel het nie. Fiona skryf (Fiona se getuienis is vanaf Engels na Afrikaans vertaal):

Dit was 'n baie vreedsame dag. My vriendin, Louise, en ek het die dag by 'n spa deurgebring waar ons heerlik gepamperlang is en ek onthou 'n gesprek wat ons daar gehad het omdat ons so dankbaar vir God se vrede is wat ons ervaar het. Ons het regtig Sy teenwoordigheid met ons gevoel en ons het dit letterlik die hele dag gekoester.

Min het ons geweet hoe hierdie vreedsame dag sou uitdraai...

As ek reg onthou, was dit iewers tussen 7:00 en 8:00. Dit was 'n pragtige somersaand en ek het met my ma op die landlyn gesels en Louise was in die sitkamer besig om 'n SMS te stuur. Die voordeur was oop – ons het dikwels die deur gedurende die somer oopgelos aangesien ons baie buite sit. Ek dink Louise was besig om die tuin nat te maak en sy was reg om uit te gaan en die krane toe te maak.

Terwyl ek op die foon was, het ek opgekyk en skielik het vier mans by die voordeur ingekom. Dit was so onwerklik. My eerste gedagte was "Ken ons hulle? Is hulle mense wat ons van die kerk ken?" Ek het die gewere en die mes gesien en besef hulle was nie genooide gaste nie. Een van die mans het 'n vuurwapen direk teen Louise se bors gedruk en 'n ander man het 'n groot mes teen haar rug gehou. Sy het gegil en probeer om die man te skop wat die vuurwapen teen haar gedruk het!

Nog een van die mans het na my gekom en die telefoon uit my hand geruk en dit op die vloer gegooi. In daardie oomblik het ek letterlik gevoel hoe alles stil gaan staan het. Ek het egter die mees ongelooflike vrede gevoel wat my omring het, maar daar het ook 'n moedigheid binne-in my opgestaan. Ek het die man wat die geweer na my gewys het direk aangekyk en gesê, "Geen wapen wat teen ons gesmee word sal voorspoedig wees nie. Jy sal nie ons lewens vat nie." Dit is nie iets waaroor ek gedink het nie – dit het net uit my uitgekom. Interessant genoeg, dit was die skrif wat die afgelope twee weke op ons yskas was en wat ons elke dag gelees het. Hy het my toe op die grond neergegooi en 'n vuurwapen teen die agterkant van my kop gedruk. Ek kon hoor hoe Louise regtig hard in haar bidtaal gebid het en soos wat sy gebid het, kon ek die man se hand voel bewe terwyl hy die rewolwer agter my kop hou. Ek onthou dat ek vir hom gesê het: "Moenie bekommerd wees nie, alles gaan reg wees." Ek het ook net aangehou om te sê:" Geen wapen wat teen ons gesmee word, sal voorspoedig wees nie."

Die manne was regtig verward. Hulle het begin stry en op mekaar geskree. Hulle het aangehou om te vra waar die kluis was, maar ons het vir hulle gesê dat ons nie een het nie. Hoe meer ons dit vir hulle gesê het, hoe meer het hulle met mekaar gestry. Later daardie aand toe alles verby was, het Louise vir my gesê dat sy onthou het dat 'n vriendin vir haar gesê het dat wanneer jy in tale bid, jy die planne van die vyand verwar. Wel ons het dit eerstehands daardie aand beleef. Ek het in daardie oomblik die teenwoordigheid van Jesus saam met my ervaar soos ek nog nooit voorheen dit in my lewe ervaar het nie. Ek het geweet Hy was daar en ek het geweet ons gaan lewe. Die ouens het ons na my slaapkamer geneem en ons hande met elektroniese kabels vasgemaak – 'n kameralaaier en 'n selfoonlaaier. Hulle het ons in die slaapkamer toegesluit terwyl hulle vermoedelik verder na dinge gesoek het om te steel. Hulle was nie die slimste misdadigers nie omdat hulle my hande aan die voorkant vasgemaak het – ek kon myself dus maklik losmaak en het Louise gehelp om los te kom. Voordat hulle die slaapkamer verlaat het, het ek een van hulle direk in die oë gekyk en gesê: "Moenie bekommerd wees nie. Jesus is regtig lief vir julle. Hy is baie lief vir julle." En dit was die laaste wat ons van hulle gesien het.

Ons was in my slaapkamer vasgemaak sonder enige selfoon of enige manier om uit te kom. Ons het na mekaar gekyk en besluit om God te begin prys! Dit was ons eie Paulus en Silas in die tronk oomblik ... hulle het lofliedere

Moenie bekommerd wees nie. Jesus is regtig lief vir julle. Hy is baie lief vir julle.

tot God in die middernag gesing en die HERE het hulle verlos – so ons het besluit om dieselfde te doen! Ons het gesing en God geprys en vir die manne gebid.

Dit was letterlik 'n paar minute later toe ons opgemerk het dat die huis baie rustig was en ons het besef die manne was weg. Ons was alleen en nog steeds in my slaapkamer vasgemaak. Dankbaar om te leef en heeltemal ongedeerd te wees, het ons begin giggel en besef dat die enigste manier om uit te kom, was om vir hulp te roep. Ons het begin roep in die hoop dat 'n buurman ons sou hoor en tot ons redding sou kom. Ons het seker vir 'n goeie vyftien minute geskree voordat enige iemand uiteintlik gereageer het.

Ons het ons goeie vriende, Franci en Dieter Jordaan, gebel wat baie vinnig by ons was. Nadat hulle aangekom het, kan ek nie veel onthou nie – hulle het omtrent vir alles daarna gesorg. Ek onthou baie mense van ons kerk het gekom om te sien of alles reg was en het in soveel praktiese maniere gehelp. Wat 'n absolute seën om deel van 'n Geestelike Familie en vriende te wees wat help wanneer dit die meeste saak maak.

Die mans het uiteindelik my Apple rekenaar en beide ons BlackBerry selfone gesteel, maar as ek dink oor wat kon gebeur het, is ek so dankbaar teenoor God vir Sy teenwoordigheid, Sy beskerming en die vertroue wat ons in Hom gehad het dat "groter is Hy wat is in my is as hy wat in die wêreld is." Die manne het daardie dag gedink dat hulle in beheer was. Hulle het gedink dat hulle wapens aan hulle die mag gegee het en ek is redelik seker dat hulle verwag het dat ons net sou skree, paniekerig sou word en aan hulle sou oorgee. Maar dié dag het hulle vir die eerste keer ware geestelike gesag teëgekom en dit het hulle paniekerig gemaak. Ons was in beheer, nie hulle nie. Nie omdat ons so *oulik was nie, maar omdat ons in daardie oomblik geweet het dat God met ons is – Sy teenwoordigheid in ons was groter as wat ons in die fisiese realm in die gesig gestaar het.*

Daardie dag sal in my boek opgeteken bly as een van die wonderlikste dae in my lewe! Dit was 'n dag waar die Woord van God seëvierende en Sy teenwoordigheid 'n kragtige realiteit was. Ek en Louise het vir die redding van die vier mans gebid en ek wens ek kan hulle weer sien om hulle te vra wat hulle daardie dag ervaar het, want ek is daarvan oortuig dat hulle Jesus, net daar in ons huis by ons, gesien het!

Sjoe, ek is seker dat daar veral langs die dames wat hierdie boek lees se ruggraat nou 'n rilling afgegaan het. Twee weerlose, jong, ongewapende dames teen vier sterk, gewapende jong mans. Jesus het net 'n woord gehad toe Hy die doderyk ingegaan het – 'n woord dat Sy Vader Hom nie sal verlaat nie. Louise en Fiona het ook in daardie oomblik van hulle 'hel' 'n woord gehad – 'n woord dat geen wapen wat teen hulle gesmee word, suksesvol sou wees nie. Hulle het geweet God het goeie planne vir hulle in gedagte en dit is wat hulle begin bely het (net soos Jesus gepreek het). Die Gees van God kan nie stilsit wanneer Sy naam grootgemaak word nie – dit begin waai en net soos vir Jesus het die Gees ook Louise en Fiona se 'tronkdeur' oopgewaai. Ja, hul selfone en rekenaars was weg, maar hulle het in oorwinning uit hulle 'hel' uitgestap! As gevolg van God se Woord in hulle, was daar nie plek vir vrees nie en kon hulle selfs Sy liefde aan hul vyande verklaar!

In 'n gedeelte van Handelinge 2:24 staan daar,

Opgewek nadat hy die smarte van die dood ontbind het. (Handelinge2:24, 1983 AV)

Die woord ontbind beteken hier dat Jesus dit vernietig het. Die verklarende woordeboek beskryf die woord 'ontbind' as losmaak of bevry. Aangesien dit onmoontlik was dat Jesus deur die doderyk vasgehou kon word, het Hy die sleutel daarvan geneem dit oopgesluit en ontbind. Hoekom was dit nie moontlik dat die hel Hom kon vashou nie? Jesus het 'n Woord gehad! In die hel het Hy nie 'n Bybel of versie by Hom gehad nie, daar was nie 'n dominee of pastoor wat gou vir Hom kon bid of iemand vir wie Hy 'n sms kon stuur nie – Hy het niks behalwe 'n Woord van God, 'n belofte van God gehad nie (dit was ook die geval met Louise en Fiona. Hulle kon nie die gewapende rowers vra of hulle net gou 'n gepaste vers in die Bybel kon gaan opkyk het nie. God se Woord was naby hulle en daarom kon hulle met vrymoedigheid begin preek). Daardie belofte het egter lewend geraak en dit het ontbind, afgebreek en vernietig!

Petrus skryf in Handelinge 2:27 die volgende:

> ***want U sal my nie aan die doderyk oorlaat nie; U sal nie toelaat dat u troue dienaar vergaan nie.***
> (Handelinge 2:27, 1983 AV)

Met hierdie woorde sê Petrus eintlik, "Here U sal nie my siel alleen laat gaan nie, U sal my nie aan die doderyk oorlaat nie. Ek sal nie hier bly nie, want U Woord sê dat ek nie aan die verderf oorgegee sal word nie". Ek wil op hierdie oomblik vir jou vra of jy nie God wil begin aanroep nie, ongeag wat jou situasie is. Maak nie saak hoe diep die gat vir jou voel waarin jy is nie. Dit is tyd om op te hou blameer en eerder die Meester te begin volg. Paulus skryf in Efesiërs 5 die volgende:

> ***Wees dan navolgers van God soos geliefde kinders.***
> (Efesiërs 5:1, 1953 AV)

Paulus vra my en jou vandag ook om te begin doen wat Jesus gedoen het. My en jou woorde hou ons in stand – gaan dit dus woorde van lewe of woorde van vrees wees?

In 1 Korintiërs 2 lees ons die volgende interessante verse:

Wat ons verkondig, is die wysheid van God, die verborge waarheid wat bedek was en wat God van ewigheid af vir ons voorbestem het tot ons ewige heerlikheid. Nie een van die heersers van hierdie wêreld het hierdie wysheid geken nie. As hulle dit geken het, sou hulle nie die Here van die heerlikheid gekruisig het nie. (1 Korintiërs 2:7-8, 1983 AV)

Woorde hou ons in stand – gaan dit dus woorde van lewe of woorde van vrees wees?

Paulus sê hier dat as die vyand wat Jesus aan die kruis vasgenael het geweet het wat die effek daarvan sou wees, sou hulle Hom nooit doodgemaak het nie. Weet jy dit is tyd dat die vyand (satan) moet weet dat die goed waarmee hy my en jou so gereeld aanval geen effek gaan hê nie, veral nie wanneer ons God se Woord naby ons hou nie. Dit is daardie tyd wat ons hom, die vyand, 'n linker- en regteropstopper kan gee. In die tuin van Eden het Adam en Eva van die vrug geëet wat verbode was. Toe God by hulle kom, het Hy aan Eva gevra wat sy gedoen het? Sy het dadelik alles ontken en gesê dat dit die slang se skuld is. God vra vir Adam wat het hy gedoen, maar ook hy beskuldig dadelik die vrou – niemand van hulle het dus verantwoordelikheid geneem nie. God vra vir Adam en Eva, maar Hy vra nie die slang nie. Hy sê dadelik vir hom dat hy sal seil en stof sal vreet. God onderhandel nie met die duiwel nie, Hy gee hom nie kans om te praat en verskonings te maak nie –

nee Hy stuur hom dadelik net weg. Dit is presies wat ek en jy moet doen wanneer die duiwel met sy dinge na ons kom – daardie dinge wat twyfel, onsekerheid en vrees in ons lewens inbring. Moenie met hom onderhandel nie, maar praat hom uit jou lewe weg.

Ons doen egter dikwels die teenoorgestelde. Die oomblik wat jy goed sê soos, "Ag jong niks werk mos ooit vir my uit nie" of "Ons [sit jou van in] is maar sulke versukkelde mense, niemand van ons het al ooit iets bereik nie" nooi jy inderwaarheid die duiwel in jou lewe in. In teendeel jy bied hom selfs 'n koeldrank aan en maak seker dat hy tuis voel. NEE dit moet êrens stop en dit stop deur 'n Woord. Wanneer jy slegte nuus oor jou besigheid, werk, siekte of wat ook al kry, begin jy nie met die duiwel onderhandel nie – jy bel dadelik 'n vriend of vriendin en vra hulle om saam met jou oor die saak te bid – om saam met jou vir 'n Woord vanaf God te vertrou. Begin om God se Woord, Sy beloftes oor jou omstandighede te spreek. Dit help nie om die negatiewe woorde van mense oor jou situasie uit te spreek nie – dit gaan niks aan jou omstandighede verander nie, in teendeel dit gaan jou dalk net meer met vrees vul.

Toe Jesus die hel binnegegaan het, het Hy niks gehad nie. Daar was nie engele by Hom nie, God se krag was nie by Hom nie – Hy was platgeslaan of moet ek liewer sê Hy was letterlik uitmekaar geslaan. Daar was niks meer oor om Hom te motiveer nie. Al wat oorgebly het, was om net oor te gee, maar Hy het nie want Hy het 'n Woord gehad.

Vrees veroorsaak verwronge gedagtes. Die woord vrees is 'fear' in Engels en dit staan vir die volgende:

F = False
E = Evidence
A = Appears
R = Real

Die woorde "wat as" word dikwels aan vrees gekoppel – "wat as ek dit nie maak nie?" of "wat as ek nie my rekening kan betaal nie?" of "wat as ek nie gesond word nie?" Jesus het nie een oomblik in die hel gevra, "Wat as Ek nie hier kan uitkom nie?" Nee, Hy het geweet Hy gaan daar uitkom, want Hy het 'n Woord gehad. In Efesiërs 1:17-20 staan daar die volgende:

> *... dat die God van onse Here Jesus Christus, die Vader van die heerlikheid, aan julle die Gees van wysheid en openbaring in kennis van Hom mag gee, verligte oë van julle verstand, sodat julle kan weet wat die hoop van sy roeping en wat die rykdom van die heerlikheid van sy erfdeel onder die heiliges is; en wat die uitnemende grootheid van sy krag is vir ons wat glo, na die werking van die krag van sy sterkte wat Hy gewerk het in Christus toe Hy Hom uit die dode opgewek het en Hom laat sit het aan sy regterhand in die hemele.*
> (Efesiërs 1:17-20, 1953 AV)

Jou woorde gaan óf die vyand se plek in jou lewe in stand hou óf dit gaan jou in oorwinning saam met Jesus laat wandel.

Jesus het geweet! Dit laat my aan die animasie fliek, Lion King, dink. Wanneer die naam 'Mufasa' gesê is, het almal gebewe – of dit nou Scar of die lawwe hiënas was wat dit gehoor het, hulle het gebewe. Die duiwel sidder net so wanneer jy die naam Jesus oor jou omstandighede spreek. **Jesus die Koning van die konings; Jesus die Koning van die leërskare; Jesus die naam wat 'n banier is; Jesus die naam wat sterker en**

skerper as enige tweesnydende swaard is. Jou woorde gaan óf die vyand se plek in jou lewe in stand hou óf dit gaan jou in oorwinning saam met Jesus laat wandel. Wanneer jy in geloof optree, bewonder jy God, maar wanneer jy in vrees optree bewonder jy satan.

Jou vraag is moontlik op hierdie oomblik, "Willem wat doen ek nou? Waar begin ek om van vrees ontslae te raak?"

Begin deur elke dag die Woord van God in jou lewe toe te laat.

Lees dit, skryf dit neer en mediteer daarop. In Jakobus 1 staan die volgende:

> *... en ontvang met sagmoedigheid die ingeplante woord, wat in staat is om julle siele te red.* (Jakobus 1:21b. 1953 AV)

> **Wanneer jy in geloof optree, bewonder jy God, maar wanneer jy in vrees optree bewonder jy satan.**

Die Griekse woord wat hier vir 'red' gebruik word, is *sozo* wat nie beteken om jou hemel toe te laat gaan nie, maar om jou gesond te maak, om jou heel te maak. Die Woord is dus in staat om jou van vrees gesond te maak. Gary Player, die wêreldbekende golfspeler, het eenkeer gesê "the more I practise, the more lucky I get." In Jakobus 1:25 staan daar:

> *Hoe meer ek die Woord hoor en dit doen, hoe meer sal ek gelukkig wees in dit wat ek doen.* (Jakobus 1:25)

Die spoed waarmee die Woord in jou lewe begin werk, word deur die tyd bepaal wat jy daaraan bestee. 'n Atleet kan tog nie by 'n wedloop opdaag as hy nie geoefen het nie – hy kan nie verwag om enige sukses te behaal nie. Net so kan ek en jy nie vir die wedren van die lewe opdaag sonder dat ons, ons geesspiere of geloofspiere deur die Woord geoefen het nie. Om Woord in jou lewe te hê, is nie 'n goeie opsie nie, dit is 'n **PRIORITEIT**.

Die tweede ding wat ons kan doen is om liefde in ons lewens toe te laat.

In 1 Johannes 4:18 staan daar:

> *Daar is geen vrees in die liefde nie; maar die volmaakte liefde dryf die vrees buite ...* (1 Johannes 4:18a, 1953 AV)

Hoekom is dit so? Liefde reflekteer jou oorsprong en vrees val jou oorsprong aan. Dink jy die vyand stel werklik daarin belang om jou huwelik, jou finansies of jou besigheid te verwoes? Dink jy hy wil 'n paar ongelukke oor jou pad bring om jou 'n les of twee te leer? Ons soek die satan agter elke bos en sê maklik, "Sjoe, dit is die duiwel, hy wil my huwelik verwoes". Weet jy dit is slegs die eindresultaat van wat hy eintlik besig is om te doen – hy wil jou oorsprong verwoes want hy weet jy is uit God gebore. Binne-in jou is 'n gees wat weet dat jy uit God gebore is. Jou oorsprong is God, jy gaan nie net vir ewig saam met God lewe nie, jy het van ewigheid af saam met God gelewe – dit is jou oorsprong. Jy het nie 'n begin nie en jy het nie 'n einde nie. Jy is 'n ewige wese saam met God – jy is uit God gebore en jy is saam met God op pad. As die satan dit kan regkry om daardie oorsprong van jou deur vrees dood te maak, kan hy jou lamlê. Dit is ook dan wanneer vrees jou lewe begin oorneem – vrees vir die Here, vrees vir jou finansies, vrees vir jou huwelik of ander verhoudings. Die manier om hierdie vrees te herstel is liefde, want liefde is die oorsprong. God is liefde, en jy is uit God weens liefde gebore. In Jesaja 43 staan die volgende:

> *Maar nou, so sê die Here, jou Skepper, o Jakob,*
> *en jou Formeerder, o Israel: Wees nie bevrees nie,*
> *want Ek het jou verlos;* Ek het jou by jou naam
> geroep; jy is myne!" ... *omdat jy kostelik is in my*
> *oë, hooggeag is, en Ek jou liefhet, daarom gee Ek*
> *mense in jou plek en volke vir jou lewe. Wees nie*
> *bevrees nie, want Ek is met jou; Ek sal jou geslag*
> *van die ooste af aanbring en jou versamel van die*
> *weste af.* (Jesaja 43:1, 4-5, 1953 AV)

Derdens gee jouself aan die Gees oor.

Die Vader is die Skepper, die Seun is die Woord en die Gees is die Dinamo – Hy is die krag waarmee ons wêreld bestuur, beheer en hanteer word. Die hoof van die koninkryk van God op hierdie aarde is die Heilige Gees. Die Heilige Gees is hier en Hy sê Ek wil koningskap neem, ek wil beheer van jou lewe neem, onderwerp jouself aan die Gees. In Handelinge 10 en Efesiërs 1 lees ons die volgende:

> *... met betrekking tot Jesus van Nasaret, het God*
> *hom gesalf met die Heilige Gees en met krag.*
> (Handelinge 10:38, 1953 AV)

> *... en jy, wat het jy ontvang? Jy het die uitnemende*
> *grootheid van die krag vir jou, wat so groot is soos*
> *die krag wat gewerk het in Jesus toe Hy opgestaan*
> *het uit die dood.* (Efesiërs 1:19-20, 1953 AV)

Dieselfde Jesus, daardie selfde krag toe Hy uit die dood uit opgestaan het, daardie selfde krag is in jou ook teenwoordig – jy moet jouself egter daaraan onderwerp. Jy moet jouself oorgee en sê, "Ek laat my deur die Heilige Gees verseël." Die woordjie seël in Efesiërs beteken ek is gestempel met die stempel van die Vader, die eienaarskap, die merk van die Vader is op my en ek word deur die kragtige werking van die Heilige Gees gepreserveer en bewaar.

In Lukas 12:32 staan daar:

Moenie vrees nie, klein kuddetjie, want Ek het 'n welbehae daarin gehad om aan jou die koninkryk te gee. (Lukas 12:32, 1953 AV)

Die Here sê vir my en jou omdat Hy uit welbehae die koninkryk vir ons gegee het, het Hy sy Gees gestuur en daardie Gees is binne in ons en ons het nie 'n gees van vreesagtigheid ontvang nie, maar ons het 'n Gees ontvang wat uitroep, Abba Vader – wat na jou oorsprong uitroep. Die Here sê, "Al gaan jy ook deur 'n dal van doodskaduwee, as jy uit My gees optree, sal jy geen onheil vrees nie, want Ek vat nie die doodskaduwee weg nie – dit is op hierdie aarde – maar as jy in My is en jou gees is in My en My Woord is in jou, sal jy geen onheil vrees nie. Jy sal uitstap, bekragtig en onder die krag van die werking van die Heilige Gees sal jy sonder enige vrees wees."

Laastens laat toe dat die VREDE van GOD jou hart bewaar en word 'n vredemaker.

Lewe dus in vrede. Romeine 14:17 verklaar die volgende:

Want die koninkryk van God is nie spys en drank nie, maar geregtigheid en vrede en blydskap in die Heilige Gees. (Romeine 14:17, 1953 AV)

Die geloofslewe (Koningryk van God) gaan nie oor wat ons eet of drink nie, waar ons bly of wat ons besit nie – maar dit gaan oor ons staanplek – die Geregtigheid wat Jesus Christus vir ons gegee het. Dit gaan oor Vrede en Blydskap in die Heilige Gees.

Wanneer jy VREES word jou gedagtes, wil en emosie aangeval. Dit gebeur gewoonlik deurdat jy jou Blydskap in die Here verloor en uiteindelik verloor jy ook die WAG van VREDE wat jou verstand en hart moet bewaar. As ons 'n wiskundige formule daarvoor moes opstel, sou dit soos volg gelyk het:

Regte denke = Blydskap + Vrede in die Heilige Gees

Wanneer vrees egter in die prentjie kom, lyk die formule soos volg:

Verkeerde denke = Vrees

Die beginsel van VREDE is seker die belangrikste wat ek jou in hierdie boek kan leer. Eenkeer toe ek en Celesté vakansie gehou het, het iemand vir haar 'n klompie boeke saamgegee om te lees – een van dit was *Leef in Vrede* van Joyce Meyer. Ek en Celesté het albei nogal daarop geroem dat ons sterk opinies het en dat ons nie omgegee het om van mekaar te verskil nie – selfs in die openbaar. Miskien vanuit my politieke agtergrond was ek van nature 'n koppige en eiewyse mens – ek het gedink dit was nogal oulik om so te wees. Celesté het die boek van Joyce Meyer gelees en die volgende dag vir my gegee om te lees – dit was iets wat ons lewens totaal verander het. Ons het besef dat die Here ons lewens deur Sy vrede, wat alle verstand te bowe gaan, bewaar. Vrede is soos iets tasbaars, iets soos motorsleutels, wat jy kan verloor en jy moet op jou spoor teruggaan om dit weer te vind. Hierdie 'lewe in vrede' het gemaak dat ek en my gesin en ook ons leiers mekaar eintlik begin uitdaag het om die VREDE te BEWAAR. Kyk saam met my wat die Woord daaroor sê:

Beywer julle vir vrede met alle mense asook vir 'n heilige lewe, waarsonder niemand die Here sal sien nie. Sorg dat niemand van die genade van God afvallig word nie. Sorg dat daar nie verbittering soos 'n wortel uitspruit, moeilikheid veroorsaak en baie besmet nie. (Hebreërs 12:14-15, 1983 AV)

Vrede is ook soos 'n veiligheidswag in ons lewens. Dit kan ook as 'n DEUR van ons huis beskryf word wat die mooi beloftes en ook voorsiening van God binnehou.

Sonder vrede in mense se lewens raak hulle verbitterd. VREDE en HEILIGHEID praat van volwassenheid in Christus.

Vrede is ook soos 'n veiligheidswag in ons lewens. Dit kan ook as 'n DEUR van ons huis beskryf word wat die mooi beloftes en ook voorsiening van God binnehou. Ek wil Filippense 4:7 vir jou in 'n paar vertalings weergee sodat jy duidelik kan sien wat ek bedoel. In die ou Afrikaanse vertaling klink die vers soos volg:

En die vrede van God wat alle verstand te bowe gaan, sal oor julle harte en gedagtes die wag hou in Christus Jesus. (Filippense 4:7, 1983 AV)

As julle so bid, sal julle God se vrede beleef. Hierdie vrede is wonderliker as wat mens ooit kan dink. Omdat julle aan Christus behoort, sal die vrede van God julle harte en gedagtes soos 'n veiligheidswag oppas. (Filippense 4:7, NLV)

Then you will experience God's peace, which exceeds anything we can understand. His peace will guard your hearts and minds as you live in Christ Jesus. (Philippians 4:17, NLT)

And God's peace [shall be yours, that tranquil state of a soul assured of its salvation through Christ, and so fearing nothing from God and being content with its earthly lot of whatever sort that is, that peace] which transcends all understanding shall garrison and mount guard over your hearts and minds in Christ Jesus. (Philippians 4:17, Amplified Bible)

Hoekom is 'n lewe van vrede en blydskap vir my en jou belangrik? Dit laat ons in **eenheid** en **harmonie** leef. In Filippense 2 lees ons die volgende:

... maak dan nou my blydskap volkome deur eensgesind te wees: een in liefde, een van hart, een in strewe. Moet niks uit selfsug of eersug doen nie, maar in nederigheid moet die een die ander hoër ag as homself. Julle moenie net elkeen aan sy eie belange dink nie, maar ook aan dié van ander. Dieselfde gesindheid moet in julle wees wat daar ook in Christus Jesus was. (Filippense 2:2-5, 1983 AV)

Ek het reeds gesê dat vrees deur liefde verdryf word. Wanneer ons dus eensgesind in liefde, een van hart en een van strewe leef, kan die vyand nie 'n vastrapplek kry om vrees in ons lewens te deponeer nie. 'n Lewe van vrede en blydskap maak dat jy jou eie agendas opsy sit. Dit maak dat jy God se plan vir jou lewe deur gebed soek. Dit maak dus dat jy **SY** weg soek om te volg. Lees saam met my wat in Handelinge 4 geskryf is:

> *Toe hulle dit hoor, het hulle almal saam tot God gebid en gesê: "Here, dit is U wat die hemel en die aarde en die see en alles wat daar is, gemaak het.* (Handelinge 4:24, 1983 AV)

In Handelinge 13:22 sien ons dat God soek na dié wat SY PROGRAM sal uitvoer:

> *Nadat God hom van sy amp onthef het, het Hy Dawid as koning oor hulle aangestel. Van hom het God gesê: 'Ek het in Dawid seun van Isai 'n man na my hart gevind. Hy sal al my opdragte uitvoer.'* (Handelinge 13:22, 1983 AV)

'n Lewe van vrede en blydskap is ook 'n Geestelike lewe:

> *want julle is nog wêreldse mense. Daar kom jaloesie en twis onder julle voor. Is dit nie omdat julle nog wêrelds is en julle wêrelds gedra nie?* (1 Korintiërs 3:3, 1983 AV)

'n Lewe van vrede en blydskap maak dat ons eensgesind en in eenheid leef en twis ten alle tye vermy:

> *Ek druk julle dit op die hart, ek wat 'n gevangene is omdat ek die Here dien: Laat julle lewenswandel in ooreenstemming wees met die roeping wat julle van God ontvang het. Wees altyd beskeie,*

vriendelik en geduldig, en verdra mekaar in liefde. Lê julle daarop toe om die eenheid *wat die Gees tussen julle gesmee het, te handhaaf deur in vrede met mekaar te lewe.* (Efesiërs 4:1-3, 1983 AV)

Jesus het ook vir die Vader gebid dat ons eensgesind sal wees:

"Ek bid egter nie net vir hulle nie, maar ook vir dié wat deur hulle woorde tot geloof in My sal kom. Ek bid dat hulle almal een mag wees, net soos U, Vader, in My is en Ek in U, dat hulle ook in Ons mag wees, sodat die wêreld kan glo dat U My gestuur het. (Johannes 17:20-21)

Die teenoorgestelde van vrede en blydskap is twis, onenigheid en tweedrag. Beide vrede en twis is geeste. Beide die atmosfeer tussen mense en houdings van mense word deur vrede en twis beïnvloed. Beide vrede en twis kan gevoel word. Twis word gedefinieer as 'n gekibbel, argumente, meningsverskille en praat met 'n kwaai ondertoon. Hoekom is 'twis' belangrik in hierdie hoofstuk wat oor Geloofsdiewe gaan? Twis bring onvrede en dit verdryf liefde. Ek het genoem liefde is jou oorsprong en as die vyand jou oorsprong deur twis kan aanval, sal hy dit beslis doen. Dit mag vreemd klink, maar twis kan tot vrees lei omdat jy mense se motiewe en integriteit in twyfel trek. Wantroue tas jou denke aan en volgens ons formule is verkeerde denke = vrees. In 1 Korintiërs 1 lees ons dat Paulus ook 'n beroep op ons doen om nie te twis nie:

God is getrou, Hy wat julle geroep het om verenig *te lewe met sy Seun, Christus Jesus, ons Here. Ek doen 'n beroep op julle almal, broers, in die Naam van ons Here Jesus Christus, om* eensgesind *te wees. Daar moet geen verdeeldheid onder julle wees nie. Julle moet een wees in dieselfde gesindheid en met dieselfde oortuiging. Ek sê dit, my broers, omdat van Chloë se mense my vertel het dat daar onenigheid onder julle is.* (1 Korintiërs 1:9-11, 1983 AV)

Wanneer daar eenheid is, is daar ook seën en salwing:

'n Pelgrimslied. Van Dawid. Hoe goed, hoe mooi is dit as broers eensgesind saam woon! Dit is soos reukolie wat van die kop af in die baard afloop, die baard van Aäron, af tot by die soom van sy klere. Dit is soos die dou van Hermonberg wat op die berge by Sion val. Waar broers so saam woon, skenk die Here sy seën: 'n lang, lang lewe. (Psalm 133:1-3, 1983 AV)

In die Engels word dit beskryf dat waar daar eenheid is BEVEEL GOD SY SEËN ('Command His Blessing').

In Genesis 13 lees ons dat beide Abraham en Lot geweldig ryk was. Abraham is egter in besonder geseën omdat hy geweet het hoe om twis uit sy lewe te hou. Toe daar onenigheid tussen sy en Lot se veewagters ontstaan het, het hy aan Lot die keuse gegee waar hy in die land wou woon, want Abraham wou geen onenigheid in sy lewe toelaat nie.

In Spreuke spreek Salomo hom ook sterk teen twis uit:

Liewer 'n stukkie droë brood met vrede daarby as 'n huis vol kos met 'n getwis daarby. (Spreuke 17:1, 1983 AV)

Iemand wat die waarheid verdraai, veroorsaak twis, iemand wat skinder, bring verwydering tussen vriende. (Spreuke 16:28, 1983 AV)

Wie 'n verkeerde optrede teenoor homself verontagsaam, soek goeie verhoudinge; wie 'n saak bly ophaal, bring verwydering tussen vriende. (Spreuke 17:9, 1983 AV)

Ek het dit reeds genoem dat twis vernietigend is. Daar moet nie net tussen individue geen twis wees nie, maar dit moet ook nie binne die kerk voorkom nie. In Hebreërs 12:14-15 lees ons:

Beywer julle vir vrede met alle mense asook vir 'n heilige lewe, waarsonder niemand die Here sal sien nie. Sorg dat niemand van die genade van God afvallig word nie. Sorg dat daar nie verbittering soos 'n wortel uitspruit, moeilikheid veroorsaak en baie besmet nie. (Hebreërs 12:14-15, 1983 AV)

Twis bedroef die Heilige Gees:

En moenie die Heilige Gees van God bedroef nie, want Hy het julle as die eiendom van God beseël met die oog op die verlossingsdag. Moet nooit verbitter of opvlieënd wees of woedend word nie; moenie vloek of skel nie; moet niks doen wat sleg is nie. Wees goedgesind en hartlik teenoor mekaar, en vergewe mekaar soos God julle ook in Christus vergewe het. (Efesiërs 4:30-32, 1983 AV)

Twis vernietig jou gesondheid. Ek wil hê jy moet Jakobus 3:13-18 stadig saam met my lees:

WIE is wys en verstandig onder julle? Laat hom uit sy goeie lewenswandel sy werke in sagmoedige wysheid toon. *Maar as julle bittere afguns en selfsug in julle hart het, moenie roem en lieg teen die waarheid nie. Dít is nie die wysheid wat van bo kom nie, maar is aards, natuurlik, duiwels; want waar afguns en selfsug is, daar is wanorde en allerhande gemene dade. Maar die wysheid van bo is ten eerste rein, dan vredeliewend, vriendelik, geseglik, vol barmhartigheid en goeie vrugte, onpartydig en ongeveins. En die vrug van die geregtigheid word gesaai in vrede vir die wat vrede maak.* (Jakobus 3:13-18, 1983 AV)

Twis bring ook twyfel en soos ek reeds gesê het, bring twyfel vrees. Wat kan ons dus oor twis doen – wat is die uitdaging vir ons? Francois du Toit skryf in sy boekie *Kant en Klaar* die volgende oor die onderwerp:

Ons hele lewe word nou 'n viering van versoening, 'n viering van die einde van alle vyandskap! Ons is toevertrou met die opdrag van wêreldvrede! Die oorlog is verby! Ons mag nie van mekaar teikens maak nie! God se ewige plan is net versoening en vriendskap, die vyand van God en die mens wil net veroordeel en skei en afstand bring deur sy leuens!

Uit die aard van my werk moet ek baie reis. Hoewel dit nie vir my of my gesin lekker is nie, vind ons tog ons blydskap wanneer ek terugkom. Die kinders weet altyd dat daar 'n verrassing, hoe klein ook al, van pappa gaan wees. Daar is altyd 'n spesiale iets vir hulle. Wanneer ek by die voordeur kom luister ek gewoonlik na wat binne die huis aan die gang is – opgewonde om met hulle te deel wat ek saamgebring het. Ongelukkig was ek al partykeer wel met 'n stryery binne die huis tussen die kinders gekonfronteer (gelukkig nog nie baie nie). Wanneer ek so iets hoor maak dit dat ek die verassing bêre voordat ek hulle gaan groet. Ek wag dat die vrede herstel is en dat hulle gereed is om te ontvang wat ek vir hulle gebring het. Ek glo dit met my hele hart as die Bybel sê wat ons in SY naam vra, sal ons ontvang. Wanneer ons egter vrees of onvrede toelaat om in ons lewens in te kom, is dit moeilik, glo ek, vir die Here om dit wat Hy vir ons voorberei het in 'n vreesagtige en of stryerige omgewing los te maak en te gee.

Vrees word dus oorwin deur 'n lewe te leef wat deur ander beny sal word. Jesus sê immers dat die vredemakers geseënd sal wees, want hulle sal die SEUNS van God genoem word. Lees dit gerus saam met my (ek maak van die Amplified vertaling gebruik):

Blessed (enjoying enviable happiness, spiritually prosperous–with life-joy and satisfaction in God's favor and salvation, regardless of their outward conditions) are the makers and maintainers of peace, for they shall be called the sons of God!
(Matthew 5:9, Amplified Bible)

9
GELOOF EN GEDULD

MISKIEN IS JY SOOS EK – jy is opgewonde oor wat jy gelees het en NOU moet dinge gebeur. Ek hou daarvan as dinge vinnig gebeur, so dit is 'n area waarin die Here my oor Sy proses leer. Hy leer my om geduldig te wees en te wag op Sy leierskap. Wanneer daar dus 'n reus (moeilike situasie) in my pad kom, raak ek dikwels ook vinnig ongeduldig. My vraag aan jou is wat doen jy as jy voor 'n onmoontlike, of so voel dit vir jou, situasie kom? Dit is dalk 'n ernstige siekte, 'n finansiële krisis, 'n emosionele gebeurtenis, 'n lewenslange droom wat nie tot vervulling kom nie of jou selfvertroue wat jou in die steek laat. In sulke tye en met sulke situasies voor ons, het ek en jy GELOOF en GEDULD nodig! Lees saam met my wat die Bybel daaroor sê:

> *Julle moet dus nie traag word nie, maar die voorbeeld navolg van dié wat deur geloof en geduld deel gekry het aan die dinge wat God beloof het.*
> (Hebreërs 6:12, 1983 AV)

Ons GELOOF en GEDULD maak dat ons nie GOD se beloftes mis nie. Ek dink ek het al soveel keer voor my deurbrake gestaan en dit tog gemis. Ek was al behoorlik soos die Israeliete van ouds wat net 'n paar dagreise voor die beloofde land hulle belofte weggegooi het. Net soos hulle het ek ook voor my deurbraak gestaan, maar dan my eie insigte en die goddelose opinies *(Waar hulle God kragteloos is)* gevolg of ek het na opinies van ongelowige 'Christene' *(Mense wat in Naam Christen is maar God NIE vertrou nie)* geluister en dit het gemaak dat ek omgedraai het en die veilige, bekende land van wildernis gekies het eerder as om die risiko te neem om God te volg en HOM op SY woord te neem. Kyk hoe word hierdie selfde vers in die Message en Mirror vertalings geskryf:

> *Don't drag your feet. Be like those who stay the course* **with committed faith** *and then get everything promised to them.* (Hebrews 6:12, The Message)

> *We do not want you to behave like illegitimate children, unsure of your share in the inheritance. Mimic the faith of those who through* **their patience** *came to possess the promise of their allotted portion.* (Hebrews 6:12, The Mirror)

Hoe lyk my en jou optrede? In die vorige hoofstukke het dit reeds duidelik geword dat ons aksies en taal regtig weerspieël wat in ons hart aangaan. Ons woorde en aksies wys of ons kies om Jesus die Hoëpriester van Sy Woord te maak.

Onthou jy nog wat in Kolossense 3:1 staan? Ek wil weer vir jou die weergawe gee wat in The Message opgeteken is:

> *So if you're serious about living this new resurrection life with Christ, act like it. Pursue the things over which Christ presides. Don't shuffle*

along, eyes to the ground, absorbed with the things right in front of you. Look up, and be alert to what is going on around Christ - that's where the action is. See things from his perspective.
(Colossians 3:1, The Message)

As ek en jy regtig ernstig oor hierdie nuwe lewe in Christus is, moet ons woorde en aksies ook daarvan getuig! Ek en jy moet sorg dat wanneer ons dinge aanpak, ons onsself die volgende sal vra:

Wat is Sy perspektief oor 'n saak – hoe sien Hy die saak?
Wat sê Hy oor my en jou lewe?
Wat sê Hy oor my en jou familie?
Wat sê Hy oor my en jou liggaam?
Wat sê Hy oor my en jou omstandighede?

Miskien is jy op hierdie oomblik oorgewig (of jy voel ten minste so), jy is onderbetaald, jy het te veel skuld en dit voel of mense jou glad nie verstaan nie. Daar is dalk nog veel meer situasies waaroor jy ook voel jy geen beheer het nie. Dit is egter nie nou tyd om moed op te gee nie. Nee, daar IS 'n wenner in jou! Jy IS meer as 'n oorwinnaar gemaak. God het jou die kop en nie die stert gemaak nie. Staan op en wees sterk en vol moed. Vat jou Bybel en bely Sy goedheid en Sy guns. Moenie moed opgee nie – dit is presies wat die vyand wil hê. Nader Sy troon van Genade. Maak Hom die Hoëpriester van jou woorde en HOU UIT! Ek wil weer herhaal, moenie moed opgee nie. Onthou jy Jabes se gebed. Jabes se ma het uit haar pyn en ongemak vir

> **Daar IS 'n wenner in jou! Jy IS meer as 'n oorwinnaar gemaak.**

hom 'n naam gegee. Lees saam met my wat in 1 Kronieke 4 staan:

*En Jabes was meer geëerd as sy broers; en sy moeder het hom Jabes genoem en gesê: E**k het met smart gebaar. En Jabes het die God van Israel aangeroep en gesê: A**s U my ryklik seën en my grondgebied vermeerder en u hand met my sal wees en U die onheil afweer, sodat my geen smart tref nie! En God het laat kom wat hy begeer het.** (1 Kronieke 4:9-10, 1953 AV)

Die betekenis van die naam Jabes is pyn, hartseer en moeilikheid. Dit moet verskriklik wees om met so naam rond te loop – dink net elke keer wanneer jou ma jou roep, roep sy, "Pyn, hartseer en moeilikheid kom hier!" Wat 'n naam! Jabes kom egter en hy bid teen sy naam se betekenis in – hy vra:

Here seën my.
Here vergroot my grondgebied.
Here help my dat die onheil en smart van my af sal wegbly.
Mag U hand oor my wees – met ander woorde mag ek U verteenwoordig eerder as wat ek 'n mens wat nie eens vir my 'n mooi naam kon gee nie, sal verteenwoordig.

Hierdie woorde en gedagtes van Jabes het my gehelp en help my nog steeds elke dag om geduld en geloof in 'n absolute Goeie God en Sy Woord te hê. Jabes het teen die oormag van negatiewe betekenis van sy naam en patroon gedraai. Soos met Jabes se naam gaan die vyand jou ook in jou spore probeer stuit. Hy gaan jou probeer ontmoedig! ONT – MOEDIG bestaan uit twee woorde wat beteken om MOED van jou te ontrek, om jou moedeloos te maak of jou van moed te ontneem – maar ek wil jou weer vra moenie een oomblik terugdeins nie.

Moenie Terugdeins nie

In Hebreërs 10:35-38 staan:

Julle geloofsvertroue moet julle dus nie prysgee nie: dit hou groot beloning in ... (Hebreërs 10:35, 1983 AV)

Hier staan letterlik dat jy nie jou vertroue in 'n goeie GOD moet prysgee nie want dit hou 'n groot beloning in. Die beloning waarvan hier gepraat word, is juis die stryd wat volbring is. In enige sportwedstryd is die halftydtelling slegs 'n aanduiding van wat die uiteinde van die wedstryd moontlik mag wees. Die halftydtelling is egter nooit die faktor wat bepaal wat die einde werklik gaan wees nie. Dit het al soveel kere in rugby of sokkerwedstryde gebeur dat die halftydtelling 'n paar minute voor die eindfluitjie blaas omgekeer word. Die sportmanne wat in die middel van daardie wedstryd is, gee nie op voor die eindfluitjie

ONT – MOEDIG bestaan uit twee woorde wat beteken om MOED van jou te ontrek, om jou moedeloos te maak of jou van moed te ontneem – maar ek wil jou weer vra moenie een oomblik terugdeins nie.

blaas nie – ek wil dus vir jou ook sê, moenie moed voor die tyd opgee nie. 'n Vriend van my het my eendag baie opgewonde geskakel en gesê dat 'n transaksie waarvoor ek en hy agt jaar gelede gebid het, daardie spesifieke dag plaasgevind het. Die kontrakte is geteken en die geld daarby betrokke was baie meer as wat dit agt jaar terug was toe ons daarvoor gebid het. Hy kon baie maklik moed opgegee het, gewonder het of dit ooit gaan gebeur. Vanuit 'n menslike oogpunt sou niemand hom kwalik geneem het as hy sy geloofsvertroue daarin verloor het nie, maar hy het nie. Hy het moed gehou, hy het sy vertroue behoue en hy het sy beloning ontvang!

Volharding is wat julle nodig het om die wil van God te doen en te ontvang wat Hy beloof het.
(Hebreërs 10:36, 1983 AV)

Die Woord sê jy het volharding nodig. Die verklarende woordeboek beskryf die woord volhard as "tot die einde toe volhou, aanhou, deurdryf, standvastig bly." Jy moet dus deursettingsvermoë aan die dag lê. Jy moet by die plan hou. Vertrou God, aanvaar Sy goedheid. Wees bly oor die moeilikheid waardeur jy gaan, want deur jou lofprysing en woorde gaan jy die deurbraak sien!

Nog net "'n kort, kort tydjie, en Hy wat kom, sal kom en nie talm nie. (Hebreërs 10:37, 1983 AV)

God se tydsberekening is altyd perfek!

En wie deur My vrygespreek is omdat hy glo, sal lewe; maar as hy terugdeins, het Ek aan hom niks meer nie. (Hebreërs 10:38, 1983 AV)

Sjoe dit klink na harde woorde, maar as jy terugdeins, as jy onseker is, is jy soos wat Jakobus dit noem, 'n dubbelsinnige man wat nie kan verwag om iets van God te kry nie.

'n Goeie voorbeeld van 'n Bybelse profeet wat nie teruggedeins het nie, is Elia. Jy kan gerus die hele verhaal van Elia in 1 Konings lees. Daar heers 'n ernstige hongersnood in die land as gevolg van droogte omdat koning Agab en sy familie teen die Here gesondig het. Hulle het die afgod Baäl gedien en die hele volk van Israel ook verlei om dit te doen. In 1 Konings 18 word spesifiek die verhaal vertel waar Elia 'n woord van die Here kry dat die droogte gebreek gaan word. 1 Konings 18 vertel die verhaal verder van hoe beide Elia en die Baälprofete 'n offer voorberei het en hoe Elia naderhand die Baälprofete gespot het, want na 'n dag se gekla, gekerm en gebid het Baäl nog glad nie hul gebed beantwoord nie. Elia daarenteen het gesê die offer wat hy voorberei het moet met water deurweek word en ons lees dat nadat hy vir die Here gebid het, het die Here vuur gestuur wat alles verteer het – die vleis, hout, klippe en selfs die water opgelek het. Nadat die Baälprofete vermoor is, het Elia vir Agab gesê om te gaan eet, want hy hoor al de gedruis van die reën. Ek wil myself gou hier onderbreek. Stel jouself die prentjie voor – daar is reeds vir drie en 'n half jaar droogte. Daar is niks nie – ek bedoel letterlik niks. Die omgewing moes dor en kaal gewees het. Daar is nie 'n wolk in sig nie, maar Elia sê hy hoor die gedruis van reën. Na hierdie woorde van hom klim hy na die top van Karmelberg en gaan sit met sy kop tussen sy knieë. Lees saam met my wat staan in 1 Konings 18:43:

... sê hy vir sy slaaf: "Gaan kyk in die rigting van die see!" Hy gaan kyk toe, en kom sê: "Daar is niks." Elia het vir hom gesê: "Gaan kyk weer." Dit het sewe keer gebeur. (1 Konings 18:43. 1983 AV)

Elia het 'n duidelike woord van God gehad en hy het in geloof na die koning gegaan en die regte dinge gesê – hy het dus aan al die "vereistes" voldoen. Toe hy egter sy dienskneg stuur om te gaan kyk of daar 'n wolkie is, toe is daar niks nie. As dit nou ek was sou ek moontlik na die derde keer wat die dienskneg kom sê het daar niks is nie al my moed bymekaar geskraap het en na die koning gegaan het en gesê het, "Ekskuus koning ek het moontlik verkeerd gehoor. Die reën kom nie vandag nie, maar moontlik more. U weet tog dat mens nie altyd nie weervoorspellings kan glo nie." Gelukkig was ek nie daar nie, maar wel Elia – Elia het nie moed opgegee nie. Hy het geweet God se Woord verander nie! Hy het sy dienskneg sewe kere uitgestuur. In die volgende vers van hierdie gedeelte lees ons:

Dit wat jy sê is ONMOONTLIK, maar God het die onmoontlikheid in 'n moontlikheid omgedraai.

Na die sewende keer het hy kom sê: "'n Wolkie so groot soos 'n man se hand kom uit die see uit op." Elia sê toe: "Gaan sê gou vir Agab: Span in en gaan van die berg af, anders sal die reën jou vaskeer." (1 Konings 18:44, 1983 AV)

Maak vir 'n oomblik 'n vuis en kyk daarna. Dit is hoe groot die wolkie in die lug was – ek kan my amper nie indink dat mens dit selfs in die lug kan raaksien nie. Dit was egter genoeg vir Elia om te weet dat God sy belofte gestand gaan doen. Die realiteite, die tekens was teen Elia. Dit het uitgeskreeu, "Dit wat jy sê is ONMOONTLIK!", maar Elia het vas bly staan in sy geloof en God het die onmoontlikheid in 'n moontlikheid omgedraai. Ek en jy moet dus ook geduldig op God vertrou TOTDAT die deurbraak kom, want dit sal beslis kom. Jakobus leer ons dat die wagtydperk eintlik maar net ons geloof toets en in die proses geduld in ons produseer. Somtyds is ons so naby aan daardie deurbraak maar ons ongeduld kanselleer of stel God se belofte vir ons uit. Ons lees nie verniet in Romeine 5 die volgende nie:

Dit is egter nie al nie. Ons verheug ons ook in die swaarkry, want ons weet: swaarkry kweek volharding, en volharding kweek egtheid van geloof, en egtheid van geloof kweek hoop; en dié hoop beskaam nie, want God het sy liefde in ons harte uitgestort deur die Heilige Gees wat Hy aan ons gegee het. (Romeine 5: 3-5, 1983 AV)

Abraham is 'n voorbeeld van iemand wie se geduld opgeraak het. Te midde van God se proses, het hy besluit om sy eie plan te maak. Daardie plan se naam was Ismael. Verstaan my mooi, daar was niks met die seun Ismael verkeerd nie – dit was die Ismael-plan wat Abraham en Sara gemaak het wat verkeerd was. As jy 'n plan gebore uit gees en vlees maak, sal jy met die gevolge daarvan moet saamleef. God se plan vir hulle was Isak en nie Ismael nie. Ek en jy moet ook leer om geduldig vir God se plan vir ons te wag en nie ons eie "Ismael-planne" maak nie.

Onthou God se wonderdade

Dit is so maklik om deur ons emosies oorweldig te raak en ons gedagtes vol van die wêreld en sy probleme te maak. In Markus 4 sê Jesus in die gelykenis van die saaier dat die lewende saad van die Woord van ons gesteel word – dit is presies wat ons doen wanneer ons toelaat dat ons gedagtes met die wêreld se sorge gevul word.

In 2 Petrus 1:3 staan die volgende:

Deurdat ons Hom regtig ken, **het sy Goddelike krag ons alles laat kry wat ons nodig het** *om naby aan Hom te lewe.* (2 Petrus 1:3, NLV)

Ons het alles in Christus Jesus ontvang om hierdie Goddelike lewe af te lê. Hy het ons geroep om Sy heerlikheid en goedheid te ontvang! God se Woord sê dit – of ek nou so voel of nie. God kan nie lieg nie. Lees dit saam met my:

> *God is nie 'n mens dat Hy sal lieg nie. Hy is nie 'n mens wat 'ekskuus' sal sê nie. Het Hy al ooit iets gesê wat Hy nie gedoen het nie? Het Hy iets belowe wat Hy nie nagekom het nie?* (Numeri 23:19, NLV)

> *Deur hierdie selfde krag het Hy sy kosbaarste en allergrootste beloftes vir ons laat waar word.* **Die gevolg hiervan is dat julle deel gekry het aan sy Goddelike natuur. Só het julle vrygekom van die proses van agteruitgang wat,** *as gevolg van die neigings van ons menslike natuur, oral alles en almal laat sleg word.* (1 Petrus 1:4, NLV)

Ons het dus vrygekom. Ons is dus nie meer op die pad van agteruitgang nie. In 2 Petrus 1 staan die volgende wonderlike waarheid:

> *These are the promises that enable you to share his divine nature and* **escape the world's corruption caused by human desires.** (2 Peter 1:4, NLT)

Ons is dus nie net vry nie, ons het ook die vermoë om die korrupte wêreld deur SY BONATUURLIKE NATUUR te ontsnap. Wat maak dit moontlik dat ons kan ontsnap? KENNIS (met ander woorde 'n intieme KEN) van SY Goddelike Krag en Goddelike Natuur. Kyk hoe beskryf Petrus hierdie proses:

> **Juis om hierdie rede moet julle alles in julle vermoë doen om te wys dat hierdie beloftes vir julle waar**

geword het. *Dan sal julle geloof meebring dat julle leefstyl goed is. 'n Goeie leefstyl bring weer mee dat jy God beter leer ken. As 'n mens God ken, kan jy jouself dissiplineer. Selfdissipline bring weer mee dat 'n mens kan uithou en aanhou, en hierdie volharding loop uit op 'n lewe naby aan God. 'n Lewe naby aan God skep liefde vir ander gelowiges, en uiteindelik is dit hierdie positiewe houding teenoor medegelowiges wat meebring dat jy almal liefhet.* (2 Petrus 1:5-7, NLV)

Teen hierdie tyd ken jy seker al ons geloofsproses. Ek wil jou vir oulaas daaraan herinner:

Laat toe dat Sy Woord naby jou kom
↓
Sy Woord is 'n lig of openbaring vir jou
↓
Die lig bring 'n helderheid of begrip (jou verstand begryp die openbaring)
↓
Wanneer jy verstaan begin jy vertrou
↓
Vertroue gee vir jou 'n staanplek
↓
'n Staanplek gee vir jou 'n platform
↓
Jy moet besluit of jy gaan optree of passief gaan bly? Jou gehoorsaamheid aan die Woord wat lig bring gaan tot aksie [optrede] oor. Dit is 'n berekende risiko wat jy neem, want jou vertroue is in 'n goeie en getroue God. Passiwiteit maak dat jy uitstel en uiteindelik opgee.

Ek en jy moet dus alles in ons vermoë doen om te WYS dat ons GLO – met ander woorde ons gedagtes en woorde moet in LYN met God se Woord wees om hierdie beloftes te sien waar word. Ons weet dat dit reeds vir ons gegee is en daarom GLO ons dit. Ons bely dit en daarom kom ons op die STAANPLEK waar ons volgens die Woord kan optree.

Wanneer ons verder in 2 Petrus 1 lees, sien ons die volgende:

Hoe meer julle op hierdie wyse groei, hoe meer sal die feit dat julle ons Here Jesus Christus ken, veroorsaak dat julle nie nutteloos en geestelik onproduktief is nie. Mense wie se lewe nie wys dat God se beloftes in hulle waar geword het nie, is blind, of – ten minste – kortsigtig. Hulle het klaar vergeet dat God hulle gereinig het van hulle vorige sondige leefstyl. Daarom, broers en susters, werk nog harder daaraan om met julle leefstyl te bewys dat God julle regtig geroep en gekies het. (2 Petrus 1:8-10, NLV)

Ons moet dus regtig hard werk om te bewys dat ons deur God geroep is. Bedoel ek hiermee fisies harde werk? Praat ek van dade? Nee ons moet hard werk aan ons geloofsbelydenis en afhanklikheid daarvan om Sy stem te HOOR. Wanneer ons Hom volg, te midde van weerstand en moeilike omstandighede bewys ons dat ons deur Hom geroep is – ons leef dit dus uit. Ek onthou die tyd toe ons oor transformasie van ons stad begin praat het. Ons het geweldige teenstand van alle oorde beleef. Ek onthou een van die dinge wat in daardie stadium in Potchefstroom 'n groot taboe was, was multi-kulturele dienste. My oudste seun is in 1995 deur my vriend, Pastoor Anthony Constance, toegewy. Die denominasie waarvan ek in daardie stadium deel was, se streeksbestuur wou my met alle mag as pastoor verwyder. Een van ons lidmate was die eerste swart student wat 'n leiersposisie op kampus beklee het – Frieda Kishi was die eerste swart Huiskomiteelid van die koshuis waarin sy gewoon het. Dit het alles in die vroeë 1990's in Potchefstroom gebeur.

Ek onthou 'n ander geval van 'n student wie se ouers ruimhartig tot ons bediening bygedra het. Sy het my eendag "ingeroep" en gesê dat haar pa sy geldelike ondersteuning gaan onttrek as ek nie met hierdie "swart bediening" einde kry nie. Ek onthou dit asof dit gister was dat ek baie moedig en vol selfvertroue vir haar gesê het dat nie sy of haar pa vir my sorg nie – God het ons geroep en daarom sal Hy vir ons sorg. Hoewel ons vir 'n paar maande finansieel swaargekry het omdat haar pa en ook ander mense, wat hy beïnvloed het en hul geld onttrek het, het ons steeds op die Woord van God vasgestaan. Daar was ook 'n ander geval van 'n plaasboer van die omgewing wat in die vroeë 1990's ons finansieel baie goed ondersteun het. Vir 'n studenteleraar met 'n karige salaris was hierdie ondersteuning soos manna uit die hemel. Op 'n dag het hy my nader geroep en gesê dat hy ons "regtig wil seën". Daar was egter 'n voorwaarde aan gekoppel – ons moes ons multi-kulturele bediening staak en net blanke studente bedien. Hoewel ons dit fisies aan ons sak en lewens gevoel het, het ons besluit om eerder sonder sy bydraes klaar te kom as om aan sy eise toe te gee. Geloof in God beteken jy gaan moet staan vir wat reg is en nie vir wat in daardie oomblik gemaklik is nie.

Verse 11 tot 15 van 2 Petrus 1 sê verder:

As julle dit doen, sal julle nooit struikel nie. En dan sal julle sonder ophou en sonder dat iets julle hinder, kan deelneem aan die ewige koningsheerskappy van ons Here en Verlosser, Jesus Christus. Dis waarom ek julle altyd aan

hierdie dinge sal herinner, *al weet julle dit en al* *leef julle reeds noukeurig volgens die waarheid* *wat by julle is.* **Ek beskou dit inderdaad as my** **plig om julle hieraan te herinner** *so lank as wat* *ek nog lewe. Ons Here Jesus het dit egter aan* *my bekendgemaak dat ek binnekort gaan sterf.* *Daarom sal ek moeite doen om hierdie dinge* *aan julle te verduidelik. Ek wil* **hê julle moet dit** **onthou** *lank ná ek nie meer hier is nie.* (2 Petrus 1:11-15, NLV)

Petrus sê drie kere hy wil hê dat ons moet onthou wat hy vir ons wil sê. Die prys van geregtigheid en genade **bring 'n goeie** **nuus waarteen die wêreld nie bestand is nie.** Dit is wanneer ons nie meer die mense om ons met vyandskap bejeën nie, maar weet dat die soet aroma wat geloof versprei ander in staat gaan stel om te kan KIES. Dit is wanneer ons die Naam JESUS oor hulle lewe en omstandighede kan wapper. Dit wat ek nou skryf is nie vergesog en Kinderbybel materiaal nie. Dit is GOEIE NUUS realiteit. Daarom is dit noodsaaklik dat ons sal doen wat in Romeine 12:2 staan – ek gebruik die weergawe van die Phillips Bybelvertaling:

Don't let the **world around you squeeze you** **into its own mould,** *but let God remould your* *minds from within, so that you may prove for* *yourselves that the plan of God is good, meets all* *his demands and moves towards the goal of true* *maturity.* (Romans 12:2, Phillips)

Moenie dus nie toelaat dat die wêreld jou tot sy goddelose standaard druk nie. Bill Johnson het die volgende geskryf:

Unbelief has the outward appearance of a conservative approach to life, but works to subject God Himself to the mind and control of people.

Geduld en Lankmoedigheid

Ek het reeds vroeër in die boek genoem dat ek in 2009 met die Guillain Barré sindroom gediagnoseer is. Dit was aanvanklik baie frustrerend want daar het talle spesialiste om my wat aanvanklik nie geweet het wat ek makeer nie. Nadat hulle my wel gediagnoseer het, het al die negatiewe prognosis gekom – onder andere dat ek nooit weer sou preek nie. Ek het gelukkig eerder God se Woord oor my geglo as al hul negatiewe prognosis. Gedurende my hersteltydperk wat maande geduur het, het ek dikwels teenoor God en my familie gekla. Ek het myself in die tyd baie jammer gekry. Onthou ek het van senior pastoor van 'n groeiende gemeente na 'n man wat skaars kon praat verander – dit alles as gevolg van Guillain Barré. Dit is juis in my hersteltyd dat Galasiërs 5:22 meer as net 'n woord vir my geword het – ek moes dit elke dag begin leef het. Galasiërs 22:5 klink só in die New King James Version:

But the fruit of the Spirit is love, joy, peace, longsuffering, kindness, goodness, faithfulness. (Galatians 22:5, KJV)

In die Lewende Bybel klink dit só:

... Hy gee liefde, blydskap, vrede, geduld, vriendelikheid, vrygewigheid, betroubaarheid, nederigheid en selfbeheersing. (Galasiërs 22:5, LB)

Het jy ook al hierdie skrifteks iewers gehoor of dalk het jy dit al gelees? Ek is seker jy het net soos ek dit ook al gelees, maar ek het nie presies verstaan wat die geduld of lankmoedigheid is waarvan hier gepraat word nie. Aangesien my liggaam nog nie immuun teen enige virusse of infeksies tydens my herstel was nie, moes ek reekse antibiotika gebruik nadat ek uit die hospitaal gekom het. Ons het besluit om bietjie met vakansie te gaan, want dit kon my herstellende liggaam net goed doen, maar kort nadat ons by ons vakansiebestemming aangekom het, het ek weer eens siek geword. Ek het 'n hoë koors ontwikkel en vir drie volle dae in die bed gelê. Die ellende was egter nie oor nie, want my hele gesin het ook siek geword. In sulke tye wil jy so graag iemand blameer, jy wil vir iemand die skuld vir al die ellende en ongemak gee. Dit is egter toe dat LANKMOEDIGHEID aan my geopenbaar is. Steve Farrar sê in 'n boek van hom:

> *Without the sovereignty and providence of God, you will always remain a victim. But when you discover the truth of these attributes of your heavenly Father, it throws the events of your life into a completely different light.*

Ek het begin om lankmoedigheid, wat 'n vrug van die Gees is, in 'n heel ander lig te begin sien.

Definisie van LANKMOEDIGHEID

Die Hebreeuse uitdrukking *erek* en *aph* beteken letterlik "lank van neus" ("long of nose") of "lang asemhaling" ("long of breathing"). Woede gaan dikwels met vinnige, swaar asemhaling deur die neusgate gepaard en dit is moontlik vanwaar die vertalings van "lank om kwaad te word ("long of anger"), "stadig om toornig te word" ("slow to wrath") en "lankmoedigheid" vandaan kom. Dit is van toepassing op God waar daar veral in die King James Version verwys word dat God stadig is om kwaad te word ("slow to anger"). In my omstandighede het lankmoedigheid dus beteken dat ek my asem moes ophou – dat ek nie in woede op frustrasie moes reageer nie.

In die Grieks beteken die woord *makrothymia* letterlik "lank in gees of woede" ("long of spirit or rage") – dit is van toepassing by God veral in terme van Sy geduld met sondaars en die feit dat Hy stadig is om oordeel oor hulle te bring. Hierdie aspek word in Romeine 2:4 in die Amplified Bible duidelik geïllustreer:

Or are you [so blind as to] trifle with and presume upon and despise and underestimate the wealth of His kindness and forbearance and long-suffering patience? Are you unmindful or actually ignorant [of the fact] that God's kindness is intended to lead you to repent (to change your mind and inner man to accept God's will)? (Romans 2:4, Amplified Bible)

J. Horst het in sy boek *Makrothymia* die volgende stelling gemaak:

Since it is a quality of God, it is also a fruit of the presence, guidance and enabling of the Holy Spirit in the believer (Gal 5:22) aiding him to endure trials and to be patient.

Die doel van God se lankmoedigheid is dus om mense tot bekering (inkeer) en belydenis te lei. Dit was ook God se doel met my en ek dink met jou ook. Bekering beteken om jou gedagtes totaal te verander. Dit beteken dus dat jy anders oor dinge sal begin dink. God maak ons nie siek nie, maar deur my omstandighede het ek begin verstaan dat God my nie net wil leer wat LANKMOEDIGHEID beteken nie, maar ook om LANKMOEDIG te wees.

Om Genade In LANKMOEDIGHEID Te Verstaan

Die skrywer en teoloog John Flavel het eendag in sy gemeente in Engeland die volgende gesê

Some providences of God, like Hebrew letters are best understood backwards.

In meeste Westerse tale lees en skryf ons van links na regs. In Hebreeus word daar egter van regs na links gelees en geskryf. Flavel se argument hiermee was dat dit soms vir jou mag voel dat die lewe agterstevoor vir jou gelees word. God se almag en voorsiening mag in daardie oomblik vir jou geen sin maak nie totdat jy die einde van die hoofstuk/reis bereik. Vir my het hierdie reis van my [my siekte] geen sin gemaak nie. Selfs toe ek reeds kon praat en myself kon help het ek myself gevang dat ek soms gedink het hoekom? Wat is en was die doel met dit alles?

Dalk is jy tans in die middel van moeilike omstandighede en wonder jy ook wanneer alles gaan eindig. Jy was dalk reeds deur moeilike tye en storms in jou lewe – storms rondom jou finansies, jou huwelik, jou werk, jou ander verhoudings. Dalk is jou pyn en seer nie iets van die verlede nie, maar is dit juis nou tasbaar in jou lewe. Ek wil jou ernstig vra om nie moed te verloor of wanhopig te word nie. Dink aan Josua wat op die rand van die Jordaanrivier gestaan het of aan Josef wat as slaaf gevange geneem is. Niks het ook vir hulle sin gemaak nie. Die woorde van Job 23:3-9, soos aangehaal uit The Message, kry nuwe betekenis vir my:

If I knew where on earth to find him, I'd go straight to him. I'd lay my case before him face-to-face, give him all my arguments first-hand. I'd find out exactly what he's thinking, discover what's going on in his head. Do you think he'd dismiss me or

bully me? No, he'd take me seriously. He'd see a straight-living man standing before him; my Judge would acquit me for good of all charges. I travel East looking for him - I find no one; then West, but not a trace; I go North, but he's hidden his tracks; then South, but not even a glimpse.
(Job 23:3-9, The Message)

Vir Job het sy lewensreis ook nie sin gemaak nie. Ek dink ons word so maklik deur die teenspoed wat oor ons pad kom, verblind. Daar was baie dae tydens my siekte wat ek gedink het: "Here waar is U?" Ek het so pas vir jou gesê dat ek tydens my vakansie by die see 'n hoë koors ontwikkel het. Ek het 'n sms boodskap vir 'n vriend van my gestuur en gehoop om baie simpatie van hom te ontvang. Sy antwoord aan my was dat ek God moet begin loof en prys. Lofprysing en aanbidding was regtig die laaste ding wat ek in daardie oomblik wou doen! Volgens die Bybel is dit egter presies wat Job gedoen het – toe slegte nuus van alle kante na hom gekom het, sê die Bybel, het hy opgestaan, sy klere geskeur, sy kop kaal geskeer, op die grond neergeval en God begin aanbid.

Wat sal jou reaksie wees as dit met jou sou gebeur? Gaan jy soos Job, te midde van jou omstandighede die Here loof, prys en aanbid – gaan jy geduldig en lankmoedig wees of gaan jy dadelik in sak en as verval?

Dit mag baie neerdrukkend vir jou klink, maar daar was baie dae tydens my siekte dat ek regtig alleen gevoel het en alle fokus verloor het. As ek nou aan daardie dae terugdink besef ek my fokus was geheel en al op my pyn en my ongemak. Ek het so op myself gefokus dat ek totaal vergeet het om God te aanbid en te prys vir wie Hy is. Baie mense aan wie ek dit vertel het, het vir my gesê dat ek moet onthou dat ek net 'n mens is. Dit is menslik om op jou pyn en ongemak te fokus. Ek moes dus nie so hard op myself gewees het nie.

Dit mag alles waar wees, maar ons is gemaak om te aanbid. Die vraag is egter; wat is die fokus van ons aanbidding – gaan ons, ons eie mensgemaakte wêreld, waar ons in beheer is, aanbid of gaan ons God van die heelal, waar Hy almagtig en in beheer is, aanbid? Ons moet Hom aanbid selfs al verstaan ons nie die omstandighede waarin ons onsself bevind nie. 'n Paar jaar gelede het ek een van ons geliefde gemeentelede aan die dood afgestaan kort nadat hy 'n operasie ondergaan het. Ek het nie verstaan hoekom dit gebeur het nie. Baie mense het gevra HOEKOM en party het selfs daarop aangedring dat God 'n antwoord moet gee. Is dit vir God nodig om te antwoord? Of is dit juis dit wat uiteindelik Hom God maak?

Lees saam met my Jesaja 25:1, Hebreërs 1:3 en Kolossense 1:17-18 soos dit in Die Boodskap weergegee word. Uit hierdie verse sien ons dat God my en jou God is en dat Sy planne vir my en jou net goed is en dat Hy alles tot stand kan bring deur net te praat.

Here, U is my God! Ek wil U prys en U naam grootmaak. U het asemrowende dinge gedoen; die dinge wat U lank gelede reeds beplan het, het U stiptelik en volgens u woord uitgevoer. (Jesaja 25:1, Die Boodskap)

Die Seun lyk net soos God. Hy sorg dat alles in die skepping bly soos dit behoort te wees, want Hy hoef net te praat en dan gebeur dit. (Hebreërs 1:3, die Boodskap)

Voor enige iets anders gemaak is, was Hy mos al daar. Boonop is Hy ook die Een wat sorg dat die heelal nie in duie stort nie. (Kolossense 1:17, Die Boodskap)

Uit hierdie verse is dit duidelik dat God alles in beheer het. Hoe kan ek dan anders as om my fokus op Hom te rig? Wat het lankmoedigheid dan nou vir my tydens my siekte begin beteken – dit was die vreugde om nie te weet wanneer my finale herstel sal plaasvind nie. Dit mag snaaks klink, maar dit het regtig 'n vreugde geword om te besef dat ek my nie hoef te bekommer oor more nie, want ek weet God is in beheer van my lewe. Dit word bevestig deur die woorde van Psalm 115:3 wat sê:

Maar ons God is in die hemel en Hy maak soos Hy wil. (Psalm 115:3, NLV)

B.B Warfield het die basis van ons ongemak soos volg beskryf:

We wish "to belong to ourselves," and we resent belonging, especially belonging absolutely, to anybody else, even if that anybody else be God.

As ons maar net wil oorgee aan God en Hom toelaat om ons ALLES te word, dan sal selfs ongemak nie 'n probleem wees nie, maar 'n vreugde.

STAAN dan VAS in die NAAM van DIE HERE

Lees gerus die gedeelte wat in Efesiërs 6:10-20 staan. Dit handel oor die volle wapenrusting van God wat ons moet aantrek en ook dat ons stryd nie teen vlees en bloed is nie, maar teen die bose magte in die lug. Ek wil met vers 10 begin:

Eindelik, my broeders, word kragtig in die Here en in die krag van sy sterkte. (Efesiërs 6:10, 1953 AV)

Hierdie vers sê duidelik vir my en jou dat ons kragtig in die HERE moet word – met ander woorde ons woorde moet in lyn met SY Woord wees en ons aksies moet SY aksies wees. My en jou krag lê nie in onsself nie, maar in die Here. Jy kan swak en onbeholpe wees, maar Hy is gelukkig sterk. Kyk saam met my hoe die Here vir Josua gesê het om vas te staan:

Wees sterk en vol moed; want jy sal hierdie volk die land laat erwe wat Ek hulle vaders met 'n eed beloof het om aan hulle te gee. Wees net baie sterk en vol moed, om nougeset te handel volgens die hele wet wat Moses, my kneg, jou beveel het; wyk daarvan nie regs of links af nie, sodat jy met goeie gevolg kan handel, oral waar jy mag gaan. Hierdie wetboek Die WOORD van GOD – DIE LEWENDE WOORD) mag nie uit jou mond wyk nie; maar bepeins (BEDINK dit gereeld- sodat jou gedagtes vernuwe kan word) dit dag en nag, sodat jy nougeset kan handel (SODAT JY SAL WEET WAT IS DIE WIL VAN GOD VIR JOU LEWE EN DAN DAARVOLGENS JOU LEWE INRIG) volgens alles wat daarin geskrywe staan; want dan sal jy in jou weë voorspoedig wees, en dan sal jy met goeie gevolg handel. Het Ek jou nie beveel nie: Wees sterk en vol moed, wees nie bevrees of verskrik nie; want die Here jou God is met jou, oral waar jy heengaan? (Josua 1:6-9, 1953 AV – tussenvoegsels deur my ingesit)

Here my keuse en besluit is om U alleen nou te volg. Ek sal nie langer VREES nie. EK is sterk en VOL MOED in CHRISTUS JESUS se naam.

Ek wil hê jy moet sommer nou hier waar jy die boek lees die volgende saam met my bely: "Here my keuse en besluit is om U alleen nou te volg. Ek sal nie langer VREES nie. EK is sterk en VOL MOED in CHRISTUS JESUS se naam." Kom ons gaan terug na Efesiërs 6 toe en lees nou by vers 11 verder:

> *Trek die volle wapenrusting van God aan, sodat julle staande kan bly teen die liste van die duiwel.*
> (Efesiërs 6:11, 1953 AV)

Die Woord is hier baie presies – STAAN VAS in die NAAM van die Here. Hy is jou rots en jou toevlug. Jy sal by Hom, die Allerhoogste, skuiling vind.

> *Want ons worstelstryd is nie teen vlees en bloed nie ...* (Efesiërs 6:12, 1953 AV)

Jou moeilikheid is nie die land se regering nie, dit is teen die owerhede, teen die magte, teen die wêreldheersers van die duisternis van hierdie eeu – met ander woorde teen die bose geeste in die lug.

> *Daarom, neem die volle wapenrusting van God op, sodat julle weerstand kan bied in die dag van onheil en, nadat julle alles volbring het, staande kan bly. ¹⁴Staan dan vas, julle lendene met die waarheid omgord, met die borswapen van die geregtigheid aan, ¹⁵en as skoene aan julle voete die bereidheid vir die evangelie van vrede.*
> (Efesiërs 6:13, 1953 AV)

VREDE maak 'n pad oop. VREDE bring GOEIE nuus in SLEGTE

plekke. Dit is die GOEDHEID van GOD en nie oordeel en betogings en stakings en protes wat mense by JESUS kry nie. DIT IS DIE GOEDHEID van GOD wat lewens verander.

VREDE maak 'n pad oop. VREDE bring GOEIE nuus in SLEGTE plekke.

Behalwe dit alles neem die skild van die geloof op waarmee julle al die vurige pyle van die Bose sal kan uitblus. (Efesiërs 6:16, 1953 AV)

Die absolute vertroue in 'n GOEIE GOD maak dat jy deur SY blydskap omring is en jy rig 'n SKILD van geloof teen die vyandige magte op.

En neem aan die helm van verlossing en die swaard van die Gees – dit is die woord van God (Efesiërs 6:17, 1953 AV)

Jy moet nuwe gedagtes kry – vernuwende denke. Jy moet Sy Sozo (geestelike welstand) ontvang. Ontvang die EVANGELIE waarvoor jy nie hoef skaam te wees nie.

... terwyl julle met alle gebed en smeking by elke geleentheid bid in die Gees, en juis daartoe waak met alle volharding en smeking vir al die heiliges. (Efesiërs 6:18, 1953 AV)

Om so te leef is WARE GEESLEWE. Die Woord vir dit in die Grieks is *Zoe*. Andrew Wommack beskryf dit na aanleiding van Johannes 10:10 soos volg (ek hou dit in die oorspronklike Engels):

The Greek word translated "life" here is ZOE, and it means "life in the absolute sense, life as God has it" (Vine's Expository Dictionary). Everyone who is breathing has life in the sense of physical existence, but only those who receive Jesus can experience life as God intended it to be. Jesus came not only to save people from the torment of eternal hell but also to give them this ZOE life, or God-kind of life, in abundance. The life of God is not awaiting people in heaven but is the present possession of all born-again believers in their spirits (John 5:24 and 1 John 3:14). Believers can release this ZOE life and enjoy it now by losing their natural lives (Mathew 16:24-25, Mark 8:34-37, and Luke 9:23-25) and finding this supernatural life. The way believers lose their lives is to deny any thoughts, emotions, or actions that are contrary to the Word of God, which is life (ZOE in John 6:63). When they line their thoughts, emotions, and actions up with the instructions of God's Word, then they'll find this ZOE life manifest in their bodies and souls as well."

... en vir my, sodat 'n woord my gegee mag word as ek my mond oopmaak om met vrymoedigheid die verborgenheid van die evangelie bekend te maak, waarvoor ek 'n gesant is in kettings, sodat ek daarin vrymoediglik mag spreek soos ek moet spreek. (Efesiërs 6:19-20, 1953 AV)

Dit is waarom ek en jy moet PRAAT en DIE WOORD oor my en jou OMSTANDIGHEDE moet BELY.

Ek was eendag desperaat om 'n oplossing vir 'n saak te kry wat ek moes hanteer. Ek het die Woord opgetel en dit begin lees.

Ek glo vas dat die Woord soos water is. Dit maak jou sisteem en gedagtes van die vuilheid van die wêreld en sy ongeloof skoon. Ek het by Markus 4 begin lees en toe ek by Markus 7 kom, het die volgende gedeelte skielik vir my uitgestaan:

> *Hierdie volk eer my met hulle mond, maar hulle hart is ver van my af.* (Markus 7:6, 1983 AV)

Die Here sê dus hier dat die mense se Godsdiens blote skyn is, want hulle hou menslike dogmas as wette van God voor. Ons kan nie toelaat dat ons net die regte geluide maak en godsdienstig klink deurdat ons goed soos die volgende sê nie, "Ag jong, jy weet mos God se plan is nie ons plan nie. Hy het mos 'n doel met alles..." Wanneer ons dit doen praat ons saam met die GEES van die wêreld. Ons is dan soos iemand wat die gedaante van GODSALIGHEID het, maar ons verloën die krag daarvan (lees gerus 2 Timoteus 3:1-5).

In Markus het ek verder gelees dat dit nie is wat ek eet of drink wat my lewe besoedel nie, maar wat ek toelaat om in my denke in te gaan is wat my besoedel. Negatiewe woorde tas my gemoedstoestand aan. Dit is soos onkruid wat met die goeie saad meeding. Kyk wat se Jesus:

> *Wat van buite af in jou ingaan, kan jou nie onrein maak nie, wat uit jou gaan – wat jy sê en doen – dit is wat jou onrein maak.* (Markus 7:15)

Jesus sê dus self dit is nie wat jy geëet of wat jy gedrink het wat jou onrein maak nie. Dit is waaroor jy praat. Dit staan ook in Markus dat waarvan my hart van vol is, loop my mond van oor. Die vraag is dus, "Hoe klink jou 'taal'?" Is die volgende aspekte of temas wat gereeld in jou 'taal' voorkom?

- Is jy klaerig?
- Ondankbaarheid.
- Nooit genoeg nie.
- Vergelyk jouself.
- Negatiwiteit.

Hierdie dinge is vrugte van 'n hart wat vol van die negatiewe, bedoelende woorde van die wêreld, is. Hierdie woorde verdring die geleentheid om die bonatuurlike van God raak te sien. In Markus 8 lees ons van die vermeerdering van die brode – dit was 'n asemrowende wonderwerk waar Jesus sewe broodjies en 'n paar vissies geneem het en vir vierduisend mense kos gegee het. Die wonderlike daarvan was dat almal genoeg geëet het en dat daar steeds sewe mandjies oorskiet was. Na die gebeure het Jesus en Sy dissipels in 'n skuit geklim en na die oorkant gevaar waar hulle 'n klomp Fariseërs raakgeloop het. Hierdie Fariseërs het nie Jesus se wonderwerk beleef nie en hulle was sommer daarop uit om skoor te soek. In Markus 8 staan daar:

Daar kom toe Fariseërs wat met Jesus begin redeneer. Om Hom op die proef te stel, wou hulle van Hom 'n wonderteken uit die hemel hê. (Markus 8:11, 1983 AV)

In die 1953 Afrikaanse vertaling staan daar hulle het met Jesus begin redetwis en in die Nuwe Lewende Vertaling praat hulle van argumenteer. Die Fariseërs was dus glad nie met 'n vriendelike gesprek met Jesus besig nie. Hulle het ook daarop aangedring dat Jesus vir hulle 'n wonderwerk moet wys. Die dissipels was baie bly en opgewonde hieroor, want hulle het so pas 'n asemrowende wonderwerk van Jesus beleef. Ek dink hulle het dalk vir Hom gesê, "Ja Here, wys hulle! Doen iets wat hulle asem sal wegslaan."

Jesus se reaksie is egter die volgende:

> *Hy het diep gesug en gesê: "Waarom wil hierdie geslag 'n teken hê? Dit verseker Ek julle: Aan hierdie geslag sal beslis nie 'n teken gegee word nie."* (Markus 8:12. 1983 AV)

Jesus wou glad nie 'n wonderteken doen nie, want Hy het gesê dit maak nie saak wat hulle sien of hoor nie, hulle sal steeds nie glo nie. Godsdienstigheid, soos wat die Fariseërs dit beoefen het, maak jou blind en doof. Dit is slegs 'n lewende verhouding met Jesus wat God se lewe in jou vrystel.

Jesus en Sy dissipels gaan toe terug na die boot, maar Sy dissipels is omgekrap. Hulle wou darem nou dat Jesus vir hierdie Fariseërs 'n punt gewys het. Mens kan sê hulle het die gees van Herodes en van die Fariseërs op hulle gehad. Die volgende voorbeeld wat ek gaan gebruik is nie om mense wat rook te veroordeel nie – ek gebruik dit net om my punt te illustreer. Wêreldwyd word nikotienrook as ongesond beskou. Ons weet ook dat sekondêre rook net so gevaarlik, indien nie gevaarliker as rook self, is nie. Hier is die punt wat ek wil oorbring – jy hoef nie te rook om na rook te ruik nie, jy moet net naby iemand staan wat rook. Dit is presies dieselfde met ontevredenheid – jy hoef nie te baklei en te raas om stryerig te raak nie – jy moet net naby dit wees. Onthou jy nog wat in Romeine 10:8 staan –

> *Naby jou is 'n woord, in jou mond en in jou hart, dit is die woord van geloof...*

Terug by my storie – Sy dissipels laat toe dat die strygees van die ou klomp skrifgeleerders op hulle kom en hulle vergeet skoon om brood te koop. Miskien was dit juis die suinige, stelerige Judas wat gemaak het dat hulle nie brood gekoop het nie. Lees saam met my die gedeelte in Markus 8:14-21. Ek gebruik die 1953 Afrikaanse vertaling:

> *En hulle het vergeet om brode saam te neem, en het net een brood by hulle in die skuit gehad.* ¹⁵*En Hy het hulle beveel en gesê: Pas op, wees op julle hoede vir die suurdeeg van die Fariseërs en die suurdeeg van Herodes.* (Markus 8:14, 1953 AV)

Jesus praat met die dissipels en waarsku hulle om versigtig vir die suurdeeg van die Fariseërs te wees. Suurdeeg is 'n eensellige fungi wat tydens fermentasie koolhidrate na koolstofdioksied en alkohol afbreek. Daar is verskeie soorte suurdeeg waarvan bakkers suurdeeg van die bekendste is. 'n Klein bietjie suurdeeg is nodig om 'n groot hoeveelheid deeg binne te dring en die smaak aan die produk te gee. 'n Klein bietjie suurdeeg neem uiteindelik die hele deeg oor.

Jesus waarsku Sy dissipels daarteen dat sekere gedagtes van die Fariseërs nie hulle gedagtes moet binnedring nie, want net soos suurdeeg, kan dit hulle gedagtes oorneem. Die Fariseërs verteenwoordig die godsdienstige sisteem. Volgens hulle is God daar en ons moet Hom eer, maar daar is geen krag in God nie. Hy is die seremoniële hoof van die Hemel en Aarde, maar kan volgens die gees niks regtig doen nie.

Vandag sien ons dieselfde tendens, wat destyds by die Fariseërs was, in mense wat hulle self gelowiges noem. Hulle glo in 'n kragtelose God wat die Aarde se morele Baas is. Die suurdeeg van Herodes daarteenoor is 'n ateïstiese invloed wat op die krag van die mens en mens-gebaseerde stelsels, soos die politiek, populêre wil en oortuiging, gebaseer is. 'n Skrywer het eendag gesê dat die wêreldse kultuur met die suurdeeg van Herodes deurtrek is. Volgens hom bestaan veral die Westerse wêreld uit selfgemaakte mense, pioniers wat dink dat deur vasberadenheid, dissipline, en administratiewe uitnemendheid hulle kan bereik wat hulle wil.

Toe redeneer hulle onder mekaar en sê: "Dit is omdat ons geen brode het nie." (Markus 8:16, 1953 AV)

Ek het reeds genoem dat ons altyd in eenheid [eensgesind] moet leef, want wanneer ons uit eenheid beweeg, kom die listige vyand in en vernietig net waar hy wil. Dit is presies wat hy hier by die dissipels ook besig is om te doen – hy laat hulle onder mekaar stry.

En Jesus merk dit en sê vir hulle: Waarom redeneer julle dat julle geen brode het nie? Begryp julle nie en verstaan julle nie? Het julle nog jul verharde hart? Het julle oë en sien julle nie? En het julle ore en hoor julle nie? (Markus 8:17-18, 1953 AV)

Jesus neem hierdie dissipels onder hande en vra vir hulle, "Kan julle nie SIEN en HOOR NIE? Het julle so maklik vergeet wat Ek gedoen het? Het julle vergeet wie is in die boot saam met julle?"

En onthou julle nie toe Ek die vyf brode vir die vyfduisend gebreek het, hoeveel mandjies vol brokstukke julle opgetel het nie? Hulle sê vir Hom: Twaalf. (Markus 8:19, 1953 AV)

5 Brode = 12 Mandjies vol

En die sewe vir die vierduisend – hoeveel mandjies vol brokstukke het julle opgetel? En hulle sê: Sewe. (Markus 8:20, 1953 AV)

7 Brode = 7 Mandjies vol

Toe sê Hy vir hulle: Hoe verstaan julle dan nie! (Markus 8:21, 1953 AV)

Ek dink Jesus het die volgende vir hulle gesê, "Haai ek is die Here van vermenigvuldiging. Waar het julle somme leer maak? Het niemand julle die X-faktor geleer nie?" 1 Brood is gewoonlik genoeg vir 13 mense. Jesus het egter duisende mense met slegs 'n paar broodjies gevoed. Hy wou hulle leer om raak te sien dat waar Hy die middelpunt is, kos vermeerder. As hulle hierdie les hier verstaan het, sou hulle orals kos vermeerder het. Ek wil 'n getuienis van Heidi Baker met jou deel waar kos wonderbaarlik vermeerder is:

In 1995 het Heidi in Mosambiek, die armste land in die wêreld, met haar gesin aangekom. Die regering het hulle 'n verskriklike vervalle en verwaarloosde "weeshuis" aangebied. Na baie jare wat 'n wrede burgeroorlog gewoed het, is duisende kinders wees gelaat, verplaas en eenvoudig net gelos om op hul eie reg te kom.

Daar was 80 kinders in die weeshuis en God het Sy liefde oor hulle neergestort en elke dag kos voorsien. 'n Kerk is geplant en honderde mense het na God begin draai. Die voormalige kommunistiese direkteure van die regeringsweeshuis was woedend toe Heidi en haar man die weeshuis oorgeneem het, want hul uiterste korrupsie en diefstal het skielik, as gevolg van die oorname, tot 'n einde gekom. Hierdie direkteure het saam met 'n ewe korrupte faksie van die regering geknoei en beskuldigings teen Heidi hulle versin. Hulle het toe 'n wettige bevel teen Iris Ministries uitgereik wat alle gebed en aanbidding, Christelike sang en alle vorms van "nie-goedgekeurde" kos en klere verspreiding en mediese bystand verbied het.

Aangesien Heidi en die kinders nie die bevel gehoorsaam het nie, het hulle 48 uur gekry om die eiendom te verlaat. Heidi is ook vertel dat daar 'n kontrak op haar lewe uitgeneem is – haar lewe was dus in gevaar gewees. Heidi en haar man het na hul hoofkantoor in Maputo vertrek. Die kinders het in die eetkamer/kerk gedeelte bymekaar gekom en lofprysing en aanbiedingsliedere so hard as wat hulle kon begin sing. Hulle is geslaan en daar is vir hulle gesê dat hulle God nie mag prys nie. Een vir een het hulle die 20 myl (ongeveer 32km) na die stad begin aanpak. Nadat hulle met Heidi en Rolland herenig is, het Heidi, Rolland en die weeskinders God in totale desperaatheid aangeroep.

Hulle het alles verloor, hulle het geen plek gehad om te bly nie en daar was geen kos om te eet nie. 'n Vriend van die Amerikaanse Ambassade het met 'n pot rys en 'n pot brandrissiesous vir die Bakers en hulle twee kinders daar aangekom. Hulle het vir die kos gebid vir die 80+ kinders is aangesê om te gaan sit. Elkeen het kos gekry en het geëet totdat hul genoeg gehad het! God het hulle geloof beloon. Hulle eiendom i-Pemba is vandag ook sewe keer groter as wat dit was toe hulle dit in 1997 verloor het.

Heidi het eenkeer gesê, "regeringsamptenare wat ons eens op 'n tyd vervolg het en ons kinders geslaan het, is nou dankbaar dat ons in die land is."

Jesus wil vir jou ook deur hierdie gedeelte 'n les leer. Hy neem wat ook al in jou hand is en verslaan 'n reus daarmee. Met dit wat in jou hand is:

- Voed Hy duisende.
- Voorsien Hy in jou en jou familie en dorp se behoeftes volgens jou geloof.
- Neem Hy jou dankie sê en genees mense van ongeneeslike siektes.
- Neem Hy jou aksie en laat 'n dorp en sy ekonomie groei.
- As daar nie 'n skool is waar jy kan skoolgee nie, dan laat Hy 'n skool vir jou bou.
- As daar nie jou soort mense in jou dorp vir jou gemeente is nie – bring Hy hulle van ander plekke af in.
- Maak Hy goud waar daar nie goud was nie.
- Laat Hy dit in die woestyn reën en maak dit 'n lieflike blommetuin.
- Laat Hy jou huidige salaris jou tiende word.
- Gee Hy genesing aan jou kinders terwyl die dokter gesê het, "Jammer dit is onmoontlik."

Met my God hardloop ek oor 'n muur. Met my God is die onmoonlike beslis moontlik.

MET MY GOD HARDLOOP EK OOR 'n MUUR
Met MY GOD IS die ONMOONTLIKE beslis MOONTLIK.
Prys die HERE want HY is GOED EN SY GOEDHEID HOU VIR EWIG.

Ons het amper aan die einde van ons geloofsreis gekom. In hierdie boek het dit duidelik geword dat ons 'n ONBEPERTE God dien. Ons dien 'n God wat my en jou met seën wil oorlaai. Ons dien 'n God wat die ONMOONTLIKE MOONTLIK maak. Ek wil eindig met Hebreërs 12:1-3 en ek wil twee weergawes daarvan vir jou gee.

Met so 'n magtige skare toeskouers rondom ons om ons in die wedloop van die geloof dop te hou – kom ons stroop alles af wat ons spoed kan vertraag, veral die sonde wat so maklik 'n houvas op 'n mens kry. Kom ons hardloop met volharding op die baan wat voor ons uitgestrek lê, ons oë vasgenael op Jesus, die Voorganger en Voleinder van ons geloofswedloop. Hy het ter wille van die blydskap wat daar voor vir Hom gewag het, die kruis verduur. Ja, Hy het Hom selfs deur die skande van die kruisdood nie laat afskrik nie. En nou sit Hy op die ereplek langs God op die troon! Dink aan Hom wat soveel vyandigheid van sondaarmense deurstaan het. Dan sal julle nie uitsak en tou opgooi nie. (Hebreërs 12:1-3, NLV)*

So now the stage is set for us: all these faith-heroes cheer us on, as it were, like a great multitude of spectators in the amphitheatre. This is our moment. As with an athlete who is determined to win, it would be silly to carry any baggage of the old law-system that would weigh one down. Make sure you do not get your feet clogged up with sin-consciousness. Become absolutely streamlined in faith. Run the race of your spiritual life with total persuasion. (Persuaded in the success of the cross.). Look away from the shadow dispensation of the law

and the prophets and fix your eyes upon Jesus.
He is the fountainhead and conclusion of faith.
He saw the joy (of mankind's salvation) when he
braved the cross and despised the shame of it. As
the executive authority of God (the right hand of
the Throne of God) he now occupies the highest
seat of dominion to endorse man's innocence!
(Having accomplished purification of sins, he
sat down. [Heb. 1:3, Isa. 53:11]). Ponder how
he overcame all the odds stacked against him,
this will boost your soul-energy when you feel
exhausted. (Hebrews 12:1-3, NLT)

So baie mense dink wanneer hulle Jesus leer ken en gered word dat dit die einde van hul geestelike reis is. Dit is egter ver van die waarheid af, want om Jesus te leer ken is maar net die begin. Dit is die begin van jou lewenslange geloofsreis. Gelukkig is dit nie 'n eensame reis nie – daar is baie geloofshelde wat ons dophou en aanmoedig – die Nuwe Lewende Vertaling noem hulle *'n magtige skare toeskouers om ons*. Stel jou 'n stadion voor wat volgepak is van mense, nie net sommer mense nie, maar kwaliteit mense. Mense wie se name op die gedenkmuur van God opgeskryf is – Abel, Henog, Noag, Abraham, Isak, Jakob, Sara en nog vele ander. Hulle almal is daar om jou aan te moedig om die eindstreep te behaal. Hoe bly jy op die eindstreep gefokus?

- Weet dat daar mense is wat voor jou die reis van die lewe en geloof suksesvol voltooi het. Ons grootste voorbeeld is Jesus wat die Voleinder van ons geloofsreis genoem word.
- Maak reg om 'n effektiewe reis te hardloop en weet dat dit 'n lewenslange reis is. Raak ontslae van dit wat jou in jou

geloofsreis van koers af kan bring of wat jou onnodig ophou. 'n Atleet trek nie al die klere in sy kas aan en probeer dan die reis wen nie. NEE! Hy klee hom met klere wat hom 'n effektiewe atleet gaan maak. Moet dus nie in die sondes van die wêreld vasgevang word nie. Hardloop met volharding, met deursettingsvermoë en moenie dat die realiteite van die wêreld jou moedeloos maak nie.

- Fokus op Jesus en nie op jouself of die skare mense om jou nie. Onthou jy toe Petrus op die water geloop het – alles het goed gegaan terwyl hy na Jesus gekyk het, maar die oomblik toe hy wegkyk van Jesus af en sy oë op sy omstandighede, die golwe om hom, gefokus het, het hy begin sink!

- Wees sterk en vol moed, moenie opgee nie – voltooi die reis! Die wêreld is dikwels teen jou wanneer jy Jesus volg, maar dit is slegs 'n tydelike hindernis. Die Here het verskeie kere vir Josua gesê dat jy sterk en vol moed, met ander woorde dapper, moet wees – Jesus sê ook vandag vir jou wees strek, vol moed en dapper. Moenie opgee nie!

God sê egter, "Glo en jy sal sien" en dit is wanneer jy glo dat God die ONMOONTLIKE IN DIE MOONTLIKE VERANDER!

Dink terug aan die prentjie van die stadion. Die geloofshelde moedig jou aan. Daar is iemand wat by die eindstreep vir jou wag – JESUS en Sy aanmoediging is harder en meer intenser as al die geloofshelde saam. Onthou – die geloofsreis is nie verby alvorens jy voor Jesus staan nie!

Selfs jongmanne word moeg en raak afgemat, selfs manne in hulle fleur struikel en val, maar dié wat op die Here vertrou, kry nuwe krag. Hulle vlieg met arendsvlerke, hulle hardloop en word nie moeg nie, hulle loop en raak nie afgemat nie. (Jesaja 40:30-31, 1983 AV)

Ek het aan die einde van my geloofsreis saam met jou gekom. In hierdie boek is baie aspekte van geloof vervat, maar ek wil egter die volgende gedagtes by jou los: Ons almal het 'n maat van geloof ontvang. Net soos 'n sportman of -vrou hul spiere oefen sodat dit opgebou kan word en sterker ontwikkel moet ek en jy ook ons geloofspiere oefen. Dit beteken dus dat geloof nie iets passiefs is nie, maar dit is aktief – dit moet geoefen en beoefen word! Geloof laat jou anders dink as wat die wêreld dink; geloof laat jou anders praat as wat die wêreld praat; geloof laat jou anders sien as wat die wêreld sien. Die wêreld verkondig dikwels dat daar nie 'n toekoms is nie, terwyl geloof jou die toekoms in die hede laat ervaar. Die wêreld sê, "Sien is glo." God sê egter, "Glo en jy sal sien" en dit is wanneer jy glo dat God die ONMOONTLIKE IN DIE MOONTLIKE VERANDER!

Om te glo, is om seker te wees van die dinge wat ons hoop, om oortuig te wees van die dinge wat ons nie sien nie. (Hebreërs 11:1, 1983 AV)

IETS OOR DIE SKRYWER

WILLEM NEL IS DIE SENIOR PASTOOR van His People Geloofstad – 'n multi-kulturele, multigenerasie en 'n multi-perseel kerk wat in Potchefstroom, Klerksdorp en Parys, Suid-Afrika gebaseer is. Hy dien ook op die Apostoliese span van Every Nation Suid-Afrika (His People is by 'n wyer familie van kerke genoem Every Nation geaffilieer). Hy is die stigter van Faith Story Publishing - 'n publikasiehuis wat daarop ingestel is om God se Naam bekend te maak deur geloofstories van gewone gelowiges, wat 'n passie daarvoor het om die goeie nuus reg oor die wêreld te versprei, te vertel. Willem het reeds een boek gepubliseer, naamlik 'n Stille Avontuur (ook in Engels beskikbaar), wat die wonderbaarlike verhaal van sy genesing asook sy reis na genade vertel.

Willem is 'n motiveringspreker, prediker en 'n lewenskonsultant ("executive life coach"). Hy woon in Potchefstroom, Suid-Afrika en saam met ander leiers is hy by die transformasie van die gebied en streek betrokke.

Willem het in 1988 by die destydse RAU (nou die Universiteit van Johannesburg) met 'n BComm graad in Rekeningkunde gegradueer. Hy het in 1996 die graad BComm Hons. vanaf UNISA verwerf. Hy ontvang sy meestersgraad in "Organizational Leadership" (Cum Laude) van Regent University in die VSA. Hy het drie publikasies oor leierskap geskryf - Moving a Church from Good to Great; SHAPE for Business Leaders en Church Health Matrix.

Willem bedien gereeld plaaslik, nasionaal asook internasionaal. Hy het sterk bande met verskeie kerke in die VSA wat hom dan ook gereeld uitnooi om by hulle te kom bedien. Hy is veral bekend vir sy sterk woord oor geloof - die aktivering en oordra van 'n onwrikbare geloof in 'n Onbeperkte God. Na sy siekte koppel hy hierdie woord van geloof ook aan 'n buitengewone openbaring van God se genade. Hy het hierdie boodskap van geloof en genade in verskeie kerke en konferensies oor die laaste paar jare met ander gedeel.

Agter: Charmoré, Willem, Celesté en Guilliam
Voor: Ann-waniq en D'Ianrew

Willem is gelukkig getroud met Celesté en hulle het vier pragtige kinders, Guilliam, Charmoré, Ann-waniq en D'Ianrew. Dit is hul lewenstaak as gesin om toe te sien dat ander mense se lewens deur die Goeie nuus van Jesus Christus geraak en beïnvloed word. Saam het hulle reeds regdeur Suid-Afrika asook in lande soos Botswana, die Filippyne en die VSA bedien. Celesté is een van die Bedieningspan van His People Geloofstad. Guilliam studeer tans Kerkleierskap by Oral Roberts University, Tulsa Oklahoma. Charmoré is aktief by die Lofprysing en Aanbiddingsbediening betrokke en is tans leier van 'n musiekgroep.

Kontakbesonderhede:

Epos:	nelwillem@gmail.com
Telefoon:	+27 18 297 8229
Webblad:	www.hispeople.co.za
	www.facebook.com/nelwillem
	www.twitter.com/nelwillem

IETS OOR DIE SKADUSKRYWER

FRANCI JORDAAN IS 'N VROU vir haar man Dieter, ma vir haar dogters Claudine en Tanya, akademikus en navorser van formaat met 'n passie vir skryf. Sy tree as vertaler, taalversorger en skaduskrywer vir Faith Story Publishing op. Sy het reeds vir 'n hele paar projekte los gedagtes in fenomenale stories omskryf.

In hierdie boek, *Wanneer die onmoontlike moontlik word*, het Franci my gehelp om preke en blogs in 'n boek om te sit wat ek weet duisende mense se lewens gaan raak. Met die saam skryf aan die boek het 'n unieke vennootskap na vore gekom. Alleen sou ek dit beslis nooit reggekry nie.

Ek is oortuig daarvan dat daar duisende ander mense is wat, net soos ek, met 'n klomp gedagtes sit maar nie weet hoe om dit in 'n boek om te skakel nie. Ek beveel Franci vir enige projek aan. Jy kan haar by franci@faithstory.co.za kontak.